Historia y mitología griegas

Una apasionante visión general de los principales acontecimientos, personajes, mitos, dioses y diosas

© Copyright 2025

Todos los derechos reservados. Ninguna parte de este libro puede ser reproducida de ninguna forma sin el permiso escrito del autor. Los revisores pueden citar breves pasajes en las reseñas.

Descargo de responsabilidad: Ninguna parte de esta publicación puede ser reproducida o transmitida de ninguna forma o por ningún medio, mecánico o electrónico, incluyendo fotocopias o grabaciones, o por ningún sistema de almacenamiento y recuperación de información, o transmitida por correo electrónico sin permiso escrito del editor.

Si bien se ha hecho todo lo posible por verificar la información proporcionada en esta publicación, ni el autor ni el editor asumen responsabilidad alguna por los errores, omisiones o interpretaciones contrarias al tema aquí tratado.

Este libro es solo para fines de entretenimiento. Las opiniones expresadas son únicamente las del autor y no deben tomarse como instrucciones u órdenes de expertos. El lector es responsable de sus propias acciones.

La adhesión a todas las leyes y regulaciones aplicables, incluyendo las leyes internacionales, federales, estatales y locales que rigen la concesión de licencias profesionales, las prácticas comerciales, la publicidad y todos los demás aspectos de la realización de negocios en los EE. UU., Canadá, Reino Unido o cualquier otra jurisdicción es responsabilidad exclusiva del comprador o del lector.

Ni el autor ni el editor asumen responsabilidad alguna en nombre del comprador o lector de estos materiales. Cualquier desaire percibido de cualquier individuo u organización es puramente involuntario.

Índice

PRIMERA PARTE: HISTORIA DE GRECIA 1
  INTRODUCCIÓN 3
  PRIMERA SECCIÓN: DEL NEOLÍTICO AL COLAPSO DE LA
  EDAD DE BRONCE (7000 A. E. C.-750 A. E. C.) 5
    CAPÍTULO 1: LA EDAD DE PIEDRA, LOS MINOICOS Y LA
    CIVILIZACIÓN CICLÁDICA 7
    CAPÍTULO 2: LOS MICÉNICOS Y LA EDAD OSCURA 19
  SEGUNDA SECCIÓN: DE LOS AÑOS ARCAICOS A LA
  CONQUISTA ROMANA (750-146 A. E. C.) 29
    CAPÍTULO 3: LOS AÑOS ARCAICOS 31
    CAPÍTULO 4: LA GRECIA CLÁSICA 41
    CAPÍTULO 5: FILIPO II Y ALEJANDRO MAGNO 52
    CAPÍTULO 6: LOS DIADOCOS Y LA CONQUISTA
    ROMANA 62
  TERCERA SECCIÓN: LOS PERIODOS ROMANO Y
  BIZANTINO (146 A. E. C.-1453 E. C.) 73
    CAPÍTULO 7: EL MUNDO GRECORROMANO Y LOS
    PRIMEROS AÑOS BIZANTINOS 75
    CAPÍTULO 8: BIZANCIO BAJO LA INFLUENCIA GRIEGA 86
    CAPÍTULO 9: LOS ÚLTIMOS AÑOS DE BIZANCIO 97

CUARTA SECCIÓN: HISTORIA GRIEGA NUEVA Y
MODERNA (1453 E. C. AL SIGLO XX) 107
   CAPÍTULO 10: EL DOMINIO OTOMANO Y LA GUERRA
   DE INDEPENDENCIA 109
   CAPÍTULO 11: GRECIA EN EL SIGLO XIX 120
   CAPÍTULO 12: GRECIA EN EL SIGLO XX 129
   CONCLUSIÓN 139
SEGUNDA PARTE: MITOLOGÍA GRIEGA 141
   INTRODUCCIÓN 143
   CAPÍTULO 1: DEL CAOS A URANO 144
   CAPÍTULO 2: LOS TITANES 146
   CAPÍTULO 3: LA GUERRA DE LOS TITANES 149
   CAPÍTULO 4: LOS DIOSES 152
   CAPÍTULO 5: LAS DIOSAS 166
   CAPÍTULO 6: LA GIGANTOMAQUIA 178
   CAPÍTULO 7: TIFÓN 183
   CAPÍTULO 8: LA CREACIÓN DEL HOMBRE, EL DILUVIO,
   LA NUEVA GENERACIÓN Y LAS MUJERES COMO
   MALDICIÓN DE LA HUMANIDAD 187
   CAPÍTULO 9: HERACLES, EL HÉROE MÁS GRANDE DE
   TODOS 191
   CAPÍTULO 10: JASON Y LOS ARGONAUTAS 202
   CAPÍTULO 11: TESEO, EL CAZADOR DE MINOTAUROS 220
   CAPÍTULO 12: PERSEO Y MEDUSA 228
   CAPÍTULO 13: LA GUERRA DE TROYA 236
   CAPÍTULO 14: LA *ODISEA* Y EL REGRESO DE LOS
   HÉROES 245
   CONCLUSIÓN 261
VEA MÁS LIBROS ESCRITOS POR ENTHRALLING HISTORY 263
BIBLIOGRAFÍA 264
FUENTES DE IMAGENES 270

Primera Parte: Historia de Grecia

Un apasionante recorrido por la historia de Grecia

Introducción

La tierra de Grecia y su historia cautivan la imaginación. Con escarpadas montañas rodeadas por el mar, la historia de Grecia nos trae a la mente poesía épica, elegantes esculturas y el inicio de la democracia. Grecia libró guerras inolvidables contra los imperios persa, romano y otomano, pero sus guerras internas fueron quizá las más memorables. Durante gran parte de su historia, Grecia no fue una sola nación, sino un grupo de ciudades-estado enfrentadas por la supremacía. Los asentamientos griegos se extendieron mucho más allá del actual país, hasta las colonias del Mediterráneo y el mar Negro.

A lo largo de nueve mil años de historia, varias civilizaciones griegas alcanzaron alturas asombrosas antes de sufrir caídas cataclísmicas. Siempre resilientes, nuevas potencias griegas resurgieron de sus cenizas para dejar su huella en el mundo. El Imperio macedonio de Alejandro Magno y sus sucesores se extendió desde la península balcánica hasta Egipto y atravesó Asia hasta el valle del Indo. Más tarde, el Imperio bizantino reclamó gran parte de este mismo territorio.

Grecia influyó en el resto del mundo, especialmente en la cultura romana. Pero también absorbió y desarrolló los conocimientos científicos, las tecnologías y las religiones de las regiones circundantes. Esta fusión de conocimientos asiáticos, norteafricanos y europeos dio lugar a la cultura helenística, una potencia de las artes, las ciencias y la filosofía. El remanente oriental del Imperio romano continuó durante más de un milenio como el poderoso Imperio bizantino, orientado hacia la cultura griega y bastión del cristianismo ortodoxo oriental. El legado polifacético y perdurable de Grecia ha enriquecido al mundo.

Este libro pretende guiarle en un viaje comprensible y ameno por la historia de Grecia desde la Edad de Piedra hasta el siglo XX. Este conciso resumen presentará las distintas civilizaciones griegas y explicará los rasgos distintivos de cada época y lo que las hizo excepcionales. Por supuesto, la historia no es solo datos y fechas, sino también personas. Este libro da vida a sus historias con todo su ingenio, desesperación, valentía y arte.

Leer historia puede ser fascinante, pero también tiene beneficios inconmensurables. Conocer la historia de Grecia nos ayuda a comprender la base griega de la innovación política de los últimos siglos, y cómo su arte y arquitectura influyeron en nuestro sentido de la estética. Estamos en deuda con los historiadores griegos no solo por registrar su propia historia, sino también la de babilonios, persas, romanos y otros. Lo que dejaron los griegos está entretejido en nuestras vidas de hoy.

¡Retrocedamos hasta los primeros asentamientos griegos y exploremos las asombrosas aportaciones de los griegos a nuestro mundo!

PRIMERA SECCIÓN:
Del Neolítico al colapso de la Edad de Bronce (7000 a. e. c.-750 a. e. c.)

Capítulo 1: La Edad de Piedra, los minoicos y la civilización cicládica

¡Un cráneo! La estalagmita que crecía de su cabeza parecía a primera vista un cuerno. Christos, un aldeano griego, se inclinó para verlo más de cerca, enfocando con su luz el extraño hallazgo de la cueva Petralona. ¿Era humano?

Un año antes, en 1959, un pastor llamado Filippos había recorrido las laderas del monte Katsika, en la Calcídica, una península del norte de Grecia. Buscaba una fuente de agua para sus rebaños. Descubrió la entrada a una enorme cueva. Dentro, encontró múltiples cámaras cubiertas de estalactitas y estalagmitas. Y entonces, Christos había encontrado un cráneo en una pequeña caverna dentro de la cueva.

Geólogos y paleontólogos llevan seis décadas investigando el cráneo y la cueva. Al cráneo le falta la mandíbula, pero conserva los dientes superiores. Los investigadores siguen debatiendo si el cráneo es masculino o femenino. ¿Es un *Homo sapiens* (humano moderno) o un antepasado anterior? ¿Cuántos años tiene? Las estimaciones más controvertidas oscilan entre 160.000 y 700.000 años. Los antropólogos llegaron a la conclusión de que poseía rasgos europeos, lo que cuestiona la teoría de que los primeros humanos salieron de África.

Cráneo de Petralona cubierto de calcificación con una estalagmita sobresaliente[1]

Los cambios geológicos han complicado el estudio arqueológico de la prehistórica Edad de Piedra de Grecia. La península griega está situada entre las placas geológicas africana y euroasiática. Durante milenios, a medida que África se desplazaba lentamente un centímetro al año hacia Grecia, la colisión de ambas placas provocó constantes plegamientos geológicos, levantamientos, volcanes y terremotos. La erosión producida por los agricultores que talaban los árboles del paisaje montañoso de Grecia alteró aún más el registro arqueológico[i].

La Edad de Piedra se refiere al período más temprano de la existencia humana en el que los pueblos antiguos utilizaban herramientas de piedra. Los arqueólogos discuten apasionadamente la fecha de inicio de este periodo. Suponiendo que procesos como la desintegración radiométrica se produjeran al ritmo actual, muchos científicos estiman que fue hace entre dos y tres millones de años. La fecha final se sitúa en torno al 3300 a. e. c., cuando los humanos empezaron a utilizar utensilios de bronce, aunque las distintas civilizaciones progresaron a ritmos diferentes.

Uno de los primeros arqueólogos en estudiar la Edad de Piedra griega fue Christos Tsountas, que se centró en los materiales neolíticos (finales de la Edad de Piedra) de la llanura de Tesalia a partir de 1901. Adalbert Markovits excavó la cueva de Zaimis, en el Ática, y la de Ulbricht, en la

---

[i] Curtis Runnels, "Review of Aegean Prehistory IV: The Stone Age of Greece from the Paleolithic to the Advent of the Neolithic", American Journal of Archaeology 99, no. 4 (1995): 699. https://doi.org/10.2307/506190.

península de Argólida, en la década de 1920. Identificó artefactos del Paleolítico (primera Edad de Piedra) y el Mesolítico (Edad de Piedra Media).

Por su parte, Gordon Childe exploró los hallazgos neolíticos de la llanura de Tesalia y observó un parecido entre los artefactos griegos y los encontrados en Asia occidental. Creía que la civilización neolítica de Tesalia, excepcionalmente desarrollada, era el primer ejemplo europeo de aldeas asentadas y agricultura. La datación por radiocarbono sitúa los yacimientos griegos de Tesalia y el Peloponeso, en el sur de Grecia, ligeramente por debajo de los yacimientos neolíticos de Asia occidental. Grecia está situada en la encrucijada de las primeras migraciones humanas, y las pruebas más recientes apuntan a que fue el centro de las primeras culturas de la Edad de Piedra en Europa.

En la década de 1960, Eric Higgs, de la Universidad de Cambridge, inició una exploración arqueológica del Epiro, en el noroeste de Grecia. Encontró artefactos que demostraban la existencia de una civilización paleolítica con una ocupación continua durante largos periodos. En 1967, Thomas Jacobsen, de la Universidad de Indiana, empezó a excavar la cueva de Franchthi, con vistas al golfo Argólico, en el sur de Grecia. La cueva servía de refugio estacional a los cazadores del Paleolítico. El descubrimiento de obsidiana (una piedra volcánica de color negro) en la isla de Melos, en el mar Egeo, demostró que el pueblo disponía de tecnología marinera en la Edad de Piedra temprana.

Los artefactos mesolíticos de la cueva Franchthi mostraron una transición de la caza mayor a la pesca del atún y la recolección de plantas silvestres. Los habitantes del Neolítico de la zona de Franchthi tallaron figuras de personas y animales, y construyeron casas de piedra y terrazas para los cultivos. En 2015, unos submarinistas descubrieron una ciudad submarina en la playa de Lambayanna, a poca distancia de la cueva. Sus estratos más antiguos datan de la época de transición entre el Neolítico y la Edad de Bronce. La subida del nivel del mar sepultó la ciudad, que sobrevivió hasta bien entrada la Edad de Bronce, con muros de fortificación, altas torres y calzadas pavimentadas[i].

Los estudios genéticos indican que los griegos neolíticos que practicaban la agricultura procedían del oeste de Turquía y se extendieron

---

[i] Julien Beck, et al. "Searching for Neolithic Sites in the Bay of Kiladha, Greece", *Quaternary International* 584 (20 de mayo de 2021):129-40.
https://www.sciencedirect.com/science/article/pii/S1040618220308466#!

desde Grecia por toda Europa[i]. Los primeros asentamientos neolíticos de Grecia no tenían cerámica, pero se dedicaban a la agricultura, la pesca y la cría de ganado vacuno, caprino, ovino y porcino. En la península Argólida y Tesalia vivían en poblados de hasta cien personas. Cultivaban cebada, lentejas, guisantes y trigo. Sus herramientas y armas eran de obsidiana y sílex. Aunque parece que navegaban a Milos por su afilado cristal de obsidiana volcánica, nadie vivió en la isla hasta el Neolítico tardío.

Hacia el 6000 a. e. c., los griegos neolíticos habían desarrollado la alfarería, que pintaban y cocían en hornos. Hacia el 5000 a. e. c., utilizaban cimientos de piedra para las casas, que tenían porches y varias habitaciones. Vivían en aldeas amuralladas de hasta trescientas personas. Aprendieron a tallar la piedra y el mármol, produciendo pequeñas figuras de mujeres de hombros anchos y caderas anchas, a veces con un bebé en brazos. Además de trigo, cultivaban centeno y avena, con los que hacían pan en hornos de barro. Tejían prendas con lana de oveja. Hacia el año 4000 a. e. c., su cerámica de arcilla presentaba llamativas decoraciones policromadas.

La primera cultura griega de la Edad de Bronce fue la minoica, que se asentó en Creta hacia el 3500 a. e. c. y posteriormente colonizó otras islas, como Rodas y Thera. Creta está situada en el Mediterráneo, casi a medio camino entre la Grecia continental y el norte de África. El arqueólogo sir Arthur Evans denominó a la civilización original de Creta «minoica» en honor a Minos, identificado por los historiadores antiguos como el primer rey de Creta. Según el mito griego, Minos era hijo del dios Zeus y de una madre humana, Europa, una princesa fenicia que vivía en el sur de Grecia. Zeus la raptó de Grecia, la llevó a Creta y la convirtió en su reina. Tuvieron tres hijos, siendo Minos el mayor.

Los fenicios eran un pueblo marinero con base en el Líbano. Sin embargo, comerciaban y establecieron colonias por todo el Mediterráneo, incluido el sur de Grecia. El mito de Minos puede reflejar la mezcla de los colonos fenicios y griegos de Creta. Las muestras de ADN indican que Creta fue colonizada por pueblos del Levante central (las actuales Siria, Líbano e Israel) y, más tarde, por griegos micénicos[ii].

---

[i] Hofmanová, Zuzana, et al. "Early Farmers from across Europe Directly Descended from Neolithic Aegeans". *PNAS*. 113 (25) (6 de junio de 2016): 6886–6891. doi:10.1073/pnas.1523951113. ISSN 0027-8424. PMC 4922144. PMID 27274049.

[ii] King, RJ, et al. "Differential Y-chromosome Anatolian Influences on the Greek and Cretan Neolithic". *Annals of Human Genetics*. 72 (Marzo 2008):205-14. doi: 10.1111/j.1469-1809.2007.00414.x. PMID: 18269686.

El mito griego cuenta que Minos enfureció al dios del mar, Poseidón, cuando este le envió un magnífico toro blanco como la nieve para indicarle que estaba destinado a ser rey. En lugar de sacrificar el toro a Poseidón, Minos se lo guardó y sacrificó otro toro. Poseidón se vengó hechizando a la esposa de Minos, Pasifae, que quedó prendada del toro y mantuvo relaciones sexuales con él. Dio a luz a un monstruo: el Minotauro, mitad hombre y mitad toro, que devoraba a los humanos. Minos construyó un laberinto para contener a la horrible criatura, pero tuvo que encontrar gente para alimentarlo.

Después de que los atenienses mataran a su hijo, un enfurecido Minos navegó a Atenas para vengarlo. El padre de Minos, Zeus, castigó a la ciudad con enfermedades y hambre. Para escapar de la ira de Zeus, Minos ordenó a los atenienses que enviaran siete niños y siete niñas cada nueve años para alimentar al Minotauro. Atenas envió catorce niños al monstruo en dos ocasiones. El héroe Teseo acompañó a los niños la tercera vez. Atravesó el laberinto y mató al Minotauro.

Minos fue probablemente una persona real (menos el Minotauro). Gobernó alrededor del año 2000 a. e. c., cuando la cultura minoica dio un gran salto adelante. Antes de eso, los minoicos habían cultivado gradualmente una civilización en Creta durante 1.500 años. Desarrollaron centros comerciales y una jerarquía de clases en la isla. Alrededor del año 2000 a. e. c., de repente dieron un salto adelante y se convirtieron en una civilización compleja, estableciendo los primeros palacios y ciudades de Europa.

La transformación de la civilización minoica bien pudo deberse a un liderazgo visionario. Según el historiador Tucídides, Minos construyó la primera armada de Creta (probablemente la primera de cualquier lugar), lo que permitió a los minoicos convertirse en una gran potencia marítima en el Mediterráneo. Minos se apoderó con su flota del grupo de islas Cícladas, al norte de Creta. Luchó contra Atenas y dominó los mares Egeo y Mediterráneo. Los cretenses comerciaron con Egipto y Asia occidental, adoptando parte de su tecnología y técnicas artísticas.

Esta sección restaurada revela el esplendor del palacio de Cnosos"

Los minoicos comenzaron a construir impresionantes palacios alrededor del año 2000 a. e. c. en las ciudades cretenses de Cnosos, Malia, Festo y Zakros. Los terremotos destruyeron los palacios originales, por lo que el pueblo los reconstruyó alrededor del 1700 a. e. c. Los palacios de cuatro pisos se alzaban sobre el paisaje. Tenían un patio central, enormes columnatas, deslumbrantes frescos decorando las paredes y bibliotecas de archivos que contenían las dos primeras lenguas escritas de Europa.

Los artesanos de los talleres palaciegos producían encantadoras figuritas y cerámica para comerciar con ellas por todo el Egeo y el Mediterráneo. Estos palacios servían como centros regionales de administración, religión y comercio para las granjas y ciudades circundantes. Desde los palacios partía una red de carreteras que comunicaba con las comunidades cercanas. Los palacios almacenaban grano, aceite y vino, quizá para el comercio o como provisiones de emergencia en caso de sequía u otros desastres.

Durante los primeros siglos, cada palacio era independiente de los demás. Tras la reconstrucción de los palacios hacia 1700 a. e. c., Cnosos alcanzó la supremacía sobre el resto de la isla. Los palacios no tenían muros de fortificación, lo que indica que las comunidades coexistían pacíficamente y no temían una invasión extranjera. Pero también tenían armaduras, arcos, flechas y espadas. Tal vez fuera para sus ataques navales fuera de la isla. Sin embargo, las torres de vigilancia en los caminos entre los palacios sugieren que los bandidos podrían haber sido un problema en las zonas remotas de la isla.

La civilización minoica era extraordinariamente avanzada. El pueblo creó una arquitectura asombrosa, obras de arte llenas de vida, acueductos, sistemas de alcantarillado y dispositivos para el tratamiento del agua. Los minoicos poseían los dos primeros sistemas de escritura de Europa (aún sin descifrar), que se encontraban en sellos y tablillas de arcilla. Su primer sistema de escritura, utilizado entre el 2100 y el 1700 a. e. c., fueron los jeroglíficos cretenses, que utilizaban imágenes estilizadas para representar palabras o sonidos. Egipto empezó a utilizar la escritura jeroglífica hacia el 3200 a. e. c., y los minoicos interactuaron y comerciaron con Egipto. Sin embargo, aunque superficialmente son similares, el sistema cretense era distinto. Egipto tenía más de ochocientos símbolos, mientras que los jeroglíficos cretenses solo contaban con 85 símbolos conocidos. Aunque aún no se ha descifrado, el escaso número de símbolos indica que el jeroglífico cretense era una escritura fonética, en la que cada símbolo representaba un sonido.

El segundo sistema de escritura fue el lineal A, que comenzó a utilizarse hacia 1800 a. e. c. Probablemente se trataba de un alfabeto fonético. Probablemente seguía el mismo sistema que los jeroglíficos cretenses, pero con gráficos simplificados. A diferencia de los jeroglíficos egipcios y los cuneiformes mesopotámicos, el alfabeto lineal A está posiblemente vinculado a la escritura protosinaítica, antecesora del alfabeto fenicio. Los arqueólogos han encontrado cientos de tablillas de arcilla inscritas con lineal A.

Los minoicos producían cerámica de gran calidad, como finos recipientes para beber y vibrantes cerámicas con diseños geométricos al principio y, más tarde, con flores y peces. Su arte representaba a los hombres con taparrabos y a las mujeres con largos vestidos. Las mujeres parecían ser socialmente iguales a los hombres. Las dinámicas obras de arte minoicas mostraban a hombres, mujeres, animales y criaturas marinas en acción.

Los edificios y las obras de arte minoicas sugieren que su culto religioso incluía fiestas, desfiles y ofrendas de comida y bebida a sus deidades. El toro era un elemento esencial de la cultura minoica. Los minoicos sacrificaban toros, y sus muros, joyas y estatuillas representaban a los toros más que a ningún otro animal. El arte minoico muestra la curiosa práctica del salto del toro, en la que un hombre agarraba a un toro por los cuernos y se lanzaba sobre su lomo.

Este fresco del palacio de Cnosos muestra a un hombre saltando sobre un toro [i]

Una deidad importante era una diosa que sostenía dos serpientes y llevaba una falda larga y escalonada. También aparecen sacerdotisas con largas túnicas sacrificando toros y otras ofrendas. El culto se celebraba en palacios, cumbres y cuevas. Las excavaciones arqueológicas revelaron sacrificios humanos; en un caso, se produjo un terremoto mientras los minoicos estaban sacrificando a un adolescente, aplastando a los asesinos del chico[i]. Los minoicos de Cnosos practicaban el sacrificio de niños y el canibalismo, lo que puede haber dado origen al mito del sacrificio de niños al Minotauro[ii].

La sociedad minoica se derrumbó violentamente debido a una combinación de desastres naturales e invasiones. El terremoto de 1700 a. e. c. destruyó la mayor parte de los centros urbanos de Creta, aunque los cretenses pudieron recuperarse y reconstruir. Pero aproximadamente un siglo después, un volcán de la isla de Thera entró en erupción de forma catastrófica. La magnitud IEV-7 de la monstruosa erupción minoica fue como la explosión de múltiples bombas atómicas. Envió diez millones de toneladas de roca, ceniza y gas a veinte millas de altura, penetrando en la estratosfera.

---

[i] Rodney Castleden, *The Knossos Labyrinth: A New View of the 'Palace of Minos' at Knossos* (London: Routledge, 2012), 121-22.
[ii] Peter Warren, "Knossos: New Excavations and Discoveries", *Archaeology* 37, no. 4 (1984): 48-55. http://www.jstor.org/stable/41731580.

Doscientos pies de ceniza y piedra pómez sepultaron a quienes no habían escapado de Thera. El volcán y los terremotos que lo acompañaron provocaron un desastroso tsunami que sumergió la costa norte de Creta, destruyendo sus puertos y muchas de sus ciudades. Algunos minoicos de Creta sobrevivieron al tsunami y a los terremotos, y su civilización continuó hasta el 1100 a. e. c., aunque muy debilitada y vulnerable.

Mientras tanto, los micénicos prosperaban en el sur de Grecia continental. Los minoicos habían perdido muchos puertos y centros administrativos, por lo que no podían mantener su soberanía sobre el Mediterráneo. Los micénicos llenaron el vacío en torno al año 1450 a. e. c. y sustituyeron los asentamientos minoicos por sus propios puestos comerciales. Al parecer, también invadieron Creta hacia 1420 a. e. c., quemando todos los palacios que quedaban, excepto el de Cnosos, que los micénicos renovaron. Los hallazgos arqueológicos revelan una presencia micénica que coexistió con los minoicos en Creta hasta el colapso de la Edad del Bronce.

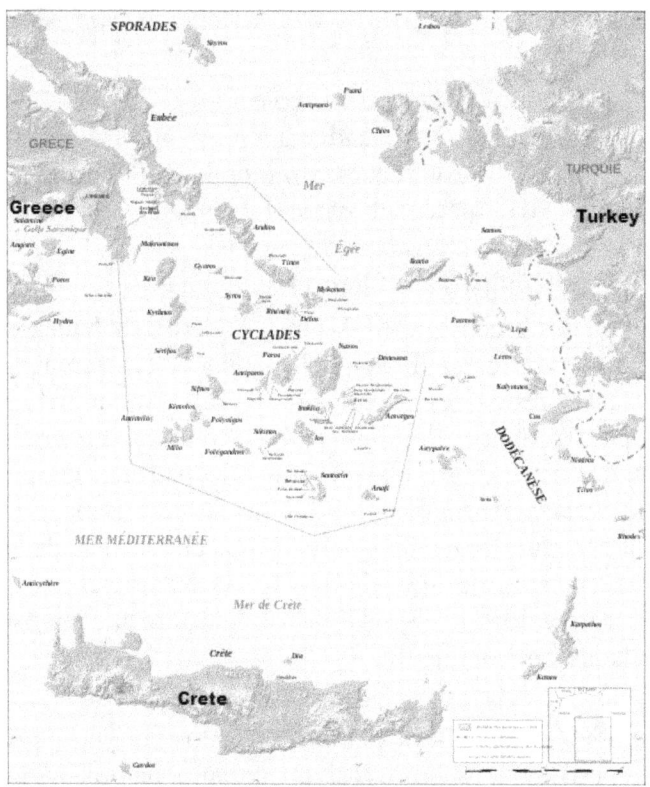

Las Cícladas se encuentran entre Grecia y Turquía y al norte de Creta[4]

La civilización de las Cícladas surgió alrededor del año 3200 a. e. c. Eran pueblos marineros de las Cícladas, en el mar Egeo. La palabra «Cícladas» significa «islas circundantes». Este grupo de islas forma un círculo alrededor de la isla sagrada de Delos. Delos era un centro de culto y más tarde se convirtió en el lugar de nacimiento mítico de las deidades griegas Artemisa y Apolo. La civilización cicládica y la minoica existieron en la misma época. Estaban muy cerca la una de la otra e interactuaban. Los minoicos colonizaron parte del sur de las Cícladas.

Los cicládicos eran pescadores, agricultores y pastores. Sus pequeñas embarcaciones estaban expuestas a fuertes tormentas invernales, por lo que pescaban atún con arpón sobre todo en verano, que era también cuando los peces se acercaban más a la costa. A finales de la Edad del Bronce, construyeron barcos más grandes y fuertes, propulsados por cincuenta remeros, que permitían expediciones a alta mar para pescar o comerciar. Hoy, muchas de las islas están escasamente pobladas, y quince de ellas están deshabitadas. Pero antes de la deforestación y el pastoreo excesivo, las islas sustentaban una próspera población. La gente cultivaba cebada, vides y olivos en terrazas que ascendían por las montañas y colinas.

Algunas islas, como Milos, eran volcánicas. De ellos se extraía el afiladísimo vidrio negro de obsidiana, muy apreciado para fabricar herramientas y armas. Otros recursos minerales que enriquecían las islas eran el cobre, el oro, el hierro, el mármol y la plata. Con un excedente de recursos, los cicládicos navegaban de una isla a otra, comerciando con mercancías y exportándolas a la Grecia continental.

Los arqueólogos creen que Mykonos, Antíparos y Sáliagos fueron las primeras islas colonizadas a finales del Neolítico. Las ruinas neolíticas de Sáliagos revelaron restos de viviendas de piedra y un edificio más grande de unos 15 por 15 metros de diámetro. Fragmentos de cerámica sencilla estaban pintados con pintura blanca siguiendo patrones geométricos. Los artesanos de Sáliagos formaban puntas de lanza y puntas de flecha de obsidiana de forma triangular estrecha o en forma de hoja. Estas características piezas de obsidiana se encontraron en todos los asentamientos neolíticos de Grecia, lo que sugiere un intenso comercio entre las Cícladas y el continente.

Las figurillas de mármol, generalmente femeninas, se convirtieron en un sello distintivo de la cultura cicládica. Por lo general, medían unos 30 cm de alto, pero algunas eran casi de tamaño natural. Algunas tenían forma de violín, con cabezas y cuellos anormalmente largos y, a veces, sin piernas. A menudo no tenían más rasgos faciales que la nariz, aunque los ojos y la boca podían estar pintados. Suelen desenterrarse de las tumbas de hombres y mujeres. Los investigadores debaten si tenían un significado religioso.

Esta estatuilla de mármol procede de la isla de Naxos, hacia el año 3000 a. e. c.[5]

Los arqueólogos han encontrado cuarenta tumbas en la isla de Kea. Las tumbas de adultos tenían criptas amuralladas, cada una de las cuales albergaba de uno a trece adultos. Los niños y los bebés se enterraban en frascos o ataúdes de piedra. También se encontraron criptas y ataúdes de piedra en las islas de Amorgos y Siros. Este estilo de enterramiento era mucho más avanzado que el de la Grecia continental en la misma época, lo que implica una cultura distinta en las Cícladas[i]. Un curioso hallazgo arqueológico en algunas tumbas de las Cícladas son cientos de «sartenes»: objetos planos y redondos de cerámica decorada o piedra con un mango. Su finalidad sigue siendo un misterio.

---

[i] John E. Coleman, "The Chronology and Interconnections of the Cycladic Islands in the Neolithic Period and the Early Bronze Age", *American Journal of Archaeology* 78, no. 4 (1974): 333–44. https://doi.org/10.2307/502747.

Este «sartén» de las Cícladas data del 2700 a. e. c. aproximadamente [6]

Cuando la civilización minoica de Creta adquirió importancia alrededor del año 2000 a. e. c., su sofisticada cultura eclipsó a la civilización cicládica. Los minoicos colonizaron parte del sur de las Cícladas, y las pruebas demuestran que Creta y las Cícladas compartían una misma cultura. El tsunami y los terremotos que acompañaron a la apocalíptica erupción minoica en el sur de las Cícladas probablemente habrían aniquilado la mayor parte de la vida en las islas cercanas. Sin embargo, la cultura de las Cícladas sobrevivió durante varios siglos hasta su colapso en torno al año 1050 a. e. c. La cultura minoica ya se había desintegrado, seguida de la micénica, mientras Grecia caía en una Edad Oscura que duró siglos.

Capítulo 2: Los micénicos y la Edad Oscura

—¡Hermano mío! ¿Has olvidado tu juramento?

El rey Menelao de Esparta caminaba de un lado a otro. Paris había raptado a su esposa Helena y se la había llevado a Troya. Necesitaba que su hermano, el rey Agamenón de Micenas, lo ayudara a recuperarla.

—Sí, Menelao, recuerdo que todos prometimos al padre de Helena defender su matrimonio con quien él eligiera. Pero estoy pensando en lo que se necesita para atacar Troya. Es una ciudad poderosa, y seguramente perderemos innumerables hombres si vamos a la guerra. Necesitamos reunir tantos aliados como sea posible si esperamos ganar. Y si logramos la victoria, nos traerá el control de los Dardanelos. Grecia cosechará gran poder y riqueza si tenemos libre acceso a los estrechos y al mar Negro.

La prolongada y devastadora guerra de Troya, que en su día se creyó un mito, ha encontrado recientemente apoyo arqueológico. Los «aqueos de pelo largo», como Homero llamaba a los micénicos, tenían como objetivo controlar las rutas comerciales del Mediterráneo, el Egeo y el mar Negro. Aplastaron voluntariamente a sus rivales, pero al final se excedieron y acabaron con su propia civilización.

¿De dónde procedían los micénicos? Los análisis genéticos indican que tanto ellos como los minoicos descendían de los antiguos pastores esteparios de las actuales Turquía, Armenia e Irán. Sin embargo, a diferencia de los minoicos, el ADN micénico estaba vinculado en una cuarta parte a Siberia y el noreste de Europa[i]. A mediados de la Edad de Bronce, estos pueblos indoeuropeos invadieron el centro y el sur de Grecia, estableciendo la civilización micénica. Esta civilización prosperó entre 1750 y 1050 a. e. c. y elevó la región a nuevas cotas de arquitectura, ingeniería y pericia militar.

¿Cómo se convirtieron los micénicos en una gran potencia dentro y fuera de Grecia? Al asimilar la cultura y los conocimientos de los minoicos, los micénicos desarrollaron una civilización brillantemente avanzada. Los militantes micénicos conquistaron Grecia y Creta y se enriquecieron gracias al comercio con las Cícladas, Chipre, Egipto y Fenicia. Sus ingeniosos ingenieros construyeron estupendas fortalezas, sistemas de agua y alcantarillado y puentes. Las civilizaciones griegas posteriores los inmortalizaron con mitos de sus hazañas y relatos de héroes como Aquiles y Odiseo.

El centro de la civilización micénica fue la ciudad de Micenas, en el sur de la península griega del Peloponeso. Micenas estaba cerca de Atenas y Corinto, en una colina elevada, justo tierra adentro del golfo Sarónico. Sus muros defensivos de piedra caliza tienen casi seis metros de grosor y se construyeron sin argamasa. Sus piedras son tan grandes que, según la leyenda, las construyó el cíclope de un solo ojo. Algunos de los muros siguen en pie más de tres mil años después. El megaron de Micenas (la gran sala que contenía el salón del trono) estaba sostenido por cuatro columnas con una plataforma elevada para el rey.

La Puerta de los Leones sigue en pie más de tres mil años después [7]

---

[i] I. Lazaridis, et al. "Genetic Origins of the Minoans and Mycenaeans". *Nature* 548 (10 de agosto de 2017): 214-18. doi: 10.1038/nature23310. Epub 2017 Aug 2. PMID: 28783727; PMCID: PMC5565772.

La Puerta de los Leones tiene rocas rectangulares de tres metros de altura a cada lado de la entrada que sostienen un dintel de veinte toneladas. Sobre el dintel hay una talla de dos leones. Se construyó hacia el año 1250 a. e. c. y es una asombrosa obra de ingeniería. Se parece a la puerta de la ciudad hitita de Hattusa; sin embargo, la puerta y los muros de Micenas son más refinados, con rocas que encajan mejor. ¿Cómo se elevó ese gigantesco dintel para apoyarse en las jambas laterales? Algunos teorizan que las estructuras megalíticas como esta implicaban la construcción de una rampa de tierra temporal hasta la cima, arrastrando el enorme dintel por la rampa, tal vez sobre rodillos, colocándolo en su lugar, y luego retirando la rampa. Debió de requerir mucha mano de obra. No es de extrañar que los griegos pensaran que lo construyeron los cíclopes.

Los micénicos construían sus palacios dentro de una ciudadela fortificada llamada acrópolis, que solía estar situada en lo alto de una colina. Los griegos arcaicos y clásicos siguieron situando sus palacios y templos en una acrópolis en lo alto de una colina. El resto de la ciudad se extendía por debajo, con la majestuosa zona de palacios y templos en lo alto, rodeada de enormes murallas. La ubicación en lo alto proporcionaba una doble protección: los guardias podían vigilar toda la zona circundante y era más fácil defenderse de los ataques. En caso de ataque, los ciudadanos se apresurarían a subir la colina para refugiarse dentro de las murallas.

Aunque más humilde, Tirinto era más antigua que Micenas, según la mitología griega y las pruebas arqueológicas. Con vistas al golfo Argólico, se encontraba a quince kilómetros al sur de Micenas y servía de importante puerto. Los micénicos construyeron su ciudadela hacia 1600 a. e. c. y su primer palacio poco más de dos siglos después. Un terremoto destruyó el palacio en 1200 a. e. c.; sin embargo, la ciudad siguió creciendo hasta alcanzar una población de quince mil habitantes en 1050 a. e. c. Fue una de las pocas ciudades griegas que sobrevivió a la Edad Oscura.

La estructura palaciega micénica mejor conservada es el palacio de Néstor en Pilos, que Homero menciona en la *Ilíada* y la *Odisea*. Situada en la costa suroeste de la península del Peloponeso, su primer asentamiento puede remontarse al año 2000 a. e. c. La construcción a gran escala de la ciudad comenzó en 1600 a. e. c.; sin embargo, el palacio y otras estructuras de la acrópolis de Pilos ardieron en 1400 a. e. c. El palacio se reconstruyó y permaneció en pie durante dos siglos más, hasta que volvió a arder en 1180.

Las paredes del palacio estaban decoradas con coloridos frescos, algunos de los cuales aún se conservan. Las tablillas de arcilla contenían la colección de escritura lineal B micénica más extensa de Grecia continental. Una vez descifradas, estas tablillas proporcionaron valiosa información sobre la cultura y el sistema político micénicos. Otros importantes centros micénicos con palacios eran Atenas, Esparta y Tebas, aunque más de cien pueblos y ciudades salpicaban el paisaje griego.

Este vívido fresco de una paloma y un tañedor de lira decoraba la pared del palacio de Pilos [*]

Los grandes centros micénicos actuaban como cabeza política de los estados, con un rey (*anax*) que gobernaba desde el palacio y controlaba las industrias de la región. Cada estado estaba dividido en distritos y contaba con una ciudad o pueblo central, que también tenía un palacio o fortaleza. Tirinto fue probablemente una de esas «ciudades de distrito» bajo Micenas. Todos los estados formaban una confederación sujeta a un «gran rey», que probablemente gobernaba desde Micenas[i].

---

[i] Jorrit M. Kelder, *The Kingdom of Mycenae: A Great Kingdom in the Late Bronze Age Aegean* (Bethesda: CDL Press, 2010), 45, 86, 106-7.

El *anax* también ejercía de juez y comandante militar. Los reyes procedían de la aristocracia guerrera y terrateniente. Un consejo de ancianos asesoraba al rey, sistema que continuó en las épocas arcaica y clásica. Los micénicos tenían tres clases sociales básicas: la aristocracia militar, el pueblo llano (agricultores, artesanos, comerciantes, etc.) y los esclavos que servían en el palacio y los templos.

La economía micénica giraba en torno al comercio. Sus barcos llegaban hasta España en el oeste y hasta el mar Negro en el este. La derrota de Troya supuso el control de los Dardanelos, que conectaban los mares Egeo y Negro. Los micénicos establecieron colonias en el Mediterráneo y el mar Egeo para apoyar sus redes comerciales. Exportaban aceitunas, aceite de oliva, pasas, cerámica, tejidos de lino y lana, y vino. También importaban cobre, estaño y artículos de lujo.

El arte micénico reflejaba las influencias minoicas, pero los micénicos le imprimieron su propio sello. Trabajaban con piezas más grandes que los minoicos, utilizaban nuevos materiales y estilos novedosos, como la imaginería abstracta. Eran conocidos por su vistosa cerámica y sus frescos centrados en temas de guerra, religión, caza y naturaleza, sobre todo marina. Los talleres palaciegos producían artículos de vidrio, gemas finamente talladas y jarrones de metales preciosos.

Los micénicos desarrollaron la escritura lineal A de los minoicos y la convirtieron en lineal B. Utilizaban una forma similar a la lineal A, aunque incluyeron algunos signos nuevos. La diferencia significativa era que los dos sistemas de escritura representaban lenguas diferentes. La lengua minoica se extinguió hace más de dos milenios y aún no sabemos qué tipo de lengua era. Cuando los arqueólogos empezaron a desenterrar todas las tablillas de arcilla de Pilos, nadie podía leer la lineal B, pero en 1952, Michael Ventris descifró el código.

Ventris era arquitecto, pero había desarrollado un gran interés por el lineal B cuando era adolescente. De adulto, siguió intentando descifrar el lenguaje. Observando patrones, determinó que el lineal B tenía 89 caracteres. Esto significaba que se trataba principalmente de una escritura fonética, con signos que representaban sonidos en lugar de palabras completas, aunque también tenía más de cien ideogramas no fonéticos. Ventris acabó dándose cuenta de que la lengua micénica era una forma antigua del griego.

Cuando los micénicos empezaron a construir palacios, también edificaron santuarios cerca o dentro de las ciudadelas. Los centros administrativos también actuaban como centros religiosos. Las estructuras palaciegas de Piros y Micenas contenían altares en su patio o pórtico. Al igual que los minoicos, los micénicos sacrificaban toros en sus celebraciones religiosas y derramaban agua en libación. El templo de Micenas contenía múltiples figuras de lo que parecen ser adoradores y divinidades, junto con quince serpientes de arcilla.

Los frescos del templo muestran a varias mujeres que eran diosas o sacerdotisas. Las tablillas de arcilla lineales B enumeran sacrificios de grano, miel, aceite perfumado y especias. Los micénicos eran politeístas y adoraban a algunos de los mismos dioses que los griegos clásicos posteriores, como Zeus (llamado Diktaios en Creta), Ares (A-re), Artemisa (A-te-mi-to), Dioniso (Di-wo-nu-so), Hera (E-ra), Hermes (E-ma) y su deidad principal, Poseidón (Po-se-da-o). Tenían una poderosa deidad femenina llamada Potnia (amante), posiblemente el equivalente de Atenea, y versiones femeninas de Zeus y Poseidón (Diwia y Posidaia), que no fueron veneradas en épocas griegas posteriores[1].

Al igual que la civilización cicládica y los minoicos, los micénicos solían enterrar a sus muertos en ataúdes, pero en lugar de hacerlos de piedra, solían hacerlos de arcilla decorada. Las tumbas de pozo en círculo se encuentran justo delante de la Puerta de los Leones, en el palacio de Néstor; allí se enterraba a los aristócratas de Pilos. Las tumbas de pozo micénicas tenían hasta tres metros de profundidad. Tenían forma rectangular, suelo de guijarros y paredes de mampostería. Un techo de tablas de madera cubría cada tumba. Encima había un túmulo de tierra y una estela o lápida. Cada tumba de pozo albergaba de dos a cinco cuerpos. Con los ocupantes se enterraban joyas de oro, copas y máscaras mortuorias, mientras que a los guerreros se les enterraba con sus armas. Tras buscar pistas en los escritos de Homero y del geógrafo griego del siglo II e. c. Pausanias, el arqueólogo aficionado Heinrich Schliemann descubrió las tumbas de pozo en 1876.

---

[1] Susan Lupack, "Mycenaean Religion", in *The Oxford Handbook of the Bronze Age Aegean*, ed. Eric H. Cline, (2012). 10.1093/oxfordhb/9780199873609.013.0020.

Los micénicos colocaban máscaras mortuorias sobre los rostros de las personas importantes. Esta máscara encontrada por Schliemann en Micenas data del año 1550 a. e. c. aproximadamente[9]

En la *Ilíada*, Homero cuenta que el rey Agamenón de Micenas dirigió una coalición de fuerzas griegas a través del mar Egeo hacia la ciudad de Troya. La supuesta razón de la invasión era recuperar a la esposa de Menelao, Helena, del príncipe Paris. Sin embargo, la posibilidad de controlar el paso del Egeo al mar Negro permitió sin duda a Agamenón reclutar aliados griegos. Tras diez años de guerra, los micénicos finalmente dominaron e incendiaron Troya entrando a través del Caballo de Troya. El rey Menelao recuperó a Helena y los héroes griegos volvieron a casa.

La mayoría de los historiadores descartaron la guerra de Troya por considerarla un mito, pero los antiguos griegos creían que se trataba de un acontecimiento histórico real ocurrido alrededor del año 1200 a. e. c. Decían que Troya estaba en la actual Turquía noroccidental, a la entrada de los Dardanelos. En 1870, Heinrich Schliemann, el mismo arqueólogo aficionado que más tarde descubrió las tumbas de Pilos, viajó a Turquía. Se reunió con Charles Maclaren y Frank Calvert, que creían que una colina baja en una llanura podía ser la antigua Troya. Schliemann excavó una profunda zanja desde el centro de la colina hasta la base, revelando múltiples capas de civilización.

Homero dijo que un nombre alternativo para Troya era el nombre hitita Wilusa. Dijo que el príncipe Paris también se llamaba Alaksandu. Los registros hititas dicen que Wilusa era parte del Imperio hitita. Se enriqueció gracias a su ubicación estratégica para el comercio marítimo entre los mares Negro y Egeo. Los documentos hititas dicen que Wilusa luchó contra los «Ahhiyawa» y mencionan a Alaksandu. Muchos investigadores creen que los Ahhiyawa eran los griegos micénicos.

La excavación de Schliemann reveló nueve capas de una ciudad poderosa y rica, la más antigua de las cuales databa del año 3000 a. e. c. Encontró una capa que databa de 1300 a 1180 a. e. c., con una ciudadela abovedada y otras estructuras que coincidían con la descripción de Troya hecha por Homero. Esta capa tenía pruebas de un repentino final catastrófico hacia 1180 a. e. c.: aproximadamente cuando los antiguos historiadores griegos dijeron que Troya cayó.

Aunque las pruebas no son totalmente concluyentes, los micénicos podrían haber destruido Troya hacia 1180 a. e. c. Pero más o menos en esa misma época, su civilización se sumió en el caos. La *Odisea* de Homero ofrece algunas pistas sobre su colapso. Si la guerra de Troya hubiera ocurrido realmente, los reyes griegos y otros líderes clave habrían estado fuera de sus reinos durante una década. Cuando finalmente regresaron, probablemente se encontraron con estados desestabilizados que sufrían una falta de liderazgo.

Con muchos de los guerreros ausentes, las ciudades eran vulnerables a los ataques. Es posible que los reyes tuvieran que reafirmar sus posiciones con quien ejerciera de regente en su ausencia. La esposa del rey Agamenón tuvo un amante en su ausencia, y cuando él regresó a casa, ella y su amante lo asesinaron. Entonces, su hijo la mató a ella y a su amante para vengar la muerte de Agamenón. Griegos y troyanos sufrieron terribles pérdidas en la guerra. Muchas ciudades griegas perdieron a sus reyes e innumerables guerreros. Las vidas perdidas, la fortuna gastada en la guerra y la desestabilización que causó en Grecia podrían haber llevado a la implosión de la civilización micénica.

Pero los micénicos no fueron la única civilización que se disolvió alrededor del año 1200 a. e. c. Entre 1200 y 900 a. e. c., el colapso de la Edad de Bronce fue testigo de la caída cataclísmica de numerosas culturas en las regiones del Mediterráneo oriental: Oriente Próximo, norte de África y península de los Balcanes. Las catástrofes medioambientales, como sequías y terremotos, debilitaron las sociedades de la región. Los misteriosos merodeadores «pueblos del mar» causaron estragos en las ciudades costeras, desde Egipto hasta Turquía. Destrozaron el comercio naval, cortando la cadena de suministro del Mediterráneo y provocando el colapso del sistema.

La mayoría de las ciudades micénicas yacían en cenizas, desmoronándose en el olvido después de que un poder destructor aplastara sus majestuosos palacios. Las civilizaciones minoica y cicládica también se derrumbaron. El apocalipsis fue tan abrupto y total que los supervivientes griegos perdieron sus lenguas escritas, incluso en las pocas ciudades o pueblos que no fueron demolidos. Los arqueólogos no han encontrado pruebas de escritura durante tres siglos en Grecia.

¿Podrían haber sido los pueblos del mar los griegos dorios? Según la leyenda griega, habían sido exiliados de Grecia en tiempos de Heracles, pero regresaron del norte y se apoderaron de la península del Peloponeso, en el sur de Grecia. La lengua griega tenía varios dialectos, y esto parece explicar por qué. Sin embargo, aún no hay pruebas arqueológicas definitivas que apoyen una invasión doria. Las ciudades fueron incendiadas, pero no se construyeron otras nuevas. Nada innovador ocurrió en Grecia hasta alrededor del año 1000 a. e. c., cuando apareció lentamente la fundición del hierro.

La causa de la Edad Oscura griega sigue siendo un misterio. Quizá fue una revuelta interna masiva o una pandemia. Grandes sectores de la población murieron de repente, la refinada civilización griega se disolvió y su economía se hundió. Todos los avances de las civilizaciones minoica y micénica se invirtieron. La reducida población siguió cultivando, pescando y pastoreando, pero solo para alimentarse en sus pequeñas y empobrecidas comunidades. La sombría Edad Oscura griega se prolongó durante más de trescientos años.

Grecia empezó a resurgir lentamente de las cenizas de su sociedad destrozada alrededor del año 800 a. e. c. Esta renovación cultural se basaba en el pasado micénico, pero era mucho más simple. Las escenas fluidas y realistas de la cerámica micénica dieron paso a escenas abstractas y motivos geométricos. La población comenzó a crecer de nuevo, construyendo nuevas ciudades o reconstruyendo las antiguas y erigiendo templos. El comercio se reactivó y su economía empezó a crecer.

Un avance tecnológico que marcó la Edad Oscura fue la fundición del hierro para fabricar herramientas y armas, que supuso la transición de Grecia de la Edad del Bronce a la Primera Edad del Hierro. En la Edad del Bronce, Egipto y Mesopotamia producían pequeñas cantidades de utensilios de hierro martilleando meteoritos, que son aleaciones de hierro y níquel. No requerían fundición, pero obviamente no había muchos meteoritos disponibles.

La fundición del hierro apareció en Anatolia (Turquía) en la Edad de Bronce. Grecia parecía estar a punto de utilizar esta tecnología justo antes de la Edad Oscura, ya que los arqueólogos han encontrado varias herramientas o armas de hierro que datan de entre el 1300 y el 1200 a. e. c. El número de utensilios de hierro aumentó significativamente en torno al año 1000 a. e. c., lo que indica que los griegos dominaban la fundición del hierro en hornos de alta temperatura.

Los griegos empezaron a escribir de nuevo hacia el 770 a. e. c., pero no con el alfabeto lineal A o B. Esta vez utilizaron el alfabeto semítico fenicio como guía, pero incluyeron las vocales y lo adaptaron al griego hablado, que tenía sonidos diferentes. Más de la mitad de las letras del alfabeto griego antiguo se encuentran en los alfabetos actuales de Europa occidental, incluido el inglés. Una vez que los griegos volvieron a tener un sistema de escritura, empezaron a utilizarlo en aplicaciones mucho más amplias que en el pasado. La escritura lineal B se utilizaba principalmente para llevar registros, pero el nuevo alfabeto griego se empleó para escribir la *Ilíada* y la *Odisea*. El nuevo alfabeto marcó la transición al periodo arcaico, con su poesía épica y su brillante y próspera civilización.

SEGUNDA SECCIÓN:
De los años arcaicos a la conquista romana (750-146 a. e. c.)

Capítulo 3: Los años arcaicos

—¡Señor! ¡Se lo ruego! No navegue con su armada hacia la bahía de Eleusis. Estaremos en desventaja en los estrechos de Salamina. Las mejores maniobras navales de los griegos son en cursos de agua estrechos.

La reina Artemisia de Halicarnaso era una de las comandantes navales del rey Jerjes I. Había conducido su fuerza persa de un millón de hombres a Grecia sin resistencia de los estados del norte y del centro. Pero el sur de Grecia, liderado por Atenas, Esparta y Corinto, opuso gran resistencia.

—Artemisia, ¡los tenemos atrapados! Si tomamos Salamina, podemos acabar con los atenienses. Están luchando entre ellos en este momento. Están desmoralizados. ¡Será una victoria fácil!

Jerjes subió al monte Egaleo para tener la mejor vista de su victoria anticipada. Solo unos pocos barcos corintios flotaban en la bahía. No podía ver las trescientas trirremes griegas escondidas en las calas de la isla Georgios. Su autoconfianza se transformó en horror al ver cómo se desarrollaba la debacle. Cuando sus barcos persiguieron a las naves corintias hasta el estrecho, las trirremes griegas avanzaron tras ellos, atrapando a los persas en los estrechos confines. Una y otra vez, embistieron a las naves persas hasta que barcos que se hundían y cuerpos flotantes obstruyeron el agua.

La épica victoria griega contra las enormes fuerzas persas en el 480 a. e. c. fue el momento decisivo de las guerras greco-persas. A partir de ese momento, los griegos fueron los agresores y los persas los defensores. También marcó el final de la era arcaica, que comenzó con los primeros

Juegos Olímpicos en 776 a. e. c. Como el legendario ave fénix, Grecia resurgió de la Edad Oscura, más resistente y resplandeciente que nunca. La época arcaica de Grecia fue un despliegue de poesía encantadora, filosofía novedosa, arquitectura y esculturas fascinantes, así como avances sensacionales en ingeniería, matemáticas y ciencia.

Los velocistas olímpicos griegos en un frasco ánfora del siglo VI a. e. c., con las letras griegas recién introducidas sobre los corredores[10]

La ciudad de Olimpia, en el Peloponeso, acogió los primeros Juegos Olímpicos como un festival para Zeus, que se convirtió en una tradición cada cuatro años. Aunque las ciudades-estado griegas luchaban a menudo entre sí, establecían una tregua durante las Olimpiadas, garantizando la seguridad en los juegos y en los desplazamientos hacia y desde las competiciones. Atletas de una docena de ciudades acudieron a las primeras Olimpiadas para participar en carreras pedestres. A finales de la era arcaica, los atletas procedían de cien ciudades de Grecia y sus colonias, que se extendían desde el mar Negro hasta el Mediterráneo occidental. Para entonces, las competiciones incluían carreras de cuadrigas, lanzamientos de disco y jabalina, salto largo y artes militares.

La antigua Grecia nunca fue un país unido como lo es hoy. Más bien era un conjunto de ciudades-estado independientes llamadas *poleis* (*polis* en singular) en la Grecia continental y colonias alrededor de los mares Egeo, Negro y Mediterráneo. Una ciudad-estado constaba de una ciudad principal con sus tierras de cultivo, aldeas y pueblos circundantes. Hacia el final de la era arcaica, cuando algunas ciudades adoptaron la democracia, la palabra *polis* designaba a los ciudadanos de una ciudad-estado.

Las ciudades-estado eran políticamente independientes de las demás, con diversas estructuras políticas. Algunas tenían reyes, normalmente con un consejo asesor. Esparta tuvo dos reyes. Algunas ciudades-estado estaban gobernadas por un pequeño grupo de aristócratas denominado oligarquía. En Corinto, los hombres de su oligarquía eran todos de la misma familia. Más tarde, los tiranos gobernaron Corinto y otras ciudades. Atenas pasó por toda la gama durante la época arcaica: monarquía, oligarquía, tiranía y democracia.

Cada polis era como un pequeño país independiente de los demás, aunque unían sus fuerzas contra un enemigo común. A menudo, el enemigo común era otra ciudad-estado griega. Las ciudades más poderosas y renombradas de la época arcaica eran Esparta, Atenas, Tebas, Corinto, Argos, Eretria y Elis. Compartían una lengua común, aunque con dialectos diferentes. También compartían la misma religión politeísta, con Zeus como dios principal. Cada ciudad-estado tenía una deidad patrona. Poseidón era el patrón de Corinto, Dioniso era el divino patrón de Tebas y Hera, la esposa de Zeus, era la diosa principal de Argos.

Durante toda la época arcaica, Atenas y Esparta fueron archirrivales. Ambas se encontraban en el sur de Grecia, a solo unos 240 kilómetros de distancia, pero eran polos opuestos en su filosofía, política, estilo de vida y estructura social. Los espartanos eran conocidos por su rígida disciplina y su resistencia al cambio. Los atenienses eran progresistas y nada les gustaba más que debatir las últimas filosofías e ideas.

Los dos reyes de Esparta gobernaban con un consejo de ancianos que se habían retirado del servicio militar a los sesenta años. El estilo de vida de Esparta giraba en torno al ejército. Todos los espartanos sanos de entre veinte y sesenta años servían en el ejército. Aunque los hombres se casaban alrededor de los veinte años, vivían en los barracones hasta los treinta, haciendo visitas nocturnas clandestinas a sus esposas. Con sus maridos ausentes durante tanto tiempo, las mujeres espartanas, independientes, se ocupaban de los negocios, vestían faldas cortas y aprendían habilidades marciales.

Mientras el resto de Grecia despertaba de la Edad Oscura, Esparta estaba sumida en la anarquía. Finalmente, los espartanos salieron adelante con una serie de reformas que diferenciaron su sociedad del resto de Grecia. Como todos los hombres servían en el ejército a tiempo completo, necesitaban a alguien que trabajara los campos, así que conquistaron las regiones vecinas de Mesenia y Laconia. Obligaron a estas personas a convertirse en ilotas o siervos. Los ilotas cuidaban los campos. Con todos los hombres espartanos liberados para servir a tiempo completo en el ejército, Esparta se convirtió en la potencia militar más formidable de Grecia a finales de la era arcaica.

Atenas había sido un importante centro micénico, una de las pocas ciudades griegas que sobrevivieron a la Edad Oscura. Su ubicación ideal para el comercio marítimo permitió a Atenas prosperar hacia el final de la Edad Oscura, ayudando a sacar al resto de Grecia de la inercia. Atenas se hizo con el control de la mayor parte de la península del Ática, en el sur de Grecia, convirtiéndola en una inmensa ciudad-estado. Era el estado más rico y fuerte de principios del periodo arcaico.

Mientras que Esparta mantuvo la misma estructura política y social durante todo el periodo arcaico, Atenas experimentó una serie de cambios. Había sido una monarquía con un consejo en su época micénica y a principios de la era arcaica. Después, pasó a un sistema de tres magistrados principales llamados arcontes que dirigían la ciudad-estado. La *ecclesia* (asamblea de ciudadanos varones) los elegía de entre la élite, al principio de por vida, luego por periodos de diez años y finalmente por un año. Un arconte dirigía el ejército, otro las funciones religiosas y el tercero, el magistrado principal, era el líder administrativo que ostentaba la mayor parte del poder. Otros seis arcontes, llamados *thesmotetai*, ejercían de jueces.

Hacia el 621 a. e. c., los atenienses estaban cada vez más descontentos con sus leyes no escritas, que generaban confusión y explotación. Pidieron a Draco, el primer legislador ateniense, que escribiera un código legal. Pero las leyes de Draco eran ridículamente duras, e imponían la pena de muerte por infracciones menores. En el lado positivo, todos los atenienses, ya fueran aristócratas o trabajadores, tenían los mismos derechos bajo el sistema legal de Draco.

Veintisiete años después, los atenienses pidieron a su magistrado principal, Solón, que redactara una constitución. Reescribió las leyes de Draco y reestructuró el sistema político para que los varones de todas las clases tuvieran derecho a voto. En su sistema, Atenas tenía cuatro clases, y cada clase tenía cien hombres nombrados para el consejo de cuatrocientos hombres (llamado *boule*). No todos los ciudadanos podían votar, pero cien votantes representaban por igual a cada estrato de la sociedad. Fue un paso de gigante hacia la democracia.

El siguiente paso de Atenas en su evolución política fue el gobierno de los tiranos, que no significaba necesariamente un déspota cruel. Un tirano llegaba al poder fuera de los canales habituales. En lugar de ser el príncipe heredero o elegido por la *ecclesia*, normalmente usurpaba el trono, a veces con la ayuda de ciudadanos oprimidos que deseaban un cambio. Su autoridad era total. Podía tener un consejo asesor, pero la última palabra la tenía él. Como usurpador, a menudo ignoraba partes de la constitución del estado, aunque generalmente mantenía la mayoría de los sistemas.

Aunque los tiranos tenían un poder absoluto, a veces lo utilizaban en beneficio de su ciudad-estado, especialmente de los pobres y las clases trabajadoras. Los griegos de la época arcaica no consideraban a los tiranos malos o buenos; dependía del hombre y de sus acciones. Los tiranos a menudo manipulaban su camino al poder cuando los gobernantes ignoraban las necesidades de las masas. Los tiranos se ganaban el favor de las clases olvidadas y oprimidas, prometiendo reformas a cambio de su apoyo. Pero una vez que un tirano llegaba al poder, tenía que cumplir sus promesas o arriesgarse a perder su puesto. Para la Grecia arcaica, la tiranía era un trampolín entre el gobierno de un rey o una oligarquía y una democracia rudimentaria.

El primer tirano de Atenas fue el héroe de guerra general Pisístrato, pariente de Solón. Cuando el conflicto de clases sacudió Atenas, Pisístrato se presentó como defensor de las clases bajas, que constituían la mayoría de la población de la ciudad. Una vez en el poder, Pisístrato mejoró la vida de la clase trabajadora y de los pobres oprimidos. Devolvió a los campesinos las tierras que les habían sido confiscadas por deudas y los ayudó a desarrollar una agricultura más rentable con cultivos comerciales. Utilizó la riqueza que le proporcionaban sus minas de oro de Macedonia para mejorar las infraestructuras de Atenas y promovió festivales y juegos, que agradaron a todas las clases. Mejoró la armada ateniense y convirtió toda la península del Ática en un lugar productivo y próspero. A Atenas le fue tan bien con Pisístrato que otras ciudades-estado griegas consideraron la tiranía como una opción viable.

El hijo de Pisístrato, Hipias, fue el siguiente tirano de Atenas. Al principio siguió los pasos de su benévolo padre, pero luego se deterioró hasta el punto de que Esparta invadió e instaló a Iságoras como siguiente magistrado principal. Iságoras exilió a todo aquel que consideraba una amenaza política y se apoderó de sus tierras. Finalmente, en 508 a. e. c., los atenienses se rebelaron, expulsaron a Iságoras y nombraron a Clístenes, un visionario democrático, nuevo líder de Atenas.

Las novedosas reformas democráticas de Clístenes dividieron Atenas y el resto de la península del Ática en diez tribus. Cada tribu contaba con treinta unidades: diez de Atenas, diez de las zonas rurales y diez de la región costera. Cincuenta ciudadanos varones de cada una de las diez tribus formaban parte de un consejo de quinientos hombres durante un año. Todos los ciudadanos —ricos o pobres, rurales o urbanos— estaban representados por igual, lo que suponía otro paso significativo hacia la democracia. Sin embargo, no todos los ciudadanos tenían derecho a voto y las mujeres no estaban representadas. No obstante, estableció un nuevo sistema político que perduró hasta la época clásica.

La guerra perpetua marcó la época arcaica de Grecia. Las ciudades-estado a menudo luchaban entre sí, pero también competían con Cartago, en el norte de África, por el control del comercio y las colonias del Mediterráneo. Este conflicto acabó desembocando en las guerras púnicas. El enorme Imperio persa aqueménida también luchó contra Grecia a partir del año 547 a. e. c., cuando Ciro el Grande conquistó las colonias griegas jónicas de la costa oriental del Egeo. Darío el Grande invadió Grecia continental, lo que supuso una humillante derrota para los persas en la batalla de Maratón en el año 490 a. e. c. El hijo de Darío, Jerjes I, volvió a invadir Grecia en el 480 a. e. c. con su ejército de un millón de hombres, pero resultó otro fiasco para Persia.

Un hoplita del siglo V con su casco a la espalda [11]

Dos razones del éxito bélico de Grecia fueron su armada estelar y su formación de falange casi indomable en las batallas terrestres. Los guerreros hoplitas griegos llevaban cascos de bronce que les cubrían el rostro, junto con corazas y espinilleras de bronce. Llevaban escudos de bronce en la mano izquierda y lanzas de dos metros en la derecha. Se alineaban en posición de falange: hombro con hombro, con los escudos ligeramente superpuestos. Detrás de la primera fila de hoplitas había al menos siete filas más. La falange era algo así como un bulldozer humano, que se acercaba a las líneas enemigas con largas lanzas y un enorme muro de escudos que aplastaba a cualquiera que no fuera atravesado por las lanzas.

En la época arcaica, los griegos desarrollaron una temible armada que les permitió defenderse del Imperio persa. Su principal buque de guerra era el trirreme, de 120 pies de eslora, propulsado por remeros y velas. Los barcos tenían arietes en la proa, y los griegos eran excepcionalmente hábiles embistiendo a los barcos enemigos en batallas navales o abalanzándose por los costados de sus naves y destrozando sus remos. Sus maniobras marinas, especialmente en estrechos o ríos, les valieron la victoria contra Persia.

Aunque feroces guerreros, los griegos también eran poetas. Los poemas épicos de Homero, la *Ilíada* y la *Odisea*, fueron probablemente relatos orales hasta que finalmente se escribieron con el nuevo alfabeto griego. Hesíodo escribió la *Teogonía* y los *Trabajos y días* sobre la creación y los primeros tiempos de la humanidad. Hesíodo relató la edad de oro, cuando los hombres no pecaban y no conocían el trabajo duro ni la tristeza. En la edad de plata, la gente tenía que trabajar duro, pero vivía mucho tiempo. Siguió la violenta edad de bronce, que terminó cuando Zeus aniquiló a la raza humana con el Diluvio Universal. Pero Zeus le dijo a Deucalión, un hombre íntegro, que construyera un arca y la llenara de comida. La familia de Deucalión sobrevivió y formó las tres tribus principales de Grecia: los eolios, los dorios y los aqueos.

La poesía lírica, cantada con la lira, se hizo popular en la época arcaica. Safo de Lesbos escribió sobre el amor y el deseo entre mujeres. Mimnermo de Esmirna escribió poesía de guerra sobre la invasión de su ciudad por el Imperio lidio. Un coro cantaba y bailaba poesía lírica coral, muy popular en Esparta; dos compositores favoritos eran Terpandro de Lesbos y Alcmán.

El templo de Apolo de Corinto, hacia el 540 a. e. c., muestra pilares dóricos[12]

Un estilo escultórico característico de la época arcaica eran las estatuas *korai* y *kouroi* de mármol o piedra caliza de tamaño natural de mujeres y hombres jóvenes ligeramente sonrientes. Las mujeres (korai) llevaban largas trenzas y vestidos modestos, mientras que los hombres (kouroi) estaban desnudos; ambos representaban a jóvenes idealizados. Los griegos construyeron los primeros templos de piedra en la época arcaica, siguiendo estilos similares a los palacios y templos micénicos de madera y ladrillo. La arquitectura de los primeros templos era dórica, con pilares que sobresalían en el centro y frisos que decoraban la parte superior.

Los filósofos presocráticos dieron forma a la comprensión espiritual, política e intelectual de la Grecia arcaica. A Tales de Mileto se lo llama el padre de la Ciencia; buscaba respuestas científicas al por qué y al cómo sucedían las cosas, en lugar de la suposición común de que los dioses lo controlaban todo. Tales introdujo conceptos geométricos en Grecia, como el diámetro de un círculo y que un triángulo isósceles tiene ángulos de base iguales.

Uno de los alumnos de Tales fue Anaximandro, que enseñó que el dios Atlas no sostenía el mundo, sino que este flotaba libre de forma natural. Sostenía que la naturaleza seguía leyes específicas, que debían ser respetadas. En una ocasión predijo correctamente que un terremoto sacudiría Esparta y consiguió evacuar a la población a tiempo para ponerla a salvo. Uno de los alumnos de Anaximandro fue Anaxímenes, que descubrió que las estrellas y los planetas diferían entre sí. Percibió que las estrellas se mueven en los mismos planos y en las mismas posiciones relativas. Sin embargo, los planetas que podía observar a simple vista tenían movimientos más complejos.

Pitágoras tenía una escuela en la colonia griega de Samos, en el sur de Italia. Propuso el novedoso concepto de que la Tierra era una esfera y no plana. Elaboró el teorema de Pitágoras: el lado más largo al cuadrado de un triángulo de noventa grados es igual a la suma de los otros dos lados al cuadrado (a2 + b2 = c2). Sin embargo, pruebas recientes demuestran que los babilonios utilizaban el teorema de Pitágoras unos mil años antes que Pitágoras[i].

Heráclito de Éfeso enseñaba que una fuerza invisible llamada Logos mantenía y dirigía el universo. «Los seres humanos deben estar en sintonía con el Logos para vivir correctamente; sin embargo, la mayoría de la gente intenta vivir independientemente del Logos y se engaña a sí misma, no percibiendo la auténtica realidad». Jenófanes de Colofón se reía de las deidades griegas que no eran mejores que los humanos con sus adulterios, engaños y conflictos. Él creía en un dios supremo innatamente moral y benevolente que estaba por encima de todos los dioses y los hombres.

Cuando Grecia despertó de la Edad Oscura y empezó a prosperar, su población creció rápidamente. Pero esto creó un problema porque solo el 20% del accidentado terreno de Grecia podía cultivarse. El clima no ayudaba. La mayor parte de las precipitaciones de Grecia se producen en invierno, por lo que apenas llueve durante la temporada de cultivo. Los olivos y los árboles frutales solían dar buenos resultados, pero la sequía arruinaba regularmente las cosechas de cereales.

Grecia necesitaba reducir su población continental, encontrar una fuente de grano para alimentar a su gente y desarrollar oportunidades comerciales. La respuesta fue la colonización. Durante los dos primeros siglos de la era arcaica, las ciudades-estado griegas establecieron quinientas colonias en el Mediterráneo, el mar Egeo y el mar Negro. Las colonias griegas se extendieron hacia el oeste hasta las actuales España y Francia, hacia el sur hasta el norte de África y hacia el noreste hasta la actual Ucrania. El 40% de la población griega vivía en sus colonias, que eran estados independientes y autónomos.

---

[i] D. F. Mansfield, "Plimpton 322: A Study of Rectangles", *Foundations of Science* 26 (2021): 977-1005. https://doi.org/10.1007/s10699-021-09806-0

Los cientos de colonias en tres continentes aportaron a Grecia recursos inimaginables. Los griegos no solo recibían cereales, sino también madera, textiles y metales como cobre, oro, hierro y estaño. A cambio, Grecia exportaba su famosa cerámica roja y negra con escenas que representaban batallas, escenas mitológicas y animales animados. Parte de la cerámica exportada contenía aceitunas, aceite de oliva y vino de la Grecia continental. Las colonias se enriquecieron con el comercio y algunas se convirtieron en centros de arte o de estudios académicos de matemáticas, ciencia y filosofía.

El vasto sistema comercial de Grecia la introdujo en la acuñación de moneda, que se inventó en Lidia a finales del siglo VII a. e. c. Las primeras monedas acuñadas en Grecia procedían de Egina, en el golfo Sarónico. La mayoría de las monedas griegas eran de plata, pero también de oro, cobre y bronce. Las ciudades-estado solían producir diseños representativos de su ciudad. Muchas utilizaban a su deidad patrona, y la isla de Thera tenía delfines.

La era arcaica fue una época de gran energía, con un crecimiento sin precedentes de la población, la colonización, la tecnología y el conocimiento científico. La Grecia arcaica hizo grandes avances en política y cultura. Sus ciudades-estado desarrollaron ejércitos y armadas formidables que se aliaron con éxito para derrotar al gigantesco Imperio persa en dos invasiones épicas. La época arcaica preparó el terreno para la edad de oro de la Grecia clásica.

Capítulo 4: La Grecia clásica

—¿Están locos? ¿Creen estos griegos que tienen alguna posibilidad contra mi ejército de un millón de hombres?

Corría el año 480 a. e. c. y Jerjes I, del Imperio aqueménida, atravesaba Grecia en picado para arrasar Atenas. Pero bloqueando su camino en el estrecho paso de las Termópilas había una pequeña fuerza de siete mil guerreros griegos liderados por el rey Leónidas de Esparta.

—Griegos, ¡tienen una última oportunidad! ¡Arrojen sus armas!

Los espartanos, imperturbables, mantuvieron su rígida disciplina.

—¡Vengan por ellas!

Con sus escudos superpuestos formando un muro en la posición de falange, los aliados griegos mantuvieron la línea durante dos días. El paso era estrecho, solo dieciséis pies (4.87 metros) desde los acantilados del monte Calídromo hasta el golfo Maliense. Detrás de la primera línea, el resto del ejército se mantuvo firme, listo para ocupar su lugar si caía un soldado de la primera línea. Pero un compañero griego acabó traicionándolos, esperando riquezas de Jerjes. Mostró a los persas una ruta alternativa a través de las montañas.

Al darse cuenta de que estaban flanqueados, el rey Leónidas envió a la mayor parte del ejército de la coalición hacia el sur, manteniendo solo 1.400 soldados en el paso. Las fuerzas conjuntas que se dirigían al sur vigilarían la nueva muralla en el istmo de Corinto, protegiendo Esparta, Corinto y el resto de la península del Peloponeso. Los soldados que quedaron con Leónidas lucharon hasta la muerte, frenando la implacable marcha de los persas hacia el sur.

Tres grandes enfrentamientos militares sacudieron la época clásica griega, que duró del 480 al 356 a. e. c.: los últimos días de las guerras greco-persas, la guerra del Peloponeso y un encarnizado conflicto entre Esparta y Tebas. La época clásica también es famosa por sus templos de impresionante arquitectura, esculturas fluidas y dinámicas, filosofía esclarecedora y conceptos innovadores en matemáticas y ciencia.

El sacrificio del rey Leónidas en la batalla de las Termópilas dio tiempo a los atenienses para huir de su ciudad y reagruparse en la isla de Salamina. Atenas cayó en manos de Jerjes, pero la humillante derrota de los persas en la batalla naval de Salamina convenció a Jerjes de regresar definitivamente a Persia. Los griegos se dieron cuenta de que su fenomenal victoria contra Persia se debía a la unión de fuerzas de las ciudades-estado aliadas. Para eliminar la amenaza persa de una vez por todas, los griegos formaron la Liga de Delos en 478 a. e. c.

Atenas estaba a cargo de la liga, y los griegos expulsaron a los persas del mar Egeo durante quince años y ahuyentaron a los piratas dolopios que perturbaban el comercio griego. Sin embargo, un intento de ayudar a Egipto en su revuelta contra la dominación persa en el 460 a. e. c. acabó en desastre: Atenas perdió gran parte de su flota y veinte mil soldados. Intrigado, el general Pericles decidió trasladar el tesoro de la Liga de Delos a Atenas, temiendo que fuera vulnerable a los persas en Delos. Sin embargo, al controlar la liga y disponer ahora de su tesoro, Atenas se convirtió en un imperio de facto, y las contribuciones al tesoro de la Liga de Delos se convirtieron en pagos de tributos.

El enfrentamiento final entre Persia y Grecia se produjo en el 451 a. e. c. por el control de la isla de Chipre. El general Cimón de Atenas navegó con doscientos barcos hasta Chipre, aplastando a la flota persa y obligando a Persia a aceptar la Paz de Calias, de treinta años de duración, en el 449 a. e. c. Las colonias griegas de Asia obtuvieron la independencia y Persia prometió mantenerse fuera del mar Egeo. Grecia aceptó no interferir en Chipre, Egipto y Anatolia (la actual Turquía occidental).

Atenas vivía su edad de oro. El periodo de paz le permitió avanzar económicamente y dejar un legado impresionante en las ciencias y la cultura. La democracia floreció bajo el liderazgo del general Pericles, que reformó la constitución y abrió la función pública a todas las clases sociales. Incluso llegó a pagar a las clases más bajas por ser jurado y desempeñar otras funciones administrativas públicas.

Los restos del Partenón aún coronan la Acrópolis de Atenas[18]

Atenas había madurado hasta convertirse en el centro intelectual y artístico del Mediterráneo. Jerjes había arrasado Atenas en 480 a. e. c., pero Pericles reconstruyó las murallas de la ciudadela y los templos de la Acrópolis, que se alzaban sobre la ciudad. El Partenón era el elegante templo de la diosa Atenea. En la sala central se erguía una imagen de la deidad de cuarenta pies (doce metros), rodeada de paneles murales que representaban criaturas mitológicas y la guerra de Troya. Los Propileos son una colosal puerta de mármol con pilares dóricos frente a otra imagen de Atenea, esta de bronce. Ictino, el arquitecto del Partenón de Atenas, también construyó el Templo de Apolo en la ciudad de Basas, en el Peloponeso, combinando arquitectura corintia, dórica y jónica.

La edad de oro griega es legendaria por sus esculturas fluidas y vivas, que captan el movimiento y la emoción. La escultura de mármol de *Hermes de Praxíteles* sosteniendo al niño Dioniso ilustra la relajada pose de contrapposto típica de la época clásica, con el peso desplazado hacia una pierna. Los griegos clásicos preferían utilizar el bronce lustroso para las esculturas por su resistencia, pero los romanos copiaron más tarde muchas esculturas griegas en mármol.

Esta escultura de Hermes y el niño Dioniso se encontraba en el templo de Hera en Olimpia [14]

Uno de los pasatiempos favoritos de los griegos de la edad de oro eran las representaciones dramáticas, a veces comedias, pero más a menudo tragedias. Los temas se centraban en la intromisión de los dioses en los asuntos humanos y las implicaciones de la inmoralidad, el amor sin esperanza y la traición. Esquilo, Eurípides y Sófocles fueron los dramaturgos más conocidos. Una de las tragedias de Eurípides retrataba la versión de Helena de por qué abandonó a su marido por el príncipe Paris de Troya. *Edipo rey*, de Sófocles, cuenta la historia de cómo el rey Layo quería matar a su hijo pequeño debido a una profecía que decía que su hijo lo mataría a él. Pero en lugar de matar a su hijo, su mujer, Yocasta, lo abandonó. Un pastor encontró al niño, que fue adoptado por el rey de Corinto. Cuando el niño Edipo creció, mató a su padre biológico y se casó con su madre sin conocer sus verdaderas identidades.

La Grecia clásica realizó increíbles avances en medicina, matemáticas, ciencia y filosofía. Hipócrates, el «padre de la Medicina», introdujo el diagnóstico clínico: comprobar el pulso, la temperatura, la orina y las deposiciones e investigar el nivel de dolor y la amplitud de movimiento. Teeteto de Atenas hizo avanzar la geometría desarrollando los sólidos platónicos y las longitudes irracionales. Leucipo y su alumno Demócrito desarrollaron la teoría de los átomos como componentes de la materia. Creían correctamente que los átomos estaban en constante movimiento, que según Leucipo no era aleatorio, sino controlado por el Logos (la fuerza invisible que dirige el mundo).

Hipias de Elis fue un filósofo que incursionó en los dominios de la astronomía, las matemáticas y la música. Descubrió la cuadratura geométrica, una curva que triseca un ángulo. Creía que una ley natural fija y universal determinaba la moralidad y que era inmutable en todas las situaciones y épocas. Por ejemplo, enseñaba que honrar a los padres era una ley natural que persistía en el tiempo.

El filósofo Sócrates utilizaba un método de enseñanza de preguntas y respuestas, animando a sus alumnos a llegar a sus propias conclusiones en lugar de alimentarlos con conocimientos. Decía que no merece la pena vivir una vida sin examen; necesitamos comprender la profundidad de lo que no sabemos y aprender constantemente cosas nuevas sobre nosotros mismos y la vida. Decía que la gente que nunca cuestionaba el statu quo ni se hacía preguntas era «doblemente tonta». Eran tontos por no saber nada y doblemente tontos por no darse cuenta de su ignorancia.

Los desafíos de Sócrates a sus alumnos desembocaron en su juicio por corrupción de la juventud ateniense. También fue juzgado por impiedad porque decía que su dios era moralmente bueno y racional. Despreciaba a los dioses griegos, que mentían y engañaban a sus esposas. Sócrates preguntó cómo podían ser morales los humanos si sus dioses no lo eran. Fue declarado culpable de ambos cargos y condenado a morir bebiendo cicuta.

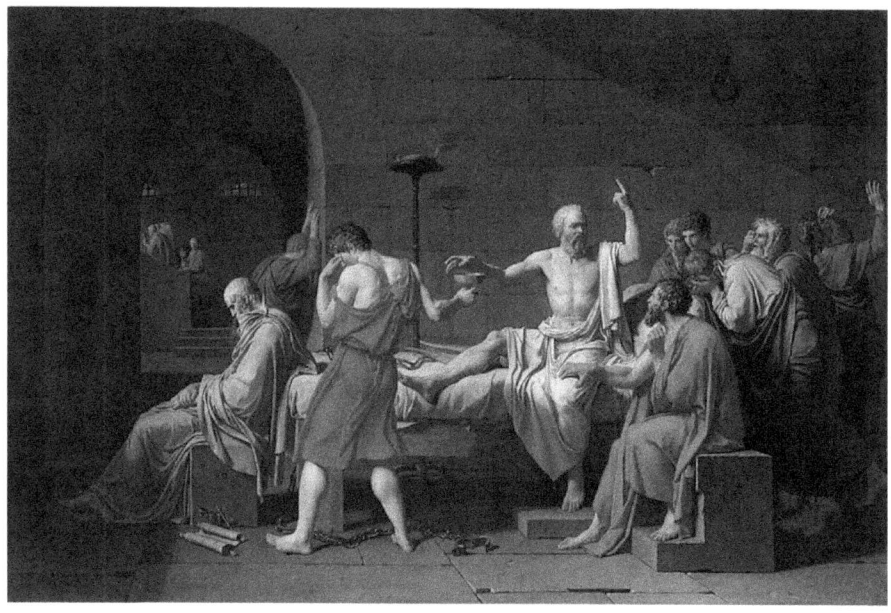

Pintura de Jacques-Louis David de la ejecución de Sócrates [16]

Platón, alumno y amigo íntimo de Sócrates, enseñó la teoría de las formas, que afirmaba que nuestro concepto de la realidad es solo un reflejo de la realidad real. Decía que es como si viviéramos en una cueva viendo las sombras proyectadas por el sol. Creemos que las sombras son la realidad, pero la verdadera realidad es el sol fuera de la cueva, cuyo resplandor proyecta las sombras. Platón dijo que la mayoría de la gente no tiene ni idea de que hay algo más en la vida que las sombras de la caverna, pero si alguien se liberara y saliera fuera, vería el mundo tal y como es.

«Podrá ver el sol, y no meros reflejos de él en el agua, sino que lo verá en su propio lugar, y no en otro, y lo contemplará tal como es. Entonces argumentará que es él quien da la estación y los años y es el guardián de todo lo que hay en el mundo visible, y en cierto modo la causa de todas las cosas que él y sus semejantes han estado acostumbrados a contemplar»[i].

Conocido como el «padre de la Lógica», Aristóteles fue alumno de Platón y tutor de Alejandro Magno. En su *Metafísica*, defendió la necesidad de un dios inmutable, eterno y perfecto: el «impasible» que lo creó todo. Aristóteles enseñó el principio de deducción: si una premisa (creencia) es exacta, su conclusión es verdadera. La deducción nos permite comprender verdades específicas y nos conduce a la inducción o comprensión generalizada.

Mientras los filósofos atenienses reflexionaban sobre las verdades espirituales y científicas, la rivalidad latente entre Esparta y Atenas estalló en la primera guerra del Peloponeso en el 460 a. e. c. Al principio, Esparta se contuvo mientras sus aliados luchaban contra Atenas, empezando por Corinto. Atenas fracasó en las guerras terrestres, pero obtuvo brillantes victorias en las batallas navales. Finalmente, Esparta marchó a Beocia, que estaba sesenta millas al norte de Atenas. Los atenienses se enfrentaron a los espartanos en la batalla de Tanagra, en la que Esparta resultó vencedora. Pero la armada ateniense era muy superior a su ejército de tierra, por lo que rodeó el Peloponeso y atacó a los aliados de Esparta en la costa. En un callejón sin salida, Esparta acordó la Paz de los Treinta Años con Atenas en 445 a. e. c., poniendo fin a la primera guerra del Peloponeso.

La paz solo duró catorce años, y la segunda guerra del Peloponeso (431-404 a. e. c.) fue instigada por los espartanos, que invadieron las

---

[i] Platón, *La República*, Libro VII, trad. Benjamin Jowett. Internet Classics Archive. http://classics.mit.edu/Plato/republic.9.viii.html

tierras de labranza de la península del Ática en torno a Atenas. Los espartanos despojaron sus campos, intentando atraer a los atenienses a una batalla terrestre. Pero, conociendo la superioridad de los espartanos en tierra, Pericles se contuvo, metiendo a la población rural en las murallas de la ciudad y refugiándose, viviendo de los envíos de grano de Egipto. Mientras tanto, la formidable armada de Atenas formó un bloqueo alrededor del Peloponeso, bloqueando los envíos a Esparta y sus aliados.

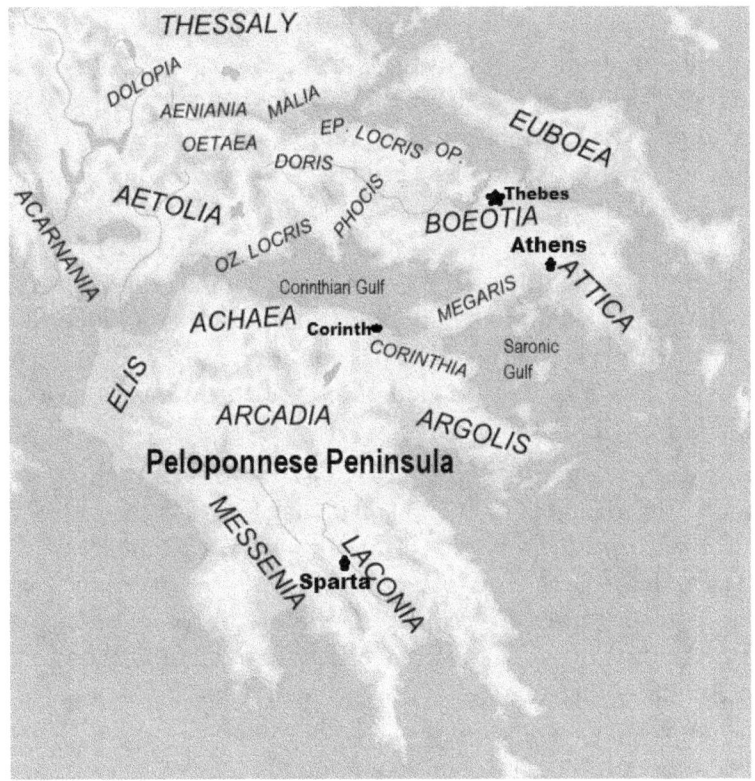

La mayor parte del sur de Grecia participaba en la guerra del Peloponeso [16]

Pericles nunca imaginó que los cargamentos de grano procedentes de Egipto traerían ratas portadoras de la peste, que se extendió como un reguero de pólvora por la superpoblada Atenas. Un tercio de la población murió de diarrea violenta, muerte tisular e infección pulmonar. Los supervivientes quemaban a los muertos en piras o los arrojaban a enormes fosas por centenares cada día. En cuanto se enteraron del brote, los espartanos huyeron de la península del Ática. En un giro irónico, el bloqueo ateniense protegió a Esparta y al resto del Peloponeso de los barcos que transportaban la peste.

La muerte de Pericles a causa de la peste en 429 a. e. c. dejó a Atenas sin su liderazgo maduro y perspicaz. Pero la peste acabó disipándose y Atenas reanudó las incursiones navales y la construcción de fortalezas en el Peloponeso. Esparta atacó Pilos, uno de estos fuertes, pero los atenienses ganaron, la primera vez que se imponían en una batalla terrestre a Esparta. Esta victoria dio poder y energía a los atenienses, ya que se dieron cuenta de que el ejército espartano no era tan invencible como pensaban.

Esparta respondió a la derrota marchando hacia el norte, a Tracia, y tomando el control de las minas de plata de Atenas en Anfípolis. Atenas corrió hacia el norte para recuperar su principal fuente de riqueza, y en la batalla campal de Anfípolis, ambos bandos perdieron a sus principales generales. En una crisis de liderazgo, las dos ciudades negociaron la Paz de Nicias en el 421 a. e. c., que duró cincuenta años. Pero la paz se derrumbó rápidamente cuando algunas ciudades del Peloponeso abandonaron su alianza con Esparta y se unieron a Argos, vecina independiente de Esparta. La mortífera batalla de Mantinea, la mayor batalla terrestre de la guerra, se saldó con una sorprendente victoria de Esparta en el 418 a. e. c., y las ciudades desafiantes se vieron obligadas a regresar a la Liga del Peloponeso.

A continuación, la guerra se dirigió a la isla de Sicilia, al otro lado del estrecho de Mesina, en la punta de la bota italiana. Griegos jonios y dorios habían colonizado Sicilia en la época arcaica. Sus ciudades madre eran Atenas para los jonios y Esparta para los dorios, y ambas ciudades apoyaban a sus parientes en Sicilia. Cuando los griegos colonizaron Sicilia, empujaron a los indígenas hacia el interior. La ciudad de Segesta suplicó ayuda a Atenas contra un ataque de la ciudad doria de Selinunte. Atenas accedió y en el 415 a. e. c. se produjo la expedición a Sicilia, en la que los atenienses atacaron Siracusa, aliada de Selinunte.

Esparta envió una flota de ochenta barcos a Siracusa, y en las dos primeras escaramuzas navales prevaleció la armada ateniense. Pero entonces la armada espartana atrapó a la flota ateniense en el puerto, donde no podían maniobrar bien. Ambos bandos perdieron unos cincuenta barcos en la batalla campal. Finalmente, los atenienses vararon sus barcos e intentaron escapar por tierra. Pero las fuerzas coaligadas de Siracusa y Esparta aniquilaron a decenas de miles de atenienses y esclavizaron al resto.

De vuelta en Grecia, Esparta tomó el control del norte de la península del Ática, bloqueando el comercio y las comunicaciones entre Atenas y el norte de Grecia. Esparta reconquistó las minas de plata de Atenas, dejándola en la indigencia económica. Atenas exigió más tributos a las ciudades de la Liga de Delos, lo que provocó la separación de las colonias jónicas agraviadas. Los persas se involucraron en la guerra construyendo barcos de guerra para Esparta.

En una espiral descendente, Atenas experimentó una agitación interna cuando una oligarquía de cuatrocientos hombres usurpó el poder y sus avances democráticos se desvanecieron. Luego, Esparta se hizo con el control de los Dardanelos, bloqueando los envíos de grano de Atenas desde el mar Negro. Cuando la armada ateniense intentó romper el bloqueo, los espartanos hundieron 168 de sus 180 barcos. En 404 a. e. c., la guerra del Peloponeso terminó con la rendición de Atenas. Esparta se apoderó de los barcos de guerra atenienses que quedaban y obligó a Atenas a desmantelar sus murallas protectoras. Sin embargo, Esparta libró a los atenienses de la esclavitud propuesta por otros estados griegos, recordando cómo Atenas había rescatado a Grecia de los persas.

La Liga de Delos, antaño liderada por Atenas, caía ahora bajo el poder de Esparta. Pero Esparta no se limitó a recaudar tributos, sino que colocó a sus propios gobernadores en las ciudades, que contaban con el apoyo de guarniciones espartanas. Esparta incluso obligó a los estados democráticos a convertirse en oligarquías. Corinto y Tebas se habían aliado con Esparta en la guerra del Peloponeso, pero la tiranía espartana les resultó inaceptable. Persia intervino de nuevo, con la esperanza de desestabilizar aún más Grecia sobornando a las ciudades-estado griegas para que se rebelaran contra el poder de Esparta.

El rey Pausanias de Esparta marchó hacia el norte para reunirse con el general espartano Lisandro, que regresaba de Asia, para atacar la ciudad de Haliarto, estrecha aliada de Tebas. Lisandro llegó primero y, sin esperar a Pausanias, atacó Haliarto. Pero, de repente, un ejército tebano lo asaltó por la retaguardia. No era consciente de que había un ejército tebano cerca, lo que fue un error fatal, ya que los tebanos lo abatieron. Más ciudades-estado griegas se pasaron al bando tebano.

La flota espartana regresaba de los Dardanelos cuando los persas y los atenienses la atacaron repentinamente. El general Conón de Atenas mandaba una flota persa, mientras que el gobernador persa Farnabacio de Frigia (en el oeste de Turquía) mandaba una flota fenicia. Los espartanos arrastraron sus barcos hacia la orilla y huyeron, con los persas y los atenienses pisándoles los talones. La playa se tiñó de rojo con la sangre griega y el imperio naval de Esparta se vino abajo.

El general Conón y su nuevo amigo persa Farnabacio causaron estragos en la costa del Peloponeso y luego navegaron hasta Atenas, donde Farnabacio financió la reconstrucción de las murallas atenienses. Pero Esparta seguía bloqueando los envíos de grano a Atenas, así que en 387 a. e. c., los persas negociaron finalmente la Paz del Rey con Esparta, Atenas, Argos, Corinto y Tebas. Los persas obtuvieron Chipre y las colonias jónicas griegas en Asia, pero todas las demás ciudades-estado griegas pasaron a ser gobernadas de forma independiente.

Cinco años más tarde, Esparta rompió el tratado atacando Tebas y estableciendo allí una guarnición. Pero los líderes tebanos habían entrenado en secreto a jóvenes en técnicas de combate y, en el 379 a. e. c., mataron a los líderes espartanos, pero permitieron que el resto de los soldados de la guarnición salieran ilesos. La victoria en una batalla terrestre contra los espartanos impulsó a los tebanos a formar un Batallón Sagrado de trescientos hombres con guerreros altamente cualificados a tiempo completo. Mientras tanto, Atenas se recuperó en la década siguiente, creando la Segunda Liga ateniense en 378 a. e. c. A diferencia de la primera, todas las ciudades-estado mantuvieron su independencia en una alianza descentralizada.

El poder de Esparta sobre las demás ciudades-estado griegas se derrumbó finalmente en la batalla de Leuctra, en 371 a. e. c. Los espartanos marcharon hacia el norte para atacar Tebas. Los espartanos marcharon hacia el norte para atacar Tebas y pillaron desprevenidos a los tebanos, pero estos se reunieron rápidamente a siete millas al sur de Tebas. Los tebanos utilizaron su nueva e intimidante formación de falange de cincuenta hombres de profundidad y sus escalofriantes lanzas de tres metros de largo. El aplastante triunfo de Tebas le permitió dominar Grecia durante la siguiente década, al ganar una batalla tras otra.

Tebas invadió Tesalia y Macedón por el norte, tomando como rehén al príncipe adolescente de Macedón, Filipo II, sin sospechar cómo aquello cambiaría algún día el curso de la historia. Cuando Tebas se hizo más fuerte, una nerviosa Atenas se alió con Esparta en la batalla de Mantinea, que tuvo consecuencias en 362 a. e. c. Tebas ganó la brutal batalla, pero a un precio muy alto, ya que perdió a su experimentado líder Epaminondas.

Tebas logró invadir Esparta y liberar a sus ilotas, que realizaban el trabajo manual de Esparta. Sin el trabajo de los ilotas, que liberaba a los espartanos para ser guerreros a tiempo completo, el ejército de Esparta se tambaleó. Pero Tebas también tuvo problemas, ya que había perdido a sus expertos generales. Ni Esparta ni Tebas pudieron mantener el control sobre el resto de Grecia, dejando la puerta abierta a la estrella emergente de Macedonia: Filipo II.

Capítulo 5: Filipo II y Alejandro Magno

—Señor, tiene otra carta del rey Darío. Vuelve a ofrecer condiciones de paz.

—¡Seguro que sí! —Alejandro Magno se rió entre dientes—. ¡He conquistado toda la costa mediterránea y tengo a sus mujeres! ¿Puedes creer que las abandonó en el campo de batalla?

—Sí, él pide que le devuelva a su madre, esposa e hijas. A cambio, usted recibirá la mitad del Imperio persa, una fortuna de oro, y una de sus hijas en matrimonio.

—¡Ja! —Alejandro rió—. ¡Ya tengo todo eso! Tengo el oro de Lidia, Tiro y Egipto. Tengo a sus dos hijas y he conquistado la mitad del imperio. ¿Por qué debería detenerme ahora cuando puedo tenerlo todo?

¿Quién iba a creer que la remota Macedonia, en la frontera norte de Grecia, llegaría tan alto? Mientras Esparta, Tebas y Atenas luchaban por el control, Macedonia no era más que un remanso en peligro de ser absorbido por potencias más fuertes. Sin embargo, con Filipo II conquistó la mayor parte del territorio griego; con Alejandro, hijo de Filipo, conquistó todo el Imperio persa.

El caos político marcó la infancia y juventud de Filipo II. Tras el asesinato de su hermano mayor, el rey Alejandro II, pasó su adolescencia como rehén en Tebas. Pero el general tebano Epaminondas lo instruyó en la diplomacia y las artes militares tebanas. Filipo soñaba con reformar el ejército macedonio mientras estudiaba la formación de la falange tebana y su armamento. A la edad de veintitrés años, Filipo se convirtió inesperadamente en rey de Macedonia cuando su hermano, el rey Pérdicas III, murió en combate.

Filipo se puso a trabajar de inmediato para transformar el ejército macedonio. Entrenó a sus soldados con la sarisa: una mortífera lanza de seis metros de longitud inventada por él. Los hombres también aprendieron la innovadora falange de Filipo: dieciséis filas de ocho hombres de ancho, lo que les proporcionaba una maniobrabilidad superior. Filipo no tardó en ampliar las fronteras de Macedonia, vengar la muerte de su hermano y derrotar a las naciones vecinas que habían amenazado la existencia de su reino. Extendió su reino hacia el oeste, abarcando la actual Albania, hacia el este, la actual Bulgaria, y hacia el norte, la actual Serbia y Kosovo. Se hizo con el control de las minas de plata de Atenas en Anfípolis.

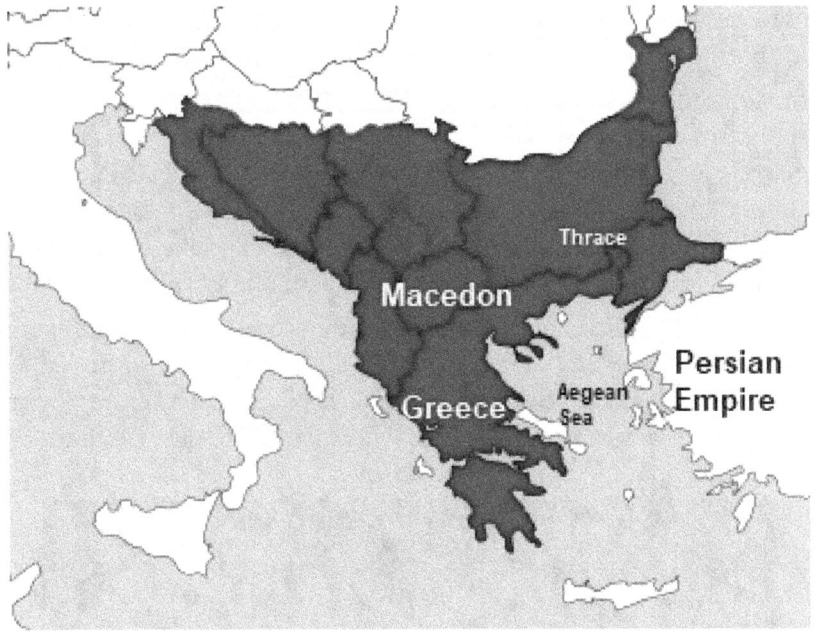

Al final de su reinado, Filipo II controlaba la mayor parte de la península balcánica.[17]

Aunque los griegos solo tenían una esposa a la vez, los nobles macedonios se casaban con varias para formar alianzas estratégicas. En 337 a. e. c., Filipo se casó con su cuarta esposa, la princesa Olimpia de Epiro, quien dio a luz a su hijo Alejandro al año siguiente. Filipo contrató al célebre filósofo Aristóteles como tutor de Alejandro e invitó a los gobernantes griegos a enviar a sus hijos a estudiar con Alejandro bajo la tutela de Aristóteles, lo que dio lugar a astutas alianzas griegas.

El siguiente objetivo militar de Filipo eran las ciudades-estado griegas del sur. Su oportunidad llegó cuando estalló la tercera guerra sagrada en el año 356 a. e. c. en Delfos, en el centro de Grecia. Pitia, el oráculo de Delfos, era una sacerdotisa que entraba en trance tras respirar los vapores de una fisura bajo el Templo de Apolo. Personas de todo el mundo griego viajaban a Delfos en busca de su consejo. La ciudad de Fócida se había atrevido a arar granjas en el recinto sagrado que rodeaba Delfos y luego cometió un sacrilegio mayor al asaltar el templo de Apolo y robar sus tesoros.

La defensa de Delfos no solo otorgó a Filipo la condición de héroe ante los adoradores de Apolo, sino que también le permitió hacerse con el control de Grecia central. Filipo había estado luchando contra Tesalia en su frontera sur, pero de repente se ofreció a aliarse con ella para luchar por Delfos. Juntos, aplastaron a Fócida, aniquilando su ejército. Los tesalonicenses quedaron tan impresionados con el liderazgo de Filipo que lo nombraron su magistrado principal de por vida.

Como parte del acuerdo de paz entre Filipo y Fócida, Filipo se hizo con el control del paso de las Termópilas, que se encontraba en territorio de Fócida y le permitía acceder sin trabas al sur de Grecia. Para evitar su invasión, Atenas negoció un acuerdo con Filipo, que este aceptó de buen grado. Filipo necesitaba la armada de Atenas para su objetivo a largo plazo de invadir y conquistar el Imperio persa con una fuerza griega unida.

Isócrates, el influyente orador de Atenas, animó a Filipo en su búsqueda. «Debes reconciliar a las cuatro grandes ciudades griegas: Argos, Atenas, Esparta y Tebas. Si se unen, todas las demás se unirán. ¡Debemos poner fin a estas constantes luchas internas entre las ciudades-estado griegas y unirlas para luchar contra Persia!».

La imagen de Filipo II en una moneda de oro[18]

Pero el estadista ateniense Demóstenes despotricó: «¡Filipo es el peor enemigo que puede tener Atenas! Es un déspota. Tenemos que luchar contra los macedonios, no confabular con ellos».

Mientras Filipo luchaba contra los persas en Bizancio (más tarde conocida como Constantinopla), donde se unen Europa y Asia, Demóstenes convenció a Atenas para que se aliara con Persia contra Filipo. Este último necesitaba desesperadamente el control de Bizancio porque sería su ruta hacia el Imperio persa. Exasperado con Atenas, Filipo marchó de regreso a Grecia, mientras Atenas se aliaba rápidamente con Tebas para rechazarlo. Tebas bloqueó a Filipo el paso de las Termópilas, pero Filipo conocía la ruta alternativa.

Filipo cruzó las montañas y se enfrentó a Atenas, Corinto y Tebas en la batalla de Queronea. Su hijo de dieciocho años, Alejandro, comandaba el flanco izquierdo con la ayuda de oficiales experimentados, y Filipo el derecho. Las fuerzas griegas se alinearon en el camino en una formación de dos millas y media, con los tebanos en el flanco derecho contra Alejandro, los atenienses en una pendiente frente a Filipo y los corintios en el centro.

Filipo no quería que los atenienses tuvieran ventaja en la cuesta arriba, así que entabló combate rápidamente y luego amagó con retirarse. Los atenienses persiguieron a las fuerzas de Filipo por el estrecho valle y subieron a la colina del otro lado. Filipo hizo girar a sus tropas para luchar, con los atenienses ahora cuesta abajo, lo que los convertía en un blanco más fácil para sus arqueros. En el flanco izquierdo, el joven Alejandro demostró sus habilidades destrozando el legendario Batallón Sagrado de los tebanos.

Atenas y Corinto se quedaron estupefactas cuando Filipo no arrasó sus ciudades. Pero ese no era su plan. Quería que los estados griegos se unieran bajo su liderazgo para luchar contra Persia. Deseaba luchar con ellos, no destruirlos. Filipo estaba más preocupado por Esparta, que se había mantenido al margen. ¿Y si Esparta empezaba a causar estragos en las ciudades griegas mientras sus fuerzas estaban en el extranjero luchando contra Persia? De forma lacónica, los espartanos se negaron a negociar.

Sin embargo, el resto de Grecia estaba dispuesto a sentarse a la mesa. Formaron la Liga de Corinto en 337 a. e. c., en la que todas las ciudades-estado (excepto Esparta) acordaron no luchar entre sí, sino unirse contra Persia. Declararon formalmente la guerra al Imperio persa y nombraron a Filipo su comandante. En pocos meses, Filipo envió al general Parmenión a Asia para liberar a las ciudades-estado griegas de Jonia del dominio persa. Pero entonces ocurrió el desastre.

Filipo celebraba la boda de su hija Cleopatra con su tío, el rey Alejandro de Epiro. Cuando Filipo entró en la sala, su guardaespaldas y amante despechado, Pausanias, le clavó de repente una daga en las costillas. El gran guerrero había muerto. ¿Qué ocurriría ahora? ¿Seguiría la alianza macedonio-griega invadiendo el Imperio aqueménida? ¿Quién los lideraría?

Mientras Filipo yacía desangrándose, los militares y nobles macedonios no tardaron en declarar a Alejandro como su próximo rey. El joven de veinte años tenía múltiples calamidades que exigían su atención inmediata. En cuanto se enteraron de la muerte de Filipo, varias ciudades griegas abandonaron la Liga de Corinto. Alejandro tuvo que refrenarlas rápidamente para proseguir con la invasión persa.

Alejandro marchó hacia el sur, donde las fuerzas tesalias esperaban en el paso del monte Olimpo. Pero tomó una ruta tortuosa y, sin esperarlo, se encontró con su retaguardia a la mañana siguiente. Sorprendido, Tebas se rindió y Alejandro continuó hacia el sur, donde Atenas y Corinto se disculparon y reconocieron su dominio. Alejandro se dirigió entonces hacia el norte para alinear Tracia y el norte de Grecia.

Alejandro pasó el año siguiente sometiendo a los rebeldes del norte, pero Tebas y Atenas volvieron a retirarse de la Liga de Corinto. Esta vez, Alejandro no estaba tan dispuesto a perdonar. Demolió la ciudad de Tebas, salvando solo los templos. Esclavizó a sus ciudadanos y donó sus tierras a las ciudades vecinas. Atenas no tardó en despachar enviados a Alejandro para suplicarle clemencia, que este la concedió.

Con toda Grecia (excepto Esparta) unida de nuevo, Alejandro se embarcó en su audaz invasión del Imperio persa. En 334 a. e. c., condujo a cuarenta mil griegos y macedonios a través del Helesponto hacia Asia, deteniéndose en Troya para honrar a los héroes de la antigua guerra. El rey Darío III de Persia no estaba especialmente preocupado. Ni siquiera salió de Persia, suponiendo que las fuerzas de sus gobernadores podrían repeler fácilmente a los griegos y macedonios en Jonia.

El general Memnón de Rodas no compartía el optimismo del rey Darío. Había escapado a Macedonia de joven tras una revuelta fallida contra el anterior rey de Persia. Era un conocido personal de Filipo II y su hijo Alejandro, y conocía sus grandiosos planes. También sabía lo que podía hacer su maquinaria militar. Aconsejó a los sátrapas (gobernadores) persas: «¡Necesitamos una política de tierra quemada! Saquen a la gente de la costa. No dejen nada que los griegos y sus caballos puedan comer. Necesita alimentar a su gente y a sus animales. ¡Mátenlo de hambre y se irá!».

Los persas ignoraron su consejo. ¿Por qué deberían huir? Podían mandar a paseo a este macedonio engreído. En su lugar, se alinearon en el río Gránico para enfrentarse a Alejandro. Los griegos tendrían que cruzar el río de dos metros de ancho y corriente rápida, y luego subir por un escarpado acantilado para enfrentarse al ejército persa. A medida que las fuerzas de Alejandro se acercaban, el sol estaba a punto de ponerse. Seguramente, esperaría hasta la mañana para cruzar.

Pero no, las fuerzas macedonio-griegas se pusieron rápidamente en posición. Alejandro lideró el flanco derecho con su caballería macedonia, infantería de élite, arqueros y lanzadores de jabalina. Su formidable infantería formaba la falange macedonia en el centro, y su caballería tesalia-tracia ocupaba el flanco izquierdo. Cuando la caballería del flanco derecho de Alejandro se zambulló en el río, los persas respondieron con una lluvia de flechas que oscureció el sol.

Alejandro y sus jinetes cruzaron el río al galope y subieron por la empinada orilla, rechazando los intentos de los persas de empujarlos al río. Alejandro atravesó con su lanza a Mitrídates, yerno del rey Darío, pero luego el sátrapa Mitrídates rompió el casco de Alejandro con su hacha de batalla. El casco cayó en dos pedazos, pero no hirió de gravedad a Alejandro. El amigo íntimo de Alejandro, Clito el Negro, empaló a Espitrídates antes de que pudiera volver a atacar. Mientras tanto, el resto del ejército de Alejandro vadeaba la rápida corriente del río y trepaba por el terraplén para formar filas con sus sarisas de seis metros. Los persas observaron el muro de lanzas y, presas del pánico, huyeron del campo de batalla.

Tras esta victoria, las ciudades-estado jónicas se rindieron a Alejandro. A continuación, Alejandro asaltó Mileto y Halicarnaso, los principales puertos de Persia, y paralizó su flota naval. Cuando Alejandro pasó por la ciudad de Gordio, alguien señaló el «nudo gordiano», hablando a su líder de la profecía. Quien desatara la enorme maraña gobernaría Asia. Alejandro sonrió y partió el nudo en dos con su espada. Asia era suya. La mayoría de los eruditos concluyen que esta historia es un mito.

Este mural de Pompeyo representa a Alejandro en la batalla de Issos[19]

A estas alturas, el rey Darío se dio cuenta de que necesitaba dirigir a su ejército en persona. Mientras Alejandro marchaba hacia el sur por el Mediterráneo, el rey Darío se acercó inesperadamente por su retaguardia, atrapando a los hombres de Alejandro en una estrecha llanura entre los montes Nur y el golfo de Issos. Alejandro dio media vuelta y su bien entrenado ejército formó inmediatamente la misma formación que había utilizado en el río Gránico.

En la orilla norte del río Pinarus, la caballería pesada de Darío se alineó junto al mar. Los persas llevaban más de un siglo contratando soldados griegos como mercenarios, y en esta batalla, la infantería griega de Darío, en el centro, se enfrentó a sus compatriotas griegos. La infantería persa se extendió hasta las estribaciones y un contingente cruzó el río en un intento de flanquear el ala derecha de los macedonios. La caballería persa se lanzó al otro lado del río, enfrentándose a la caballería tesalio-tracia del general Parmenión.

La caballería macedonia corrió sobre el río, rompiendo el ala izquierda de la infantería persa. Pero la infantería central de Alejandro, lastrada por sus escudos y sus pesadas sarisas, se sintió intimidada por la rápida corriente y se retiró del río. Pero Alejandro condujo a su infantería de élite del flanco derecho a través del río sin oposición porque la caballería macedonia había desorganizado a la infantería persa que se le enfrentaba.

Una vez cruzado el río, Alejandro saltó sobre un caballo y cargó directamente contra el rey Darío, con sus jinetes macedonios justo detrás de él. Darío entró en pánico y huyó en su carro. Cuando las filas persas se enteraron de que su rey los había abandonado, salieron corriendo, con los griegos detrás, matando a todo aquel que no pudiera correr lo bastante rápido.

Aunque herido, Alejandro obtuvo una tremenda victoria en la batalla de Issos. Incluso capturó a las mujeres de Darío en el campamento persa; las mujeres persas solían acompañar a sus parientes varones a la batalla. Cuando Darío y sus hombres huyeron hacia las colinas, dejaron atrás a la reina de Darío, la reina madre, y a sus dos hijas. Alejandro las tomó bajo su custodia y las trató con respeto. Varios meses después, la esposa de Darío murió al dar a luz, y Alejandro le dio un funeral real. Más tarde se casó con una de las hijas, Estatira II.

Cuando la horda de guerreros de Alejandro se dirigió hacia el sur por la costa del Líbano en 332 a. e. c., todas las ciudades fenicias, excepto la antigua Tiro, se rindieron. Tiro había construido una nueva ciudad en una isla a media milla de la costa con murallas de 150 pies. Al acercarse Alejandro, la ciudad evacuó a sus mujeres y niños a Cartago, en África. Alejandro sitió la ciudad durante siete meses, construyendo una calzada hasta la isla con escombros de la antigua Tiro. Pero el mar bajó repentinamente a cinco metros de profundidad a medida que se alejaban de la costa. Alejandro reunió 220 barcos procedentes de Chipre, Jonia y otras ciudades fenicias. Seis mil tirios murieron cuando los macedonios y los griegos tomaron la ciudad. Alejandro crucificó a otros dos mil y esclavizó a treinta mil.

Egipto había sufrido el dominio persa y había intentado varias veces recuperar su independencia. Ahora, dieron la bienvenida a Alejandro como su libertador del Imperio aqueménida. Le entregaron su tesoro y los sacerdotes lo coronaron nuevo faraón de Egipto. En la desembocadura del Nilo, Alejandro construyó la nueva ciudad de Alejandría, que se convirtió en un impresionante centro de cultura helenística y estudios científicos.

Darío se enfrentó a Alejandro con elefantes y carros guadañados [20]

El rey Darío se enfrentó a Alejandro por última vez en el año 331 a. e. c. en la batalla de Gaugamela, en el actual norte de Irak. Los macedonios y los griegos se enfrentaron esta vez a elefantes de guerra procedentes de la India, lo que supuso una nueva experiencia para ellos. Darío tenía otra arma nueva: carros de cuatro caballos con guadañas. Sus cuchillas sobresalían un metro de los cubos de las ruedas y podían cortar la pierna de un hombre por la mitad. Alejandro dirigió una carga de caballería alrededor del flanco izquierdo persa, atrayéndolos hacia él y adelgazando la defensa en el centro, donde estaba el rey Darío.

Los carros con guadañas persas presionaron hacia los griegos, pero con la flexible falange macedonia, los griegos se hicieron a un lado para permitir el paso de los carros mientras los lanzadores de jabalina búlgaros empalaban a los caballos y a sus conductores. Cuando la línea central que rodeaba a Darío se desintegró, este abandonó el campo, y sus hombres huyeron al darse cuenta de que su rey los había abandonado.

Alejandro se dirigió al sur, a Babilonia, donde fue aclamado como nuevo rey del Imperio persa. Darío huyó hacia el este, con la esperanza de reclutar más hombres y retomar su reino, pero su sátrapa bactriano Bessos lo asesinó. Tras organizar un apropiado funeral real, Alejandro nombró a los dirigentes de sus nuevas tierras, manteniendo en sus puestos a los gobernadores que lo reconocían como rey. A continuación, Alejandro marchó hacia el este. Su primer objetivo era encontrar y ejecutar a Bessos. Después quiso explorar y conquistar el este hasta «el confín del mundo», el río Ganges en el subcontinente indio.

Los jefes bactrianos entregaron a Bessos a Alejandro, quien a su vez lo entregó al hermano del rey Darío para que supervisara su crucifixión. Durante su estancia en Bactriana (actual Afganistán y Tayikistán), Alejandro conoció a Roxana, hija del jefe bactriano Oxyartes. Para Alejandro fue amor a primera vista. Se casó con la joven, a pesar de las objeciones de sus amigos, que pensaban que debía casarse con una princesa macedonia o al menos con la hija de Darío. Para ellos, la familia de Roxana no era lo bastante prestigiosa para el nuevo emperador. Alejandro marchó entonces hacia la frontera oriental del Imperio aqueménida, en el río Jaxartes.

Para entonces, sus tropas estaban cansadas y desmoralizadas, pues llevaban diez años lejos de sus familias. También desconfiaban de los bruscos cambios de humor de Alejandro, sobre todo después de que se emborrachara y matara a su buen amigo Clito el Negro. Pero Alejandro hizo caso omiso de sus protestas y siguió adelante, escalando el paso

Khyber, de 1.500 metros de altura, sobre la cordillera del Hindu Kush y descendiendo al actual Pakistán.

Las esperanzas de Alejandro de viajar hasta el gran río de la India se desvanecieron cuando sus hombres se rebelaron. Se empecinaron; ¡era hora de volver a casa! Alejandro estaba lívido, pero cedió y acompañó a sus hombres de vuelta a Babilonia. Cuando llegaron, Alejandro organizó una boda colectiva y casó a ochenta princesas persas con sus oficiales, uniendo así a las familias reales macedonia, griega y persa. Alejandro se casó con dos princesas ese día: La hija de Darío, Estatira, y Parisátide, hija de un rey persa anterior, Artajerjes III.

En el año 323 a. e. c., Alejandro se sintió eufórico con la noticia de que su primera esposa, Roxana, estaba embarazada. Pero varios meses después, Alejandro enfermó de fiebre y murió a las dos semanas. Nunca había perdido una batalla importante. Cosechó una asombrosa victoria tras otra mientras construía un sensacional imperio de tres continentes. Pero murió antes de poder gobernarlo o nombrar un sucesor. ¿Qué ocurriría ahora con Grecia, Macedonia, Egipto y sus nuevas provincias asiáticas?

Capítulo 6: Los diadocos y la conquista romana

Los principales generales de Alejandro se reunieron para discutir la inesperada crisis de liderazgo del nuevo imperio de Alejandro. El general Pérdicas levantó el anillo de Alejandro:

—Nuestro comandante y rey, Alejandro, me lo dio antes de morir. Seré el regente de su hermanastro Arrideo y del hijo de Roxana.

—¿Arrideo? ¡Tiene problemas mentales! ¿Cómo puede gobernar?

—Es el pariente masculino más cercano de Alejandro —explicó Pérdicas—. Sí, tiene problemas físicos y mentales, pero podemos guiarlo. Se casará con su sobrina, la princesa Eurídice. Roxana dará a luz pronto. Si es niña, haremos rey a Arrideo, y si es niño, el hijo de Alejandro será rey.

—¡Ja! Como regente, serás el rey de facto de cualquier manera —comentó uno de los generales—. ¿Qué opina Arrideo de todo esto? ¿Acaso quiere ser rey?

El general Meleagro salió a buscar a Arrideo. Cuando Meleagro regresó con el joven, Arrideo se sintió abrumado al ver a los severos generales de su hermano y se escabulló, temblando de miedo. Lo hicieron entrar de nuevo, pero las lágrimas corrían por el rostro de Arrideo.

—No estoy calificado para ser su rey.

—¿Por qué no podemos tener dos reyes? —preguntó uno de los generales.

Finalmente, los generales acordaron la Partición de Babilonia, en la que Arrideo reinaría junto con el bebé de Roxana, si era varón. Pérdicas sería el regente de los reyes y comandaría el ejército del imperio. Como diadocos o sucesores de Alejandro, los demás generales se repartieron secciones del imperio entre ellos para gobernar. Dos meses después, Roxana dio a luz a un niño, el rey Alejandro IV.

Los otros generales se rebelaron contra Pérdicas en la primera guerra de los Diadocos (322-319 a. e. c.) porque quería casarse con Cleopatra, la hermana de Alejandro Magno, y convertirse en rey de Macedonia. Entonces, Pérdicas marchó contra el general Ptolomeo, ahora faraón de Egipto, que robó el cuerpo de Alejandro para cumplir la petición de este de ser enterrado en Egipto. Pero los hombres de Pérdicas se rebelaron y sus tres principales oficiales lo mataron, poniendo fin a la primera guerra.

Muerto Pérdicas, los generales tomaron nuevas disposiciones para la regencia de los dos reyes. En el pacto de Triparadiso del 321 a. e. c., la reina Eurídice se convirtió en la regente de facto de su marido, Arrideo. Antípatro, a quien Alejandro había nombrado regente de Macedonia mientras invadía Persia, se convirtió en regente del hijo pequeño de Roxana, el rey Alejandro IV. Antípatro llevó a los dos reyes y a la reina a Macedonia. El general Seleuco, uno de los asesinos de Pérdicas, se convirtió en gobernante de Babilonia. Acabaría gobernando como rey del Imperio seléucida, que abarcaba la mayor parte de Oriente Próximo.

Dos años más tarde, Antípatro murió, dejando al general Poliperconte como nuevo regente. Pero el hijo de Antípatro, Casandro, consideró que la regencia le correspondía por derecho y se alió con Ptolomeo y el general Antígono el Tuerto para desalojar a Poliperconte de Macedonia. Poliperconte escapó a Epiro con Roxana y su hijo de cuatro años, Alejandro IV, y los tres generales convirtieron a Arrideo en el único rey del imperio.

Pero la madre de Alejandro Magno, Olimpia, se alió con Poliperconte en una batalla contra el rey Arrideo y la reina Eurídice. Los soldados macedonios se negaron a luchar contra la reina madre Olimpia, que ordenó la muerte de Arrideo y Eurídice. Sin embargo, la victoria de Olimpia duró poco. Casandro se alió con Antígono, Ptolomeo y otro de los generales de Alejandro, Lisímaco. Derrotaron a Olimpia, que fue lapidada hasta la muerte en el 316 a. e. c. Casandro capturó a Roxana y al niño rey Alejandro, encerrándolos en una torre de Macedonia durante años. La segunda guerra de los Diádocos terminó con la victoria de los cuatro generales.

El rey Alejandro IV estaba a punto de cumplir catorce años. Pronto tendría edad suficiente para gobernar sin regente. Casandro los envenenó a él y a Roxana en el año 309 a. e. c., pero mantuvo sus asesinatos en secreto, aunque a estas alturas ya casi no importaba. Los cinco diádocos que quedaban se autoproclamaban reyes, lo que indicaba su independencia del imperio. Antígono gobernaba desde el oeste de Turquía hasta la frontera con Egipto, y Casandro gobernaba Macedonia y Tesalia. Lisímaco tenía Tracia, Seleuco controlaba Oriente Próximo (desde Irak hasta Afganistán) y Ptolomeo era faraón de Egipto y Libia.

El enfrentamiento final en la batalla de Ipsos en Frigia (Turquía occidental) en 301 a. e. c. puso fin a las guerras de los Diádocos. Casandro, Lisímaco y Seleuco se aliaron contra Antígono. Seleuco regresaba de una campaña en la India y traía quinientos elefantes de guerra. Mientras Lisímaco atacaba el oeste de Turquía, el hijo de Antígono, Demetrio, se apresuró a llegar desde Grecia para ayudar a su padre en Ipsos.

Antígono y Demetrio tenían 75 elefantes de guerra, que enviaron en la carga inicial. Fueron recibidos por doscientos elefantes de Seleuco. La infantería de Antígono, más fuerte, se impuso hasta que Seleuco liberó a sus otros trescientos elefantes. La caballería de Seleuco flanqueó el ala derecha de Antígono. Una jabalina alcanzó y mató a Antígono. Demetrio escapó a Grecia, donde planeó una exitosa toma de Macedonia.

Casandro y Ptolomeo murieron de causas naturales en 297 y 282, respectivamente. De los generales reinantes solo quedaron Seleuco y Lisímaco. Seleuco marchó contra Lisímaco en 281 a. e. c. y este murió en la batalla. Pero unos meses más tarde, el hijo de Ptolomeo I, Ptolomeo Cerauno, asesinó a Seleuco, el último de los diádocos.

La dinámica cultura helenística (griega) se extendió por Asia, África y Europa oriental. Los griegos asimilaron las culturas de los pueblos que dirigían, mezclando las influencias de Oriente Próximo, Egipto y la India con el arte, la filosofía, la ciencia y las

Seleuco fue el último general de Alejandro Magno [21]

matemáticas griegas. Las ciudades griegas de Alejandría (Egipto) y Antioquía (Siria) fueron las nuevas potencias científicas y artísticas.

Alejandría, en el delta del Nilo, tenía medio millón de habitantes y un próspero comercio marítimo en todo el Mediterráneo. Su valiosísima biblioteca contenía miles de pergaminos sobre historia, ciencia, religión y literatura. Su bibliotecario jefe, Eratóstenes, calculó que la circunferencia de la Tierra era de 28.000 a 29.000 millas, asombrosamente cerca de los cálculos actuales de 24.901 millas. Aristarco de Samos enseñó que la Tierra giraba alrededor del Sol una vez al año y sobre su eje en un día de veinticuatro horas.

Arquímedes de Siracusa ideó una fórmula para determinar el volumen de una esfera y calculó pi (π) en 3,14 para la relación entre el diámetro de un círculo y su circunferencia. Se lo considera el fundador de la mecánica teórica por haber desarrollado la ley de la palanca. También desarrolló el principio de Arquímedes: un sólido colocado en un fluido es más ligero por el peso del fluido que desplaza. Demostró cómo podía mover un barco con una polea compuesta.

Alejandro Magno y sus sucesores helenísticos difundieron el dialecto griego koiné como lengua común por todo el Mediterráneo y Oriente Próximo. Una lengua compartida mejoró el comercio y permitió los debates entre eruditos científicos, matemáticos y religiosos. Ptolomeo II, segundo faraón macedonio de Egipto, encargó a eruditos judíos la traducción del Tanaj (Antiguo Testamento) al griego koiné. Conocida como la Septuaginta, se convirtió en la versión estándar utilizada en las sinagogas del norte de África y Oriente Próximo.

El helenismo introdujo una nueva era en la escultura griega. Mientras que las esculturas de la época arcaica mostraban a mujeres y hombres jóvenes y rígidos con leves sonrisas, las esculturas griegas clásicas presentaban cuerpos perfectos en movimientos sinuosos y fluidos. Las esculturas helenísticas retrataban a personas con imperfecciones, emociones extremas, musculatura flexionada y acciones exageradas. Un ejemplo dramático es el Grupo de Laocoonte, que representa la muerte violenta del sacerdote troyano Laocoonte y sus dos hijos a manos de serpientes.

La escultura Laocoonte muestra la agonía de la muerte y la desesperación[23]

El mundo griego se enfrentó por primera vez a Roma en 280 a. e. c. La República romana se había limitado al centro de Italia, pero ahora conquistaba territorios y se extendía hacia el sur de Italia. Grecia había colonizado el extremo sur de Italia (la punta y el talón de la bota italiana) en la época arcaica. Ahora, varias ricas y poderosas ciudades-estado griegas controlaban el comercio marítimo de la región.

«¡Una victoria más así y estamos acabados!» Cuando el rey Pirro de Epiro se introdujo en la escena política de Italia, descubrió que una victoria técnica podía ser tan costosa que era una «victoria pírrica». Todo empezó cuando Roma rompió un tratado con la poderosa ciudad-estado griega de Tarento, en el sur de Italia, navegando con diez barcos hacia el golfo de Tarento. Tarento respondió airadamente hundiendo cuatro naves romanas, y Roma declaró la guerra.

Cuando los tarentinos pidieron ayuda al rey Pirro de Epiro, en el noroeste de Grecia, este aprovechó la oportunidad para introducirse en Italia. Pariente de Alejandro Magno, albergaba la ambición de construir su propio imperio, a pesar de carecer de soldados, fondos y barcos. Tomó prestado todo eso de Macedonia, el Imperio seléucida y Egipto, y navegó hasta Italia en 280 a. e. c. Para consternación de los tarentinos, reprimió las frivolidades y reclutó a los hombres para su ejército.

Pirro se enfrentó por primera vez a Roma en la batalla de Heraclea, en el río Siris. Su ataque inicial de caballería rompió las líneas romanas. Horrorizado por la ferocidad romana, exigió a su lugarteniente que intercambiara armaduras con él. Pensando que el lugarteniente era el rey Pirro, los romanos lo mataron rápidamente. Los elefantes de guerra de Pirro cambiaron las tornas de la batalla, aterrorizando a los soldados romanos y a sus caballos. Los griegos ganaron, pero ambos bandos sufrieron pérdidas catastróficas: quince mil muertos romanos por trece mil griegos.

Durante el invierno, Pirro reclutó tropas de Jonia y Macedonia, aumentando su ejército a cuarenta mil soldados. Volvió a enfrentarse a Roma en 279 a. e. c. en una agotadora batalla de dos días que esta vez se desarrolló en terreno boscoso, lo que impidió las cargas de caballos y elefantes. Los romanos obstaculizaron aún más las cargas de elefantes alineando trescientas carretas de bueyes antielefantes con lanzas y catapultas para lanzar piedras a los griegos.

El rey Pirro luchó por las ciudades-estado griegas de Italia contra Roma [38]

Pirro guió a sus elefantes por el extremo de las carretas antielefantes el segundo día. Una mirada a los elefantes y los espantados caballos romanos salieron corriendo. Técnicamente, Pirro volvió a ganar: los romanos perdieron siete mil hombres y los griegos aproximadamente la mitad. Pero Pirro estaba herido y la mayoría de sus comandantes habían muerto.

El médico de Pirro, Nicias, se acercó a los romanos ofreciéndose a matar al rey Pirro. Los comandantes romanos advirtieron a Pirro en una carta:

«Nosotros, muy perturbados en nuestro espíritu por tus continuos actos de injusticia, deseamos combatirte como enemigo. Pero como cuestión de precedente general y de honor, nos ha parecido que deberíamos desear tu seguridad personal para poder tener la oportunidad de vencerte en el campo de batalla»[i].

Pirro agradeció a los romanos liberando a sus prisioneros de guerra romanos. Ejecutó a Nicias, formando las correas de una silla con su piel desollada. Después, sorprendió a todos abandonando repentinamente Italia y navegando hacia Sicilia para ayudar a las ciudades-estado griegas en su lucha contra Cartago. Los griegos sicilianos dijeron que podía ser su rey si libraba a Sicilia de los cartagineses. En su ausencia, Roma alineó a las tribus del sur de Italia y dominó a todas las ciudades-estado griegas de Italia excepto a Regio y Tarento.

La aventura siciliana de Pirro terminó en un fracaso estrepitoso, y los restos de su flota volvieron a Italia en 276 a. e. c. Marchó de noche hacia las fuerzas romanas en Maleventum, planeando un ataque sorpresa al amanecer. Pero sus hombres se desviaron del camino por senderos de cabras en la oscuridad. Cuando los cansados soldados salieron por fin del bosque de Maleventum, se encontraban en una alta colina a la vista de las tropas romanas. Los griegos sufrieron una brutal derrota y Pirro abandonó Italia para siempre. Roma gobernaba ahora todas las ciudades griegas del sur de Italia.

La primera guerra exterior de Roma fue contra Cartago, en un intento de hacerse con el control de las ciudades-estado griegas de Sicilia. En la primera guerra púnica (264-241 a. e. c.), Roma obligó a Cartago a abandonar Sicilia. Mientras luchaba contra Cartago, Roma también guerreó en Grecia continental por primera vez, cuando se introdujo en la enrevesada política de las guerras macedónicas.

Aníbal de Cartago había sorprendido a Roma cruzando los Alpes y abalanzándose sobre Italia desde su frontera septentrional. Mientras Aníbal causaba estragos en Italia, el rey Filipo V de Macedonia se alió con él para librar el Adriático oriental de la influencia romana. Aníbal estaba demasiado ocupado en Italia y Cartago para ayudar, pero Roma interceptó sus comunicaciones y se enteró de la alianza. Roma se alió entonces con la Liga Etolia de Grecia central contra Filipo V.

---

[i] A. Cornelio Gellio, *Noctes Atticae* (Noches áticas), volumen I, libro III (Loeb Classical Library). http://penelope.uchicago.edu/Thayer/E/Roman/Texts/Gellius/3*.html#8

La Liga Etolia atacó Acarnania, en Grecia central, que se había aliado con Filipo. Los acarnanios iban ganando hasta que la armada romana navegó, capturó varias de sus ciudades y esclavizó a la población. Esparta se unió a la lucha, aliándose con la Liga Etolia y Roma, pero Filipo derrotó a los griegos aliados en el Peloponeso en el 209 a. e. c. Esto animó al rey Atalo a tomar el poder. Esto impulsó al rey Atalo I de Pérgamo a unirse a la Liga Etolia, y su armada se unió a Roma para patrullar el mar Egeo.

Pero cuando Bitinia invadió Pérgamo, Atalo tuvo que volver corriendo a casa. La guerra simultánea de Roma con Cartago lo obligó a desviar su armada del mar Egeo, lo que dio vía libre a Filipo para capturar ciudades en el golfo de Corinto. Cuando los aliados de Filipo mataron al tirano de Esparta, Macánidas, Esparta se retiró de la guerra, lo que permitió a Filipo expulsar a la Liga Etolia de Jonia y Tesalia. La Liga Etolia cedió ante Filipo, poniendo fin a la primera guerra macedónica en 205 a. e. c.

La segunda guerra macedónica comenzó en el año 200 a. e. c. con una conspiración clandestina entre Filipo V y el rey Antíoco del Imperio seléucida para robar el trono de Egipto. El macedonio Ptolomeo V había heredado el trono de Egipto a la edad de cinco años, y una serie de regentes chapuceros habían desestabilizado Egipto. Los dos reyes acordaron que, si su complot tenía éxito, Antíoco anexionaría Egipto al Imperio seléucida; Filipo obtendría Cirene y las posesiones egipcias en el mar Egeo.

Antíoco se puso inmediatamente manos a la obra y conquistó la costa mediterránea, apoderándose de las ciudades egipcias de Damasco, Sidón y Samaria. Los judíos abrieron de par en par las puertas de Jerusalén a Antíoco, celebrando su emancipación de Egipto, sin sospechar los horrores que su hijo infligiría algún día. Mientras tanto, Filipo conquistó la base naval egipcia de Samos y su territorio vecino en Mileto.

Roma finalmente aplastó a Cartago, poniendo fin a la tercera guerra púnica. Ahora tenía los barcos y los efectivos para centrarse en Grecia y Macedonia. Roma ordenó a Filipo que abandonara todas las agresiones contra los territorios griegos y egipcios. Si cumplía, podría retener Macedonia y Tracia. El embajador romano Lépido entregó personalmente el ultimátum a Filipo en los últimos días de su asedio a la ciudad de Abidos, que le daría el control de los Dardanelos.

El rey Filipo respondió a Lépido: «Perdono la ofensiva altanería de tus modales por tres razones: primero, porque eres un hombre joven e inexperto en los asuntos; segundo, porque eres el hombre más apuesto de tu tiempo [esto era cierto]; y tercero, porque eres romano»[i].

Abidos cayó en manos de Filipo. En lugar de enfrentarse a la esclavitud, los hombres mataron a sus esposas e hijos, arrojándolos desde los tejados o a los pozos, y luego los apuñalaron o quemaron hasta morir. Roma respondió enviando al cónsul Sulpicio para atacar a Filipo en el Epiro. Tras varios enfrentamientos, Filipo recibió la noticia de que los dárdanos del centro de los Balcanes estaban invadiendo Macedonia, por lo que partió inmediatamente en defensa de su país.

Filipo encontró la horma de su zapato en 198 a. e. c., cuando el nuevo cónsul de Roma, Tito Quincio Flaminino, lo desalojó de Grecia. Cuando marchaba a través de Albania de regreso a Macedonia, Flaminio sorprendió a Filipo con un ataque por la retaguardia, masacrando a dos mil de sus hombres. Al año siguiente, Filipo se enfrentó de nuevo a Flaminino en la batalla de Cinoscéfalas, en un valle de Tesalia cubierto por la niebla. Los hombres de Filipo oyeron el espeluznante sonido de las trompetas de los elefantes; era la primera vez que Roma utilizaba elefantes de guerra. Los macedonios, aterrorizados, podían oír las patas de los elefantes, pero no podían ver nada hasta que los elefantes cargaron contra ellos a través de la densa niebla. Los romanos mataron a ocho mil macedonios aquel día, y la segunda guerra macedónica terminó con la rendición de Filipo y la pérdida de su armada y su ejército.

Filipo V se enfrentó a los elefantes de guerra de Roma en la batalla de Cinoscéfalas [24]

---

[i] Polibio, *Historias*, Libro 16.
http://www.perseus.tufts.edu/hopper/text?doc=Perseus%3Atext%3A1999.01.0234%3Abook%3D16%3Achapter%3D34

Tras la muerte de Filipo, su agresivo hijo Perseo reunió al reino Odrisio de Tracia y a algunas de las ciudades-estado griegas prometiendo devolver a Grecia su antiguo dominio y esplendor. Instigó la tercera guerra macedónica (171-168 a. e. c.) conquistando el norte de Tesalia. Roma respondió enviando tropas a Tesalia, pero en la batalla de Calinico, los macedonios mataron a dos mil romanos y solo sufrieron cuatrocientas bajas macedonias.

Cuando los romanos arrasaron las cosechas de la región, Perseo atacó el campamento romano, capturando a los seiscientos romanos que quedaban y las provisiones romanas. No se dio cuenta de que el cónsul de Roma, Publio Licinio Craso, estaba en la zona hasta que Craso cargó con sus elefantes de guerra y la caballería númida, matando a ocho mil macedonios.

En otra trágica derrota en la costa de Macedonia, en el año 168 a. e. c., Perseo huyó de la batalla de Pidna, dejando atrás a sus hombres para que los romanos los masacraran o esclavizaran. Los romanos lo encontraron en la isla de Samotracia y lo llevaron a Roma. Lo pasearon por las calles antes de meterlo en prisión, donde pasó el resto de su vida. Roma dividió Macedonia en cuatro repúblicas.

En 146 a. e. c., la Liga Aquea del Peloponeso griego se rebeló contra su antiguo aliado, Roma, porque esta prohibía la expansión de su territorio. Roma aplastó a la principal fuerza griega en la batalla de Escarfia. La mayoría de los griegos se suicidaron o huyeron a Corinto, donde la batalla final destruyó la ciudad y los romanos se despojaron de sus valiosas esculturas y tesoros. El resto de las ciudades-estado reconocieron el dominio de Roma. Sin embargo, Grecia siguió influyendo en la filosofía, el arte, la literatura y la política de Roma durante siglos, difundiendo su cultura a medida que crecía la República romana (y más tarde el Imperio).

TERCERA SECCIÓN:
Los periodos romano y bizantino
(146 a. e. c.-1453 e. c.)

Capítulo 7: El mundo grecorromano y los primeros años bizantinos

¿Qué ocurrió con Grecia y los imperios helenísticos tras la caída de Roma? ¿Mantuvieron su cultura? ¿Por qué persistió la parte «griega» del Imperio romano hasta la Edad Media, cuando se derrumbó el Imperio romano de Occidente? ¿De qué manera influyó la nueva religión cristiana en el mundo griego y cómo permitió su difusión la lengua griega koiné?

Roma dominó el mundo griego durante cinco siglos; sin embargo, la civilización griega siguió teniendo un gran impacto en la cultura romana, al igual que había sucedido desde los primeros tiempos de Roma. Los griegos habían colonizado el sur de Italia en el siglo VIII a. e. c., más o menos al mismo tiempo que la fundación de Roma en el centro de Italia. Los romanos comerciaron con las ciudades-estado griegas del sur de Italia y, más tarde, con el resto del mundo griego, asimilando la cultura griega.

A lo largo de los siglos, los romanos integraron en su cultura la mitología, las ideas políticas, la filosofía, el arte y la arquitectura griegas. Los austeros romanos admiraban especialmente a los filósofos estoicos griegos, que desdeñaban los lujos frívolos y promovían la lógica y el autosacrificio. Los romanos se llevaron a Roma prisioneros de guerra griegos, muchos de los cuales eran muy cultos. Estos intelectuales griegos esclavizados enseñaban lengua y literatura griegas a los hijos de la élite romana. Un símbolo de estatus para la élite romana era saber leer y escribir en griego y tener conocimientos de los clásicos griegos.

Cuando Roma conquistó Corinto y otras ciudades griegas, transportó a Roma obras de arte y estatuas de valor incalculable, dañando gravemente las exquisitas piezas durante el transporte. Sin embargo, los romanos utilizaron el botín de guerra griego como modelo, estudiando y copiando las obras. Los griegos libres empezaron a trasladarse a Roma para trabajar como artistas o médicos, los cuales estaban muy solicitados. La mezcla grecorromana de cultura griega y romana se extendió por los territorios que Roma conquistó, desde Britania hasta Asia central.

Tras «liberar» a Grecia del dominio macedonio, Roma evitó en un principio el dominio directo sobre Grecia, permitiéndole autonomía política. Pero en 146 a. e. c., Roma arrasó Corinto como lección contra la rebelión y estableció la provincia romana de Macedonia, que inicialmente incluía el anterior país de Macedonia y la mayor parte de la actual Grecia. César Augusto (r. 27 a. e. c. a14 e. c.) separó la Grecia continental y las Cícladas de Macedonia, formando la nueva provincia romana de Acaya.

El reino helenístico del Ponto (actual Turquía occidental) se rebeló contra Roma en la primera guerra mitridática (89-85 a. e. c.). En mayo del 88 a. e. c., el rey Mitrídates ordenó una limpieza étnica de todos los romanos del Ponto, matando al menos a ochenta mil hombres, mujeres y niños el mismo día. Tomó el control de gran parte de Grecia e instaló a Aristión como tirano de Atenas. El cónsul romano Sila marchó sobre Grecia en el 87 a. e. c., y la mayoría de las ciudades griegas capitularon rápidamente. Pero Atenas se resistió, lo que dio lugar a un asedio de cinco meses que terminó con su caída el 1 de marzo del 86 a. e. c. Las calles de Atenas se llenaron de sangre mientras los romanos saqueaban e incendiaban la ciudad. Después de este horror, Grecia mantuvo cuidadosamente la sumisión con Roma.

Una vez que Grecia se sometió a Roma, disfrutó de dos siglos de relativa paz sin precedentes en la Pax Romana (paz romana, 27 a. e. c. al 180 e. c.). El dominio de Roma sobre un vasto territorio, que se extendía desde Oriente Próximo hasta Europa occidental, facilitó la estabilidad, el comercio próspero y el crecimiento demográfico. Fue una época en la que las artes, la literatura, la ciencia y la tecnología alcanzaron nuevas cotas, ya que personas de tres continentes interactuaban libremente e intercambiaban ideas.

Los romanos copiaron libremente el teatro, la escultura, la literatura, la filosofía y la retórica griegos, dando su propio giro a la cultura helenística, pero los griegos se mostraron en gran medida desinteresados en corresponderles. Aunque aprendieron a respetar el poder militar romano, se sentían culturalmente superiores. Sin embargo, una de las escasas contribuciones de Roma a la cultura griega fue la incorporación de espectáculos de gladiadores y animales salvajes a las Olimpiadas, hasta que el emperador Constantino (r. 306-337 e. c.) prohibió los espectáculos sangrientos[i].

La mayoría de los griegos no se convirtieron en ciudadanos romanos hasta 212 e. c., cuando Roma extendió la ciudadanía a todos los varones adultos libres del imperio en virtud de la *Constitutio Antoniniana*. Hasta entonces, Grecia y algunos de los antiguos imperios helenísticos, como Egipto, siguieron aplicando la ley griega en lugar de la romana. La arquitectura griega persistió durante todo el periodo romano. Por ejemplo, los atrios exteriores del templo de Herodes en Jerusalén eran de estilo corintio, aunque el santuario interior seguía las estipulaciones de la Torá[ii]. Los edificios de Roma y de todo el imperio seguían el estilo de la Grecia clásica, pero con algunas innovaciones.

Varias religiones asiáticas y norteafricanas se extendieron por el mundo helenístico y más tarde repercutieron en el Imperio romano. En la época helenística, algunos griegos habían empezado a adorar a Isis, la diosa egipcia de la fertilidad, la maternidad y la curación, y el culto se extendió entonces por todo el mundo grecorromano. Los griegos asociaron al antiguo dios védico Mitra (Mithras), adorado por hindúes y persas, con Helios y Apolo. Pero los romanos convirtieron el culto a esta deidad en un culto clandestino, donde los iniciados se reunían en secreto en cuevas. El judaísmo se extendió; las sinagogas judías (palabra griega que significa «reunión») se diseminaron por las principales ciudades del mundo griego.

En el entorno grecorromano, hacia el año 30 de la era cristiana, surgió una nueva religión. El primer contacto de los griegos con el cristianismo se produjo en sus inicios. Jesús nació en Judea, que había formado parte del mundo griego durante más de tres siglos, desde que Alejandro Magno conquistó la tierra, y fue recibido por los sacerdotes judíos a las puertas de Jerusalén. El Talmud relata que el sumo sacerdote judío Shimon HaTzaddik pidió a Alejandro Magno que preservara el templo, y Alejandro accedió a su petición[iii].

---

[i] A. H. M. Jones, "The Greeks under the Roman Empire", *Dumbarton Oaks Papers* 17 (1963): 1-9. https://doi.org/10.2307/1291187.
[ii] Jones, "The Greeks under the Roman Empire", 10.
[iii] Yoma 69a, *The William Davidson Talmud (Koren - Steinsaltz)*. https://www.sefaria.org/Yoma.69a.14?lang=bi&with=all&lang2=en

Los judíos hablaban griego koiné y arameo. Cuando Jesús leyó el libro de Isaías en la sinagoga (Lucas 4:17-21), se trataba de la LXX (traducción de la Septuaginta al griego koiné), no del Tanaj hebreo[i]. Jesús y sus apóstoles citaban esta traducción griega más a menudo que la versión hebrea, y los apóstoles escribieron el Nuevo Testamento en griego koiné. El apóstol Juan comenzó su Evangelio con «Ἐν ἀρχῇ ἦν ὁ Λόγος» («En el principio era el Logos»)[ii], que tenía un significado especial para los griegos. El filósofo griego Heráclito dijo que el Logos era el fuego invisible que impulsa los sistemas del universo. Leucipo decía que el Logos controlaba el movimiento de los átomos. La filosofía estoica enseñaba que el Logos era la razón divina universal de la que proceden la vida y el orden.

El apóstol Juan mencionó a griegos convertidos al judaísmo que viajaron a Jerusalén para la celebración de la Pascua, solicitando una audiencia con Jesús[iii]. Los apóstoles de habla griega Pablo, Bernabé, Silas, Lucas y Timoteo llevaron el cristianismo a las ciudades-estado griegas de Asia, Grecia continental y Macedonia[iv]. Cuando Pablo llegó a Atenas, debatió con los filósofos epicúreos y estoicos, citando el poema griego *Phaenomena* de Arato. «En él vivimos, nos movemos y somos... somos su descendencia»[v].

---

[i] Lucas 4:18, "Comentarios", *Bible Hub*. https://biblehub.com/commentaries/luke/4-18.htm
[ii] Juan 1:1, "Biblia Interlineal", *Bible Hub*. https://biblehub.com/interlinear/john/1-1.htm
[iii] Juan 12:20-21.
[iv] Hechos 13-17.
[v] Hechos 17:18-33.

Pablo en Atenas, en la basílica católica de San Dionisio Areopagita. Pablo no fue uno de los doce apóstoles originales, pero se lo llama apóstol por su importancia en el cristianismo primitivo[25]

La reacción de los griegos ante Pablo y sus seguidores fue variada. Algunos estaban interesados y querían saber más. Otros se rieron con desprecio. Dionisio, magistrado del Areópago, se convirtió y fue el primer obispo de Atenas[i]. En Éfeso, tanta gente se convirtió del politeísmo griego al cristianismo que los orfebres perdieron su negocio de venta de imágenes de culto, por lo que incitaron a una turba contra Pablo[ii]. En

---

[i] Hechos 17:32-34.
[ii] Hechos 19.

Chipre, se convirtió el procónsul romano Quinto Sergio Paulo[i]. En Macedonia, se convirtió una rica comerciante llamada Lidia[ii].

Durante la vida de Pablo, surgieron iglesias cristianas en las principales ciudades del mundo griego. Diez libros del Nuevo Testamento son cartas escritas por Pablo a iglesias griegas o a obispos griegos, en las que citaba a los filósofos griegos Epiménides y Menandro[iii]. Algunos cristianos murieron como mártires, ya que se los consideraba una afrenta a las creencias griegas tradicionales. En el año 60 a. e. c., el apóstol Andrés, hermano de Simón Pedro, fue crucificado en Patras. Bernabé fue lapidado hasta la muerte en Salamina.

La edad apostólica, la primera generación del cristianismo, fue seguida por el periodo anteniceno, que comenzó en el año 100 e. c. y continuó hasta el 325 e. c., cuando se reunió el Primer Concilio de Nicea. Los cristianos sufrieron varios periodos de intensa persecución por parte de líderes locales y varios emperadores, especialmente Nerón (r. 54-68), Valeriano (r. 253-260) y Diocleciano (r. 284-305). Los romanos consideraban el cristianismo un culto socialmente divisivo porque los cristianos monoteístas se negaban a someterse al panteón grecorromano de dioses o a reconocer al emperador romano como deidad. Los judíos también eran monoteístas, pero su religión era tan antigua que en general se les toleraba.

Cuadrado, obispo de Atenas, fue discípulo de los apóstoles originales. Cuando el emperador Adriano visitó Atenas en 124 e. c., Cuadrado presentó una explicación del cristianismo. Adriano respondió con una proclama favorable, afirmando que los cristianos no podían ser perseguidos por el mero hecho de serlo, sino solo si hacían algo ilegal. Sin embargo, tras la muerte de Adriano, la persecución volvió a surgir en algunas regiones del Imperio romano. Policarpo de Esmirna, que había sido educado por Juan el Apóstol, se negó a quemar incienso en adoración al emperador y fue quemado en la hoguera hacia el año 156 de la era cristiana. A pesar de la persecución, alrededor del 10% de la población del imperio era cristiana hacia el año 300 de nuestra era.

El emperador romano Diocleciano dividió el imperio en una tetrarquía (cuatro cogobernantes) bajo su autoridad. Trasladó su capital de Roma a Nicomedia (en la actual Turquía) y gobernó Turquía occidental, Siria,

---

[i] Hechos 13:6-12.
[ii] Hechos 16:11-15.
[iii] Tito 1:12, 1 Corintios 15:33.

Palestina y Egipto. Constancio administró Britania y la Galia, Máximo gobernó España, Italia y la costa noroccidental de África, y Galerio controló Grecia y el resto de la península balcánica.

Cuando Diocleciano cayó gravemente enfermo, Galerio lo expulsó de la tetrarquía, convirtiéndose en el gobernante principal. En 311 e. c. promulgó el Edicto de Tolerancia, que puso fin a la gran persecución de Diocleciano contra los cristianos. La tortura y la muerte no habían logrado disuadir al cristianismo, que seguía creciendo en vitalidad y número. En 313 e. c., la tetrarquía se había desmoronado y quedaban dos emperadores: Constantino (hijo de Constancio) y Licinio (amigo íntimo de Galerio). Juntos aprobaron el Edicto de Milán, que concedía a los cristianos y a todos los demás la libertad de seguir la religión de su elección.

La tregua entre los dos emperadores restantes se desmoronó en el 321 e. c. y se sucedieron una serie de batallas. En el 324 e. c., Constantino derrotó a la armada y al ejército terrestre de Licinio, pero le perdonó la vida, permitiéndole vivir como ciudadano privado en Tesalónica. Después de que Licinio intentara obtener el apoyo de los godos para recuperar el poder, Constantino mandó ahorcar a Licinio, convirtiéndose en el único emperador de Oriente y Occidente. Constantino reconstruyó la antigua colonia griega de Bizancio, donde Asia y Europa se unen en el estrecho del Bósforo, y la rebautizó Constantinopla. Su nueva capital representaba la unión de Oriente y Occidente.

Constantino reunió en Nicea a los líderes de las iglesias de Oriente y Occidente para limar asperezas sobre la doctrina de la Santísima Trinidad. Arrio, un sacerdote de Alejandría (Egipto), había estado enseñando que la existencia de Jesús comenzó en su nacimiento, lo que lo hacía desigual a Dios Padre, que era infinito. Sin embargo, la mayoría de los sacerdotes se aferraban al Evangelio de Juan, que dejaba claro que el Logos estaba con Dios en el principio y era el creador de todas las cosas[i]. El Primer Concilio de Nicea formó el Credo de Nicea, que aún se utiliza en diferentes formas en muchas iglesias cristianas:

> «Creo... en un solo Señor Jesucristo, Hijo unigénito de Dios, engendrado del Padre antes de todos los siglos; Luz de Luz, Dios verdadero de Dios verdadero, engendrado, no creado, de una misma esencia con el Padre, por quien todo fue hecho».

---

[i] Juan 1:1-5.

Tras la muerte del emperador Constantino, el Imperio romano atravesó un periodo de inestabilidad. En 364 e. c., Valentiniano se convirtió en emperador, gobernando el Imperio romano de Occidente desde Milán, Italia, y nombrando a su hermano Valente para gobernar el Imperio romano de Oriente. Gobernó desde Constantinopla. Valentiniano murió repentinamente de un ataque de ira, y sus dos hijos heredaron el Imperio romano de Occidente, mientras que Valente continuó gobernando Oriente. Pronto, Valente se enfrentaría a su mayor némesis: los godos, una tribu germánica nómada.

El mundo griego llevaba siglos defendiéndose de las tribus indoeuropeas que cruzaban los Alpes y se adentraban en el sur de Europa. Las tribus de habla celta habían aprovechado la desestabilización causada por la prematura muerte de Alejandro Magno para penetrar en Tracia, Iliria, Macedonia y la región que rodea el mar Negro. Ptolomeo Cerauno, hijo del primer faraón macedonio de Egipto, se había hecho con el trono de Macedonia, pero los celtas lo mataron, montando su cabeza en una lanza en 279 a. e. c.

Dirigidos por el rey Breno, ochenta mil galos de lengua celta invadieron Grecia en el 279 a. e. c. y atacaron los tesoros del templo de Apolo en Delfos. Una fuerza de coalición griega dirigida por el general ateniense Calipo corrió a defender la tierra sagrada, un santuario sagrado para todos los griegos. En una salvaje batalla en Delfos, Breno se suicidó tras ser herido, y los griegos expulsaron a los galos de Grecia. Los supervivientes galos se establecieron en la actual Turquía occidental, fundando el reino de Galacia.

El Galo Moribundo es una copia romana de un original griego [26]

Las tribus de habla germánica también comenzaron a emigrar hacia el este y el sur, llegando a los Balcanes antes del año 200 a. e. c. Pero la dinastía Antigónida de Macedonia (descendientes de Demetrio, hijo de Antíoco el Grande) les impidió cruzar el Danubio meridional. Siglos más tarde, una tribu llamada los hérulos emigró al mar Negro, navegando a lo largo de su costa septentrional mientras atacaban y conquistaban sus ciudades-estado griegas.

En 267 e. c., los barcos hérulos se dirigieron al sur de Grecia, a la península del Peloponeso, y atacaron Esparta, Corinto, Argos y Olimpia. En dirección a la península del Ática, saquearon Atenas y destruyeron los templos, la biblioteca y el tribunal del Ágora. Sin embargo, los hérulos dejaron intactas las zonas residenciales del norte y suroeste de Atenas, pareciendo solo interesados en saquear, no en asentarse en Grecia[1].

Un siglo más tarde, el emperador oriental Valente dirigió su ejército a Tracia y se enfrentó a diez mil godos germánicos. Los godos mataron a Valente en la batalla de Adrianópolis en 378 e. c., y la catastrófica guerra aniquiló a dos tercios del ejército del Imperio romano de Oriente, incluida la mayoría de sus comandantes. El emperador de Occidente nombró a Teodosio I, hijo de un héroe de guerra, nuevo emperador del Imperio romano de Oriente. En lugar de luchar contra los godos, Teodosio permitió que se establecieran en el imperio y los contrató como mercenarios.

Los Juegos Olímpicos de Grecia siempre habían sido un festival religioso dedicado a Zeus, con el sacrificio ritual de cien bueyes en el templo de Zeus seguido de una alborotada barbacoa. Los emperadores romanos apoyaron las Olimpiadas; Nerón incluso añadió concursos musicales y de interpretación al repertorio y se sumó a las competiciones. Por supuesto, ganó todas las competiciones a las que se presentó, incluso una carrera de cuadrigas en la que se cayó y no pudo terminar. Sin embargo, para desalentar el politeísmo tradicional griego, Teodosio prohibió los sacrificios de animales, lo que empañó las festividades olímpicas. No obstante, los juegos continuaron unos años más, hasta el reinado de Teodosio II (402-450 e. c.), que ordenó quemar el templo de Zeus.

---

[1] Lamprini Chioti, "The Herulian Invasion in Athens (267 CE): The Archaeological Evidence", *Destructions, Survival, and Recovery in Ancient Greece* (American School of Classical Studies at Athens: 16 de mayo de 2019).
https://www.academia.edu/39196609/The_Herulian_invasion_in_Athens_267_CE_The_Archaeological_Evidence

El Imperio romano de Occidente se desmoronó en pocas décadas, incapaz de resistir el implacable ataque de las tribus germánicas y los hunos de Asia Central. Mientras Roma sufría una terrible hambruna en el año 410, Alarico, rey de los godos occidentales, saqueó la ciudad. En 455, los vándalos, otra tribu germánica, volvieron a saquear Roma. En 475, los godos orientales obligaron al emperador occidental a abdicar y el Imperio romano de Occidente se derrumbó.

Grecia y el resto del Imperio romano de Oriente continuaron hasta que el Imperio otomano completó la conquista del Imperio bizantino en 1453. Los historiadores modernos se refieren al Imperio romano de Oriente como el Imperio bizantino por su capital Bizancio (rebautizada Constantinopla). El Imperio bizantino reinó durante más de un milenio y fue una potencia cultural, económica y militar. Con fronteras que retrocedían y avanzaban, también gobernó Egipto, Turquía y las zonas costeras del Mediterráneo occidental durante parte del tiempo que estuvo en el poder.

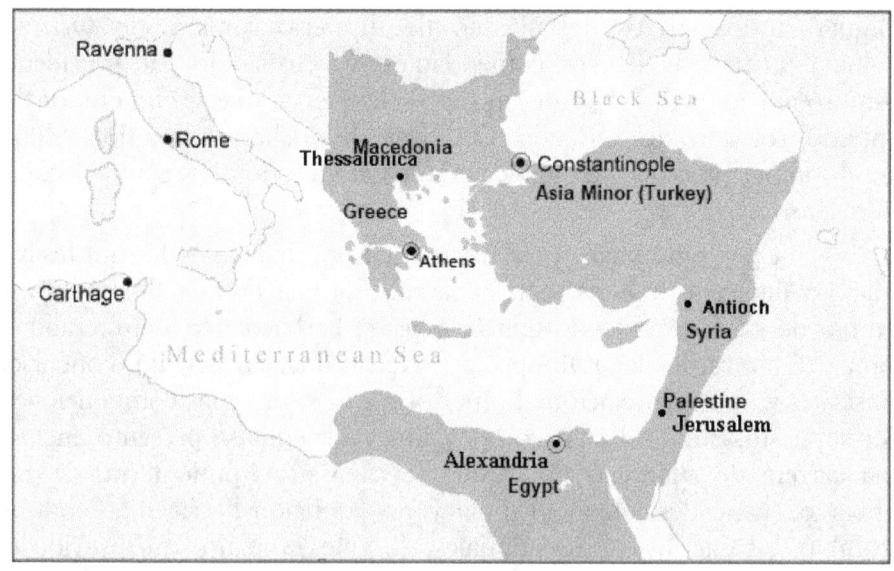

El Imperio bizantino en 476 e. c. [17]

En 529 e. c., el emperador Justiniano I revisó el derecho romano en el Código Justiniano, que dio forma al sistema jurídico bizantino durante nueve siglos e incluso influyó en las leyes de la Grecia moderna. El cristianismo pasó a ser la religión del Estado y un requisito para la ciudadanía. La cultura helenística seguía siendo fuerte en el Imperio bizantino, y la filosofía griega daba forma a la teología cristiana. Sin embargo, los emperadores suprimieron el politeísmo. En 529, Justiniano I suprimió la financiación estatal de la Academia Neoplatónica, un renacimiento de la escuela original de Platón, que el dictador romano Sila destruyó en 86 a. C. Los eruditos de la academia llevaron sus pergaminos de filosofía, literatura y ciencia a Ctesifonte, en el actual Irak, y continuaron durante un siglo más a través de su dinastía sasánida.

Los griegos y los pueblos de los antiguos imperios helenísticos hablaban y escribían en griego koiné durante la época romana. El latín era la lengua administrativa oficial de todo el Imperio romano, pero en Oriente se utilizaba principalmente en el ejército y para algunas funciones administrativas. Cuando el Imperio romano de Occidente se derrumbó, el Imperio bizantino siguió utilizando el griego como «lingua franca» o lengua común. El emperador Heraclio (r. 610-641 e. c.) hizo del griego la lengua oficial del Imperio bizantino y la única para los asuntos gubernamentales. Para entonces, el griego koiné se había convertido en griego bizantino o griego medieval, un peldaño entre el griego koiné y el griego moderno. En la actualidad, el griego koiné sigue siendo la lengua litúrgica de la Iglesia ortodoxa griega.

Capítulo 8: Bizancio bajo la influencia griega

El viento agitaba los cabellos de Heraclio, de pie junto a la proa de su barco, a la que había fijado una imagen de la Virgen María. Observando el horizonte de Constantinopla desde el mar, pudo ver la cúpula de Santa Sofía y el palacio, ahora ocupado por el incompetente tirano Focas. Al acercarse su flota, el pueblo de Constantinopla derrocó inmediatamente a su opresor gobernante, que había torturado y ejecutado a todo aquel que consideraba una amenaza. El patriarca de Constantinopla coronó a Heraclio como nuevo emperador, con la esperanza de que pudiera rescatar al imperio de sus múltiples crisis.

Cuando el pueblo entregó a Focas, Heraclio preguntó:

—¿Es así como se dirige nuestro imperio?

—¿Puedes hacerlo mejor? —replicó amargamente Focas antes de ser cortado en pedazos.

Dar la vuelta al asediado Imperio bizantino fue un reto de enormes proporciones para Heraclio. Ocho años antes, en el 602 e. c., Focas había asesinado al emperador Mauricio, matado a su esposa y a sus tres hijas pequeñas, y usurpado el trono. Aprovechando el caos en Constantinopla, el Imperio persa sasánida invadió las provincias bizantinas de Armenia y Mesopotamia. En 608, los horrorizados ciudadanos de Constantinopla veían cómo los persas quemaban aldeas al otro lado del estrecho del Bósforo. Mientras tanto, la confederación ávara se adentraba en la península balcánica desde las actuales Ucrania, Rusia y Kazajstán.

Causaron estragos en Tracia y el norte de Grecia y exigieron el pago de tributos al Imperio bizantino.

La primera década del emperador Heraclio en la guerra contra Persia no fue bien. Los persas tomaron Antioquía y Damasco, y en 614 conquistaron Jerusalén, asesinando a más de cincuenta mil ciudadanos, entre ellos miles de monjas y sacerdotes. Quemaron las iglesias de la ciudad y capturaron la Vera Cruz, que se creía era aquella en la que murió Jesús. En 618 invadieron Egipto y conquistaron Alejandría. Egipto era la principal fuente de grano de Constantinopla, por lo que la ciudad se enfrentaba ahora a la hambruna.

Heraclio lanzó finalmente una exitosa contraofensiva en 622, marchando directamente hacia Irán e impeliendo a las fuerzas persas a regresar para defender su patria. Derrotó a las tropas persas de forma aplastante antes de regresar a casa para defenderse de los ávaros que sitiaban Constantinopla. El patriarca reunió a los ciudadanos marchando alrededor de la muralla de Constantinopla, portando un icono de la Virgen María. Mientras tanto, Heraclio se reunió con el kan (rey) de los ávaros en Tracia para llegar a un acuerdo. En el camino, Heraclio escapó por poco de una emboscada de los ávaros. Se despojó de su túnica púrpura, se puso la corona bajo el brazo para que no lo reconocieran y regresó ileso a la ciudad.

Tras defender con éxito su capital, Heraclio condujo a su ejército de vuelta a Asia en 627, obteniendo una aplastante victoria en la batalla de Nínive, que duró once horas. Los persas, descontentos, derrocaron a su rey y coronaron a su hijo, que inmediatamente ofreció condiciones de paz. El Imperio bizantino recuperó sus territorios asiáticos y africanos, y los persas devolvieron la Vera Cruz.

El Imperio bizantino reinó como uno de los imperios multicontinentales más extensos del mundo en un milenio de intrigas palaciegas, guerras en múltiples frentes y controversias religiosas. Los habitantes del imperio nunca lo llamaron Imperio bizantino; en sus mentes, seguía siendo el Imperio romano. Sin embargo, el Imperio romano de Occidente se había derrumbado, y Roma no estaba dentro de las fronteras del Imperio romano de Oriente, ni ejercía poder sobre Oriente. Por ello, los eruditos del Renacimiento lo rebautizaron como Imperio bizantino, aunque culturalmente era un estado predominantemente griego. El Imperio bizantino dejó un rico y duradero legado de arquitectura, arte, literatura y cristianismo ortodoxo oriental místico. Su imaginativo arte abstracto con temas espirituales reflejaba las diversas culturas que adornaban el imperio de los tres continentes.

Este mosaico del siglo VI de Jesucristo Pantocrátor («todopoderoso») en Santa Sofía refleja el característico arte religioso del Imperio bizantino [28]

En 610 e. c., el mismo año en que Heraclio ascendió al trono bizantino, un hombre en una cueva de Arabia experimentaba visiones. Mahoma reunió seguidores y acabó conquistando La Meca. Mientras Heraclio luchaba fructíferamente contra los persas, Mahoma conquistó toda Arabia. Tras la muerte de Mahoma en 632, sus apasionados seguidores islámicos iniciaron una guerra santa para difundir su nueva religión, y el Imperio bizantino estaba en su punto de mira.

Los musulmanes comenzaron con incursiones en la frontera de Palestina, lo que no era nada nuevo. Sin embargo, Heraclio se tomó en serio la amenaza y permaneció en Asia. Pero su edad y su débil salud le impidieron comandar personalmente a sus tropas. Las celosas tropas musulmanas tomaron Palestina, Transjordania, Siria y Egipto. Heraclio retrocedió y fortificó Anatolia (Turquía) contra la marea islámica, mientras los árabes se volvían hacia el este y aplastaban el Imperio persa sasánida.

A la muerte de Heraclio en 641, el Imperio bizantino había perdido toda Asia excepto Anatolia, pero aún conservaba el norte de África al oeste de Egipto. España se había perdido, pero el Imperio bizantino conservaba las antiguas colonias griegas del sur de Italia y las islas de todo el Mediterráneo. El imperio dominaba las regiones costeras de Grecia y los demás territorios balcánicos, pero los ávaros y los eslavos controlaban una vasta franja del centro de la península balcánica.

Sorprendentemente, aunque superado en número por las fuerzas del califato árabe, el Imperio bizantino impidió que se apoderara de más territorio. El nieto de Heraclio, Constancio II, reestructuró el ejército, repartiéndolo en unidades por todo el imperio. En lugar de recibir un salario, los soldados recibían tierras de labranza procedentes de antiguas propiedades imperiales. Durante los tres siglos siguientes, el Imperio bizantino recuperó sus territorios balcánicos, duplicó su población y se hizo fantásticamente rico y poderoso. Los rusos, serbios y armenios se convirtieron al cristianismo ortodoxo oriental[i].

A pesar de llamarse a sí mismo «romano» y gobernar desde una ciudad en la intersección de Europa y Asia, el Imperio bizantino se transformó en una potencia cultural helenística gracias a la difusión de la lengua y la cultura griegas. El arte, la arquitectura, la literatura, el teatro y la lengua helenísticos se desarrollaron en el Renacimiento bizantino, que duró de los siglos IX al XI. Los eruditos estudiaron a Platón y otros filósofos griegos antiguos, incorporando sus ideas a la teología cristiana.

Anna Comneno, médica, administradora de hospitales e hija del emperador del siglo XII Alejo I Comneno, escribió la *Alexíada*, crónica de la primera cruzada. Educada a fondo en los clásicos griegos, las ciencias y la retórica, escribió su historia en el dialecto griego ático de Atenas con un estilo de poesía épica que reflejaba a Homero y Jenofonte. La obra transmitía la alarma generada en Constantinopla por los cruzados de Europa occidental que marchaban a través del Imperio bizantino en su camino hacia la emancipación de Jerusalén[ii].

---

[i] Warren Treadgold, "The Persistence of Byzantium", *The Wilson Quarterly* 22, no. 4 (1998): 76-7. http://www.jstor.org/stable/40260386.
[ii] Romilly J. H. Jenkins, "The Hellenistic Origins of Byzantine Literature", *Dumbarton Oaks Papers* 17 (1963): 37-52. https://doi.org/10.2307/1291189.

Al acoger la cultura helenística, el Imperio bizantino desempeñó un papel fundamental en la conservación de la filosofía, la literatura y el arte griegos clásicos. La cultura griega dio forma al Imperio bizantino, que, a su vez, transmitió la cultura griega a Europa occidental y al mundo islámico[i]. Los colonos griegos de las épocas arcaica y clásica influyeron notablemente en la región sobre la que gobernaba el Imperio romano. Más tarde, los imperios helenísticos de Alejandro Magno y sus sucesores dejaron su impronta en Europa oriental, Asia occidental y el norte de África. A medida que Roma perdía importancia, las ciudades helenísticas de Antioquía, Alejandría y Pérgamo se convirtieron en centros culturales.

A pesar de la incompatibilidad inherente del politeísmo griego con el cristianismo monoteísta, el Imperio bizantino fusionó la cultura helenística con la Iglesia ortodoxa oriental. Lo hicieron con cautela. Por ejemplo, el obispo Basilio de Cesarea, del siglo IV, animaba a sus alumnos a explorar la literatura y la filosofía griegas, pero a rechazar todo lo que contradijera al cristianismo. Los teólogos cristianos encontraron paralelismos entre la ética y la filosofía de Platón y las enseñanzas de Cristo[ii].

Los monjes bizantinos, como Besarión, del siglo XV, que estudió el neoplatonismo en Grecia, copiaron y conservaron los textos de los antiguos filósofos griegos. Besarión tradujo la *Metafísica* de Aristóteles y los *Memorabilia* de Jenofonte e intentó reconciliar a Platón y Aristóteles con el cristianismo. Los alumnos del Imperio bizantino estudiaban a Homero como fundador de la literatura y recibían clases de retórica y filosofía griegas, que se consideraban esenciales para una educación completa.

La literatura bizantina representaba una continuación de la antigua tradición griega y reproducía los estilos literarios de Luciano, Homero y Heródoto. Los monjes bizantinos que recopilaron, tradujeron, copiaron y estudiaron la lengua y la literatura griegas salvaguardaron estas extraordinarias obras hasta bien entrado el Renacimiento. Estas obras conservadas influyeron en los pensadores renacentistas y en la política revolucionaria siglos más tarde.

En la *Dialéctica*, el monje del siglo VIII, Juan de Damasco, comentó los Analíticos previos de Aristóteles, que tratan del razonamiento

---

[i] Anthony Kaldellis, *Hellenism in Byzantium: The Transformations of Greek Identity and the Reception of the Classical Tradition*, (Cambridge: Cambridge University Press, 2007), 11.
[ii] Rakesh Mittal, *Hellenism and the Shaping of the Byzantine Empire*, Marquette University, 2010.
https://epublications.marquette.edu/cgi/viewcontent.cgi?article=1001&context=jablonowski_award

deductivo. La obra de Juan empleaba la lógica griega para tratar las controversias que sacudían a la Iglesia en torno a la naturaleza de Cristo. Aristóteles enseñó que, si ciertos principios son conocidos como hechos, podemos hacer deducciones a partir de ello. Juan de Damasco utilizó este proceso deductivo para abordar los argumentos teológicos.

El erudito griego clásico y monje árabe-cristiano Juan de Damasco [29]

En el siglo IX, Focio, patriarca de Constantinopla, escribió *Amphilochia*, que incluía un comentario sobre las *Categorías* de Aristóteles y su concepto de sustancia y teoría de la predicación. El monje y sabio del siglo XI Miguel Pselo reintrodujo el estudio de Platón y escribió *De Omnifaria Doctrina*, que trata de las *Categorías* y los *Analíticos Previos* de Aristóteles. Pselo estaba tan absorto en la filosofía griega que sus amigos empezaron a dudar de su fe cristiana.

En los primeros tiempos del Imperio bizantino, las únicas ciudades con más de 100.000 habitantes eran Alejandría, Antioquía y Constantinopla. Esta última era la más grande, con unos 400.000 habitantes en su apogeo. A pesar de la prosperidad urbana, cerca del 90% de la población del Imperio bizantino eran campesinos analfabetos que se ganaban la vida con dificultad, lo que era típico de la sociedad medieval. Aun así, durante la mayor parte de su historia, el Imperio bizantino eclipsó a Europa occidental con su eficiente gobierno y su economía diversificada[i].

¿Cómo sobrevivió el Imperio bizantino casi mil años después de la caída del Imperio romano de Occidente? Una de las razones fue la economía. El Imperio romano de Occidente se enriqueció gracias a las conquistas, pero una vez que dejó de ganar territorio, el flujo de riqueza se redujo a un goteo. Aunque el Imperio bizantino obtuvo cierta riqueza con la conquista del Imperio persa, los costos de la guerra, que duró décadas, redujeron su impacto. La economía bizantina giraba en torno al comercio marítimo. Los griegos habían comerciado y colonizado alrededor del Mediterráneo, el Egeo y el mar Negro desde la era arcaica, y su vasto comercio marítimo continuó con el Imperio bizantino.

La antigua Troya se había enriquecido inimaginablemente reinando sobre los estrechos que unían los mares Egeo y Negro. La situación estratégica de Constantinopla le permitía controlar el tráfico marítimo entre ambos mares. Las otras dos grandes ciudades —Alejandría y Antioquía— estaban situadas en el Mediterráneo, donde el comercio marítimo era muy rentable. Alejandría se encontraba en un brazo del Nilo que desembocaba en el mar. Antioquía, en Siria, estaba en una isla del río Orontes, cerca del Mediterráneo. Tras la caída de Antioquía en manos de los árabes en el 637 e. c. y de Alejandría en el 641 e. c., Tesalónica, en el norte de Grecia, a orillas del mar Egeo, adquirió importancia y se convirtió en la segunda ciudad del imperio.

La ciudad de Constantina estaba situada en una península de forma triangular rodeada de agua por tres de sus lados. El mar de Mármara estaba al sur, el Cuerno de Oro al norte, el estrecho del Bósforo al este y Grecia y Tracia (Bulgaria) al oeste. El Bósforo conectaba el mar Negro con el mar Egeo y era la línea fronteriza entre Europa y Asia. La ubicación de Constantinopla la posicionaba para un rico comercio marítimo y un lucrativo comercio terrestre intercontinental.

---

[i] Treadgold, "The Persistence of Byzantium", 69-70.

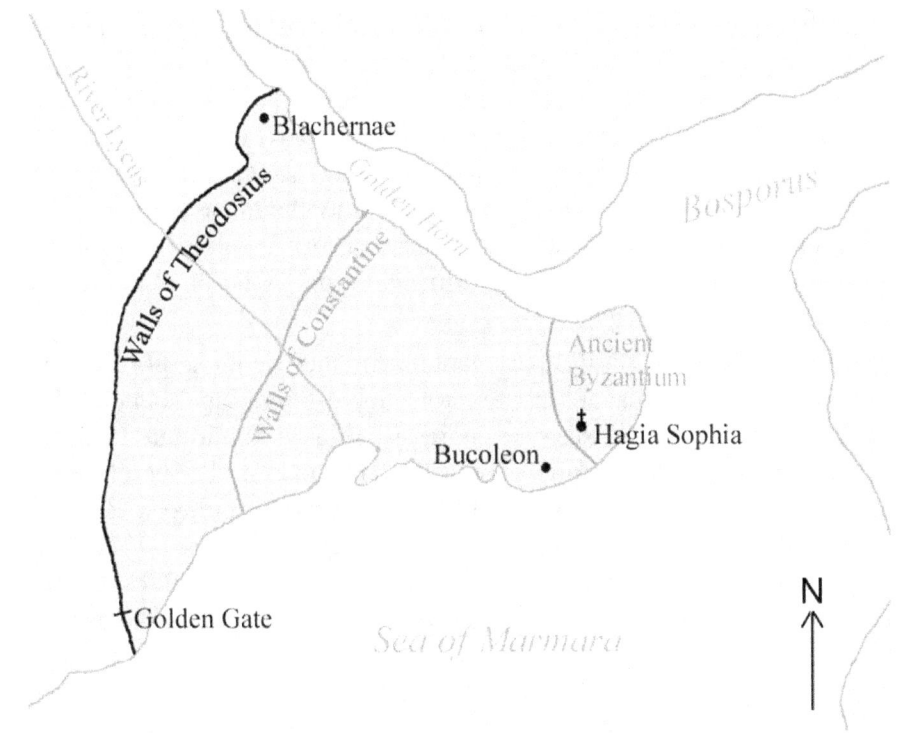

Constantinopla (actual Estambul) fue la capital del Imperio bizantino[30]

Cuando Constantino amplió y transformó la antigua ciudad griega de Bizancio en Constantinopla, construyó una nueva muralla. Se extendía desde el mar de Mármara hasta el estuario del Cuerno de Oro, protegiendo la ciudad de invasiones por tierra. Trajo de Roma obras de arte y esculturas de incalculable valor. Constantino necesitaba gente para llenar su fastuosa nueva ciudad, así que sedujo a los nobles con concesiones de tierras y comida gratis para la clase trabajadora.

El emperador bizantino técnicamente tenía un poder casi ilimitado. Sin embargo, necesitaba el reconocimiento y el favor de sus ciudadanos y del patriarca de Constantinopla. Si se convertía en un déspota tiránico, corría el riesgo de ser derrocado, como le ocurrió a Andrónico I Comneno en 1185 e. c. tras dos años de gobierno. La Iglesia esperaba que los emperadores cumplieran sus normas morales. Aunque ninguno se acercó a ello, el patriarca de Constantinopla no era tan proclive a excusarlos como el papa romano. Algunas obras de arte religioso bizantino mostraban a los emperadores ardiendo en el infierno[i].

---

[i] Treadgold, "The Persistence of Byzantium", 70-71.

Al igual que en Roma, los emperadores bizantinos trabajaban con un senado. Sin embargo, a diferencia de Roma, los senadores no pertenecían a la élite, sino que eran militares que habían ascendido en el escalafón. El gobierno bizantino seguía el imperio de la ley, pero el emperador podía cambiar las leyes. A pesar de ser jerárquica, un aspecto fascinante de la sociedad bizantina era que permitía la movilidad ascendente. Una prostituta podía convertirse en emperatriz, como Teodora, la esposa de Justiniano I, y un campesino sin educación podía llegar a emperador, como Basilio I.

Las habilidades de Basilio para ganar combates de lucha libre y domar caballos rebeldes llamaron la atención del emperador Miguel III. El emperador nombró a Basilio su guardaespaldas y confidente, y lo casó con su amante Eudóxia, que estaba embarazada de León, el hijo de Miguel. Cuando nació León, en 866 e. c., Miguel nombró a Basilio su coemperador menor para que su hijo con Eudóxia fuera de «legítimo» nacimiento real. A Miguel le salió el tiro por la culata cuando Basilio lo asesinó al año siguiente. Como emperador menor, Basilio ascendió automáticamente al trono. Sorprendentemente, fue un emperador competente. Reconquistó las antiguas ciudades-estado griegas del sur de Italia, derrotó al califato árabe y reescribió el código legal del Imperio bizantino.

La Iglesia ortodoxa griega, como se la conocía tras su cisma de Roma en el siglo XI, influyó profundamente en el gobierno y la cultura del Imperio bizantino. Entonces se llamaba Iglesia ortodoxa «griega», no porque estuviera solo en Grecia o fuera para griegos, sino porque el griego koiné era la lengua litúrgica. Hoy en día, el nombre «Iglesia ortodoxa griega» se refiere a las iglesias ortodoxas de Grecia o de los griegos de todo el mundo y forma parte de la Iglesia ortodoxa oriental (o Iglesia católica ortodoxa).

El emperador bizantino nombraba al patriarca (arzobispo mayor) de Constantinopla y tenía autoridad para destituirlo. A partir del siglo IV, el patriarca de Constantinopla ocupaba el segundo lugar de honor entre los arzobispos, después del papa en Roma. La Iglesia bizantina era conocida por su monacato, en el que hombres y mujeres, a menudo de la nobleza, abandonaban sus lujosas vidas para vivir como ascetas en monasterios y conventos.

Este mosaico de la emperatriz Teodora, esposa de Justiniano I, se encuentra en la basílica de San Vitale (construida en 547 e. c.) en Rávena, Italia [81]

Los monjes se dedicaban al culto comunitario y a la erudición en las bibliotecas de textos antiguos de los monasterios. Los monjes y monjas también se ocupaban de los huérfanos, los ancianos, los necesitados y los enfermos. La emperatriz Teodora, esposa del emperador Justiniano I (r. 527-565), había sido prostituta antes de casarse. Tras convertirse en emperatriz, compró y emancipó a niñas vendidas para la prostitución, enviándolas a un convento que fundó para que pudieran aprender un oficio con el que mantenerse.

Una fuerte controversia que sacudió a la Iglesia ortodoxa, especialmente en el siglo VIII de nuestra era, fue la cuestión de los iconos: imágenes de Jesús, la Virgen María y los santos. Estas estatuas y pinturas habían sido parte integrante del culto en Roma y en la Iglesia ortodoxa oriental. Pero el emperador León III y otros consideraron que los iconos eran esencialmente ídolos y los prohibieron en 730. Luego de 57 años, la emperatriz Irene se convirtió en gobernante de facto como regente de su hijo de diez años. Organizó el Séptimo Concilio Ecuménico de Nicea, que volvió a legalizar los iconos. La decisión fue anulada en 815, pero la emperatriz Teodora, viuda del emperador Teófilo, restableció la veneración de las imágenes en 843.

Santa Sofía se terminó de construir en el año 537 de la era cristiana. Los otomanos añadieron los minaretes[31]

Isidoro de Mileto, un brillante arquitecto y científico griego, y Antemio, otro arquitecto griego y maestro de la geometría euclidiana, diseñaron la catedral de Hagia Sofía (Santa Sofía). Encargada por el emperador Justiniano I y terminada en 537 e. c., Hagia Sofía (la Iglesia de la Santa Sabiduría) fue la catedral más grande del mundo durante casi mil años. Un terremoto dañó la cúpula en 558, y el sobrino de Isidoro la reconstruyó, haciéndola más alta y resistente a los sismos. Cuando los otomanos conquistaron Constantinopla en 1453, la convirtieron en mezquita. La Santa Sofía, del siglo VI, sigue adornando Estambul en la actualidad.

Capítulo 9: Los últimos años de Bizancio

—¡Teodora! No me queda mucho tiempo de vida y tenemos que resolver la sucesión. —Constantino VIII se levantó sobre un codo en su cama—. No tengo hijos, así que debes casarte con Romanos Argyros. Solo así será aceptado como nuevo emperador.

—¡No puedo casarme con Romanos! —Teodora se paseaba agitada de un lado a otro.

—¿Por qué no? Serás la nueva emperatriz.

—¡Padre! Está casado. Al menos lo estaba hasta que lo obligaste a divorciarse de su esposa y enviarla a un convento. No provocaré el juicio de Dios casándome con él. Además, Romanos es mi primo. Estamos demasiado emparentados para casarnos.

—¡Oh, Teodora! —Constantino suspiró y se dejó caer sobre la almohada—. Vuelve a tu devoción religiosa, y envíame a tu hermana. Veré si Zoe se casa con Romanos.

Zoe, la hermana de Teodora, se casó con Romanos, y Constantino murió al día siguiente, convirtiendo a la pareja en el nuevo emperador y emperatriz en 1028. Teodora escapó del drama palaciego recluyéndose en un monasterio. Tras seis años, infelices en su matrimonio, Zoé y su joven amante Miguel ahogaron a Romanos en su bañera y se casaron el mismo día. Sobornaron al patriarca de Constantinopla para que coronara a Miguel como nuevo emperador y adoptaron al sobrino de Miguel, Miguel Calafates, ya que no tenían ningún hijo que heredara el trono.

Cuando el emperador Miguel murió seis años después, Miguel Calafates se convirtió en emperador y desterró a Zoe a un monasterio. Pero el pueblo de Constantinopla se rebeló y envió a Miguel al exilio. Recuperaron tanto a Teodora como a Zoe de sus respectivos monasterios. Y así fue como el Imperio bizantino pasó a estar gobernado por dos emperatrices, no como regentes o esposas, sino por derecho propio.

Aunque indignada por haber sido expulsada a la fuerza de su amado monasterio, Teodora fue una emperatriz diligente. Zoe se casó rápidamente con un antiguo amante, Constantino Monómaco. Los tres gobernaron el imperio; sin embargo, su negligencia en el ámbito militar dejó al imperio vulnerable ante el imperio selyúcida turco-persa. Tras la muerte de Zoe en 1050 y de Constantino en 1055, la guardia imperial proclamó a Teodora «emperadora». Teodora reinó como única emperadora del Imperio bizantino durante veinte meses, hasta su muerte.

Teodora Porfirogéneta fue coemperatriz con su hermana Zoe y luego gobernó como emperadora única[88]

La historia de la Iglesia dio un giro dramático durante el reinado conjunto de Teodora y su cuñado Constantino. El papa romano León III excomulgó al patriarca de Constantinopla, Miguel Cerulario, en el Gran Cisma (1054 e. c.). Las Iglesias de Oriente y Occidente llevaban siglos disputándose complicadas cuestiones religiosas, como la forma de celebrar la Santa Comunión y la redacción exacta del Credo de Nicea. La Iglesia de Oriente pensaba que los sacerdotes podían casarse, y la Iglesia romana creía que debían ser célibes.

Luego estaba la cuestión de quién tenía el poder supremo. El papa Nicolás I (de 858 a 867 e. c.) afirmaba que su dominio se extendía por toda la tierra. Ahora que Roma era un remanso y Constantinopla la ciudad europea más grande y poderosa, Constantinopla afirmaba que su patriarca era igual al papa. Para empezar, Constantinopla era una teocracia, con su emperador actuando como «virrey de Dios» e «intérprete de la Palabra de Dios»[i].

Las tensiones entre Roma y Constantinopla llegaron a un punto de ebullición en 1054, cuando Roma excomulgó al patriarca de Constantinopla Miguel Cerulario. Constantinopla respondió excomulgando al papa romano y a sus representantes en julio de 1054, aunque León había muerto tres meses antes y aún no se había elegido un nuevo papa. A pesar de los intentos de cerrar la brecha, a partir de ese momento la Iglesia cristiana se dividió en dos facciones autónomas.

A esta crisis siguió la invasión de los turcos selyúcidas en 1071. La batalla de Manzikert, en Anatolia (Turquía), acabó en catástrofe: los turcos diezmaron la mayoría de las tropas profesionales del Imperio bizantino y capturaron al emperador Romanos IV Diógenes. El sultán Alp Arslan, del Imperio selyúcida, hundió el pie en el cuello del emperador.

—¿Qué harías si yo estuviera en tu lugar? —preguntó el sultán.

—Tal vez matarte. O hacerte desfilar por las calles de Constantinopla.

El sultán sonrió.

—Te impongo un castigo más severo. Te perdono y te dejo libre[ii].

Durante la semana siguiente, Romanos cenó con Alp Arslan mientras negociaban los términos de la rendición. Romanos aceptó pagar 1,5 millones de piezas de oro como rescate y un tributo anual de 360.000 piezas de oro. El emperador ofreció a su hija en matrimonio al hijo del sultán y este le proporcionó un salvoconducto para regresar a Constantinopla. Las cosas no iban tan bien en casa. La familia Doukas había dado un golpe de estado; capturaron a Romanos a su regreso y le sacaron los ojos. Romanos murió poco después a causa de las heridas infectadas.

Dos décadas más tarde, la primera cruzada partió de Europa occidental para recuperar Jerusalén y otros lugares santos del control islámico. Aunque seguía a la zaga del Imperio bizantino, Europa occidental se estaba recuperando de su Edad Media, en la que se produjo

---

[i] Steven Runciman, *The Byzantine Theocracy: The Weil Lectures, Cincinnati* (Cambridge: Cambridge University Press, 2004). ISBN 978-0-521-54591-4.

[ii] R. Scott Peoples, *Crusade of Kings* (Rockville, MD: Wildside Press LLC, 2013), 13. ISBN 978-0-8095-7221-2

un declive económico y cultural tras la caída del Imperio romano de Occidente. El Imperio bizantino había perdido muchos territorios en Anatolia, Siria y Palestina a manos de los turcos selyúcidas, por lo que el emperador Alejo Comneno pidió ayuda al papa Urbano II.

Habían pasado cuarenta años desde el Gran Cisma y las tensas relaciones entre la Iglesia ortodoxa griega y la Iglesia católica romana continuaban. Sin embargo, tanto la Iglesia de Oriente como la de Occidente estaban preocupadas por el hecho de que los turcos selyúcidas, que se habían convertido al islam suní un siglo antes, controlaban ahora Tierra Santa. Y no solo Tierra Santa; el imperio selyúcida se extendía desde la cordillera del Hindú Kush en Afganistán hasta el Mediterráneo y desde el mar Negro en el norte hasta el golfo Pérsico. El emperador Alejo quería recuperar las tierras perdidas y proteger la parte europea del imperio de los turcos.

El papa Urbano II pensó que ayudar al Imperio bizantino y recuperar Tierra Santa podría reunir a las dos iglesias con él al mando. En 1095, convocó a los cristianos de Europa a marchar hacia el este para defender a los bizantinos de los turcos y retomar Jerusalén. Ciudadanos de a pie y ejércitos profesionales, animados por el celo religioso, marcharon a través del Imperio bizantino hacia Constantinopla en 1096, su punto de partida hacia Asia. El emperador bizantino Alejo y su pueblo, aunque agradecieron su ayuda para recuperar el antiguo territorio del Imperio bizantino, se sintieron desconcertados por las decenas de miles de europeos occidentales armados que se reunían en su capital. Además, los soldados habían saqueado libremente las granjas a su paso por tierras bizantinas.

Una representación del siglo XIII de Godofredo de Bouillon al frente de la primera cruzada [84]

Alejo exigió a todos los cruzados que le juraran lealtad, confirmando que los cruzados devolverían a su imperio cualquier territorio bizantino que hubieran recuperado. Alejo no comandó las fuerzas occidentales, ni muchos bizantinos se unieron a ellas, pero el imperio proporcionó apoyo logístico. Los soldados de la primera cruzada (1095-1099) reconquistaron las antiguas ciudades griegas de Nicea, Edesa y Antioquía. Finalmente, en 1099, retomaron Jerusalén, masacrando a miles de musulmanes en el proceso.

Casi cincuenta años después, la segunda cruzada se puso en marcha tras la reconquista de Edesa por los selyúcidas, que mataron y esclavizaron a sus ciudadanos cristianos. El rey Luis VII de Francia y el rey Conrado III de Alemania dirigieron sus fuerzas en 1147, pero sus esfuerzos por retomar Edesa y Damasco acabaron en un abyecto fracaso. En 1187, Jerusalén cayó en manos de Saladino, un musulmán suní de ascendencia kurda y sultán de Siria y Egipto, lo que llevó al papa León III a convocar la tercera cruzada.

Los cruzados se dirigieron al este, liderados por Ricardo Corazón de León, rey de Inglaterra, Felipe II de Francia y Federico I Barbarroja, emperador del Sacro Imperio Romano Germánico. El rey Federico dirigió primero sus fuerzas en 1190, pero murió ahogado en un río de Turquía. Los franceses e ingleses llegaron por mar en 1191 a tiempo para ayudar a un caballero francés, Guy de Jerusalén, en un exitoso contraataque contra Saladino en Acre, en el norte de Israel. Al fracasar los términos de la rendición, el rey Ricardo decapitó a 2.700 prisioneros musulmanes y Saladino mató a todos sus prisioneros cristianos. Finalmente, Ricardo y Saladino acordaron un tratado que permitía el paso seguro de los peregrinos cristianos que viajaban a Tierra Santa.

Las cruzadas permitieron al Imperio bizantino recuperar la mayor parte de sus posesiones a lo largo de la costa oriental del Egeo, ricas ciudades-estado que habían sido establecidas por los griegos dos milenios antes. Sin embargo, el Imperio bizantino siguió descuidando su ejército y dejó que los cruzados de Europa occidental lucharan en su nombre. Los europeos occidentales que pasaban por Constantinopla tomaron nota de la asombrosa riqueza de la ciudad, su débil ejército y su inestable monarquía.

Y entonces, sucedió. En lugar de luchar contra los turcos, los cruzados se volvieron contra el Imperio bizantino y atacaron Constantinopla. Todo comenzó con una serie de golpes de Estado a partir de 1183. Andrónico I Comneno, que había estado seduciendo princesas por toda Europa y

Asia, se volvió de repente contra su primo de trece años, el emperador Alejo II, usurpando su trono. Andrónico mató sin piedad al niño, a su madre y a miles de europeos occidentales que vivían en Constantinopla.

El caótico reinado de Andrónico terminó dos años después, cuando los ciudadanos de Constantinopla se rebelaron. El emperador intentó huir con su esposa y su amante (sí, ambas) en barco, pero fue capturado, torturado durante tres días, asesinado y abandonado sin enterrar. Un pariente lejano, Isaac II Ángelo, se convirtió en emperador en 1185 y logró rechazar al rey normando Guillermo II de Sicilia, que había invadido los Balcanes. Cuando se inició la tercera cruzada, algunos de los cruzados saquearon asentamientos bizantinos, un ominoso anticipo de lo que estaba por venir. Sin embargo, Isaac no logró apuntalar sus fuerzas terrestres ni su flota naval, que se había reducido a solo treinta barcos.

En 1195, el hermano de Isaac, Alejo Ángelo, dio un golpe de estado. Cegó a Isaac, lo arrojó a un calabozo y usurpó el trono. Alejo III vació el tesoro del estado, repartiendo sobornos para asegurar su posición. Saqueó las tumbas de los antiguos emperadores y aplastó a sus ciudadanos con pesados impuestos. El imperio estaba en una situación desesperada, con los húngaros, los búlgaros, los valacos rumanos y los turcos selyúcidas lanzando incursiones desde el norte y el este.

Isaac II seguía en el calabozo, pero su hijo, Alejo IV Ángelo, se acercó a los soldados que se reunían en Venecia para la cuarta cruzada. Llegó a un acuerdo: si lo convertían en el nuevo rey del imperio y se deshacían de su tío, Alejo III, pondría fin al Gran Cisma con Roma y financiaría su cruzada. En 1203, los cruzados sitiaron Constantinopla y quemaron parte de la ciudad. Aunque los hombres de Alejo III superaban en número a los cruzados, este tuvo miedo de luchar y escapó a Tracia.

Los ciudadanos de Constantinopla recuperaron a Isaac II del calabozo. Lo vistieron de púrpura, pero como era ciego, los cruzados insistieron en que Alejo IV fuera el nuevo emperador. Alejo necesitaba pagar a los cruzados, pero descubrió horrorizado que su tío había vaciado las arcas del Estado. Fundió iconos de oro y plata de las iglesias, pero solo pudo reunir la mitad de la cantidad que había prometido a los cruzados. Enfurecidos por la profanación de sus estatuas sagradas, los ciudadanos de Constantinopla se echaron a la calle en violentas protestas. El usurpador Ducas Murtzouphlos aprovechó el caos existente apresando y estrangulando a Alejo IV. Isaac II murió casi al mismo tiempo, y Murtzouphlos fue coronado Alejo V.

Los cruzados estaban furiosos por no haber recibido la totalidad del dinero prometido y por el asesinato del rey que habían instaurado. El papa Inocencio III les ordenó que *no* volvieran a atacar Constantinopla, pero los sacerdotes que acompañaban a los cruzados hicieron caso omiso de su orden. En abril de 1204, los cruzados cruzaron el Bósforo y saquearon Constantinopla durante tres días, saqueando obras de arte de valor incalculable, violando a monjas y asesinando a sacerdotes ortodoxos. Profanaron la catedral de Santa Sofía, destruyendo antiguos textos sagrados y bebiendo vino de las copas de la Santa Comunión.

Tras la caída de Constantinopla, los europeos occidentales conquistaron rápidamente el norte de Grecia, Tesalia y Tracia. La mayoría de los griegos de los territorios conquistados huyeron a los tres estados que seguían en poder de los bizantinos. El «Imperio de Nicea» se extendía desde el mar Egeo hasta el mar Negro. El yerno de Alejo III, Teodoro Láscaris, fue coronado en 1205. Nicea se convirtió en la nueva sede patriarcal de la Iglesia ortodoxa. El segundo estado bizantino que quedaba era el Despotado de Epiro, en la costa adriática, que gobernaba el noroeste de Grecia y una parte de Tesalia. En la costa suroccidental del mar Negro se encontraba el tercer estado, el Imperio de Trebisonda, que había sido capturado por los nietos del antiguo emperador Andrónico.

En Nicea, Teodoro I se enfrentó inmediatamente a un ataque de Balduino, el primer emperador de la actual Constantinopla latina. Teodoro sufrió una amarga pérdida de territorio a lo largo de la costa del mar Negro. Sin embargo, los griegos que permanecieron en Tracia se aliaron con el zar Kaloján de Bulgaria. En 1205, atacó al ejército del emperador Balduino, capturando al emperador, que murió en prisión. En 1241, los territorios latinos del antiguo Imperio bizantino se habían reducido a poco más que la ciudad de Constantinopla. El emperador Juan Vatatzés de Nicea estaba preparando el terreno para retomar Constantinopla. Con los búlgaros distraídos por los mongoles que llegaban de Asia, puso Tesalónica y Epiro bajo su control.

Tras la muerte de Vatatzés, su hijo, Teodoro II Láscaris, continuó incompetentemente su búsqueda hasta que murió cuatro años más tarde de epilepsia. Un golpe de palacio llevó la corona a Miguel VIII Paleólogos, descendiente de las tres familias imperiales de Constantinopla. Gobernó como coemperador con Juan IV, el hijo de Teodoro, de siete años. En 1261, su general, Alejo Estrategópulo, se dirigía a Tracia cuando se enteró de que el ejército latino estaba lejos de Constantinopla atacando la isla de Dafnusia (isla de Kefken), en el mar Negro. También se enteró de la existencia de una puerta estrecha y desguarnecida en las murallas de Constantinopla y envió un pequeño destacamento de hombres a través de ella.

Superaron a los desprevenidos guardias y abrieron la puerta principal al ejército de Estrategópulo, que penetró en la ciudad desguarnecida. El emperador Balduino y la mayoría de los latinos escaparon a Eubea. Miguel fue coronado emperador de Constantinopla, pero cegó a su coemperador de Nicea, Juan IV, en su undécimo cumpleaños. El patriarca de Constantinopla excomulgó a Miguel por su crimen, pero la ceguera eliminó la capacidad de Juan para gobernar Nicea o Constantinopla.

Durante los dos siglos siguientes, los descendientes de Miguel —la dinastía de los Paleólogos— gobernaron el Imperio bizantino restaurado. Al principio, recuperaron gran parte de la gloria y el poder anteriores del imperio, pero repitieron algunos errores fatales: descuidaron su ejército y se enzarzaron en una brutal guerra civil. Esto dejó al imperio vulnerable ante los turcos otomanos, que tomaron la mayor parte de Anatolia en 1305.

En 1348, la peste negra llegó al Imperio bizantino: una pandemia de peste bubónica que provocaba enormes forúnculos linfáticos que brotaban por todo el cuerpo y supuraban pus sanguinolento. La gente vomitaba sangre y sus dedos de manos y pies, narices y labios se ennegrecían por la gangrena. La peste negra fue la pandemia más mortífera de la historia mundial y mató hasta al 90% de los infectados, a veces un día después de la aparición de los síntomas. Al menos un tercio de la población europea murió a causa de la peste negra, incluso más en las regiones costeras. Constantinopla, situada entre dos mares, sufrió terriblemente, al igual que las islas griegas y las ciudades costeras.

Finalmente, la peste se extinguió y Constantinopla siguió adelante a duras penas durante otro siglo antes de la conquista otomana. En los últimos años del imperio, comenzó a resurgir la antigua filosofía griega, en concreto, el pensamiento neoplatónico. El Imperio bizantino fue la única cultura postclásica del mundo que siguió hablando y escribiendo griego, lo que le dio acceso inmediato a la literatura helenística. El Imperio bizantino fue «un fascinante laboratorio de fusión, recepción, combinación y reinvención cultural e intelectual»[i].

---

[i] Anthony Kaldellis, *Hellenism in Byzantium: The Transformations of Greek Identity and the Reception of the Classical Tradition* (Cambridge: Cambridge University Press, 2007).

Los bizantinos aplicaron la filosofía de Platón al nuevo mundo político que ya no era pagano, sino cristiano. Se dieron cuenta de que Aristóteles, Platón y otros filósofos griegos habían rechazado el concepto de dioses múltiples que pecaban tan flagrantemente como los humanos. Los textos de la dinastía de los Comnenos de Bizancio utilizaban términos aristotélicos para interpretar los conflictos históricos. La historia intelectual bizantina contextualizó el pensamiento griego clásico para adaptarlo a su entorno, y siguió conformando su visión del mundo. No se limitaron a utilizar la teoría neoplatónica y otras filosofías griegas para impulsar su agenda; estaban comprometidos con su verdad. El helenismo y el cristianismo no eran necesariamente visiones del mundo en tensión, sino discursos paralelos.[i]

Constantinopla había resistido múltiples asedios a lo largo de los siglos gracias a estar rodeada de agua por tres de sus lados. Tres murallas y un foso protegían el lado occidental que daba a tierra. Sin embargo, el Imperio otomano islámico del oeste de Turquía estaba invadiendo Europa y ya había tomado Tracia, Serbia y Tesalónica. Los bizantinos frustraron dos ataques otomanos a Constantinopla en 1394 y 1422. Pero en 1453, el sultán Mehmed II bloqueó la ciudad, impidiendo cualquier ayuda que pudieran prestar los europeos occidentales.

Sección restaurada de las murallas de Constantinopla [85]

---

https://www.cambridge.org/core/books/cambridge-intellectual-history-of-byzantium/introduction/6301574643465C8A8D0D73A01EA92AD1

[i] Kaldellis, *Hellenism in Byzantium*.

Constantinopla solo contaba con cinco mil combatientes y veintiséis barcos al mando del emperador Constantino XI para defenderse del enorme ejército otomano. Disponían de catapultas, pero los turcos contaban con una tecnología aún más novedosa: la Bombarda Turca, un cañón de seis metros de largo que podía lanzar piedras de cien kilos. Durante seis semanas, los turcos otomanos pulverizaron las murallas de Constantinopla, y el 29 de mayo de 1453, los otomanos inundaron la ciudad, matando al emperador Constantino. Saquearon la ciudad, matando a miles de personas. Esclavizaron a cincuenta mil habitantes. Los musulmanes convirtieron la catedral de Santa Sofía en mezquita y rebautizaron Constantinopla con el nombre de Estambul, que se convirtió en la capital del Imperio otomano.

Pero la antigua cultura griega persistió. Algunos eruditos griegos se habían marchado prudentemente cuando los otomanos atacaban las regiones circundantes. Otros pudieron escapar durante la caída de Constantinopla o inmediatamente después. Se dirigieron a Italia con valiosos manuscritos griegos de filósofos clásicos como Platón y Aristóteles, que fueron traducidos al latín. Los conocimientos de estos eruditos en astronomía, arquitectura, poesía, música y teoría política ayudaron a crear el Renacimiento temprano: el renacimiento de la cultura, el arte y la filosofía en Europa occidental.

CUARTA SECCIÓN:
Historia griega nueva y moderna (1453 e. c. al siglo XX)

Capítulo 10: El dominio otomano y la guerra de independencia

—¡Domenikos! ¿Qué haremos con los *paidomazoma*? ¡Pronto vendrán!

—No te preocupes tanto, Philippa. Puede que no elijan a nuestros hijos.

—¡Se llevan a uno de cada cinco, Domenikos! Los chicos más fuertes y guapos. ¡Se llevarán a Nicolás! Sé que lo harán.

—Puede que no sea tan malo. —Domenikos trató de calmar a su esposa—. Lo entrenarán para luchar en los cuerpos de élite o para servir como funcionario. Tendría la oportunidad de una vida mejor.

—¡Domenikos! Lo obligarán a hacerse musulmán. ¿Y si lo castran y lo convierten en eunuco? ¡Y Agatha! Se está convirtiendo en una belleza. Se la llevarán a los harenes y no volverá a ver la luz del día.

Domenikos se aclaró la garganta.

—Si nos convertimos al islam, no se llevarán a nuestros hijos. No hace falta que nos convirtamos, nos convertiremos en criptocristianos. En nuestros corazones, seguiremos a Cristo.

Pero las lágrimas rodaron por las mejillas de Philippa.

—¿Estamos obligados a elegir entre nuestros hijos y nuestro Dios? ¡Temo por nuestras almas!

Grecia se desmoronó, poco a poco, ante el Imperio turco otomano en los cincuenta años siguientes a la caída de Constantinopla en 1453. Durante más de tres siglos, los griegos sufrieron brutales atrocidades y humillaciones bajo la ocupación otomana. Los otomanos obligaron a las comunidades cristianas a entregar una quinta parte de sus hijos como «tributo». Les prohibían llevar armas o viajar a caballo. Si una familia cristiana se convertía al islam y era descubierta practicando el cristianismo en secreto, era ejecutada. La economía de Grecia experimentó un declive, la alfabetización disminuyó y su población menguó.

El sultán Mehmed II y el patriarca Genadio II [86]

Sin embargo, los musulmanes permitieron que la Iglesia ortodoxa continuara; incluso nombraron a los patriarcas. El sultán Mehmed II, el joven de veintiún años que había conquistado Constantinopla, entregó el bastón patriarcal a Genadio Scholarios, su elección para el nuevo patriarca ecuménico. Mehmed declaró al patriarca representante supremo de todos los cristianos ortodoxos griegos del Imperio otomano. El patriarca era responsable de que los cristianos respetaran la ley y era su máxima autoridad judicial, especialmente en lo relativo al derecho de familia y de sucesiones[i].

---

[i] Constantinos Svolopoulos, "The Ecumenical Patriarchate in the Ottoman Empire (1453-1923): Adaptation and Change", *Journal of Modern Hellenism*. 17-18 (2000-2001): 107-110.

Parte de la justificación de Mehmed para devolver el poder al patriarca era mantener el cisma entre la Iglesia ortodoxa griega y la Iglesia católica romana. No quería que el papa de Roma dijera a los cristianos de su imperio lo que tenían que hacer. Sin embargo, el patriarcado desempeñó un papel fundamental en la formación del helenismo moderno en un cuerpo cohesionado y unificado, así como en la continuidad de la tradición intelectual griega. Los sacerdotes ortodoxos eran ahora esencialmente los líderes de las comunidades griegas, controlando las escuelas y los tribunales.

El conflicto entre el Imperio otomano y la República de Venecia por el control de los mares Egeo, Jónico y Adriático comenzó antes de la caída de Constantinopla. Los turcos obtuvieron una victoria decisiva en la batalla de Zonchio de 1499, la primera vez que utilizaron cañones en sus barcos. En la guerra otomano-veneciana (1537-1540), el sultán Solimán I se alió con Francia contra el emperador del Sacro Imperio Romano Germánico Carlos V. Planearon un ataque simultáneo contra Italia: Francia por el norte y los otomanos por el sur. Pero los franceses se distrajeron con los Países Bajos y no llegaron a Italia. Así que las fuerzas otomanas abandonaron Italia, navegaron hacia el Adriático y derrotaron a la alianza de estados europeos de la Liga Santa en la batalla de Préveza de 1538. Las guerras con Venecia se prolongaron durante casi dos siglos más; el Imperio otomano ganó todas menos una, mermando el territorio veneciano.

Durante los años de ocupación otomana, surgieron levantamientos y revueltas griegas, a menudo aprovechando las distracciones de los turcos en sus guerras con Venecia. A finales del siglo XIV, los hermanos Kladas, Epifani y Krokodeilos, lucharon por arrebatar al Imperio otomano la península griega del Peloponeso. Se aliaron con los venecianos y ganaron algunos territorios, sobre los que gobernó Epifani. Krokodeilos siguió dirigiendo guerrillas contra los turcos en el Peloponeso durante otros once años, hasta que fue capturado y desollado vivo.

Makarios Melissourgos, obispo del Peloponeso, conspiró con los españoles para instigar una insurgencia. España se había unido a una coalición promovida por el papa contra el Imperio otomano, que amenazaba el comercio marítimo en el Mediterráneo. La batalla de Lepanto de 1571, librada en el golfo de Patras, al oeste de Grecia, fue una victoria abrumadora (y poco frecuente) de las fuerzas de la coalición contra el Imperio otomano. Melissourgos y su familia siguieron dirigiendo incursiones rebeldes contra los otomanos en el Peloponeso, pero una vez que los europeos occidentales abandonaron la zona, huyeron a Italia.

La Sociedad de Amigos (*Filiki Eteria*) surgió en Odesa (Ucrania) en 1814 como una organización secreta para liberar a Grecia del dominio otomano y establecer un gobierno griego autónomo. Odesa era una antigua ciudad griega colonizada en la época arcaica. Muchos miembros eran «fanariotas» procedentes de ricas familias de comerciantes griegos de Constantinopla y Rusia. Otros miembros eran líderes políticos de Grecia o sacerdotes ortodoxos del extenso mundo griego. Un líder clave fue Aléxandros Ipsilantis, nacido en una noble familia griega de Constantinopla que huyó a Rusia cuando esta luchaba contra los turcos. Ipsilantis perdió el brazo derecho luchando por Rusia contra Napoleón Bonaparte, pero se dedicó a reclutar y entrenar combatientes, así como a recaudar fondos. Envió encendidas cartas a los centros helenísticos, recabando apoyo para la independencia griega.

Cuando los turcos otomanos conquistaron Grecia, los últimos resistentes huyeron a las escarpadas montañas antes que someterse al dominio islámico. Los otomanos nunca pudieron erradicarlos, por lo que estos *kleftes* (luchadores por la independencia) eran como la versión griega de Robin Hood y sus alegres hombres, que robaban a los recaudadores de impuestos otomanos. Sobrevivieron como bandidos, saqueando los asentamientos turcos en busca de ganado y bienes.

Sus filas crecían con los que huían de la opresiva pobreza o de acusaciones criminales, pero tenían un lado violento y oscuro. Eran propensos a las venganzas. Robaban tanto a griegos como a turcos y extorsionaban a las comunidades griegas a cambio de protección. A veces, los otomanos incluso los contrataban como «guardianes de la paz» o *armatostes* de una zona. Con el tiempo, las bandas de *kleftes* se convirtieron en los gobernantes locales de las regiones montañosas de Grecia.

Como el Imperio otomano prohibía a los cristianos griegos portar armas, los *kleftes* eran de los pocos griegos que tenían armas. Y lo que es más importante, tenían siglos de experiencia en la lucha y sabían cómo utilizar el escarpado terreno montañoso de Grecia a su favor contra los turcos. A medida que crecía el fervor nacionalista, lanzaban incursiones de guerrilla contra los otomanos, lo que levantaba la moral entre los griegos. Uno de sus jefes más poderosos era Dimitrios Makris, que se había iniciado en la Filiki Eteria y fue uno de los principales luchadores de la Revolución griega.

Dimitrios Makris, klefte y luchador por la libertad de Grecia[87]

Pero para hacer justicia a la Revolución griega, debemos empezar por el principio. Durante los siglos de ocupación otomana, los griegos se dedicaron principalmente a sobrevivir y apenas prestaron atención a su patrimonio cultural. Sin embargo, la literatura, la filosofía y el arte griegos desencadenaron el Renacimiento en Europa occidental. Esto generó la edad de la razón, con un nuevo discurso político que condujo a cambios radicales en Europa y en las colonias británicas de América. En el siglo XVIII, la admiración universal por la antigua cultura griega dio lugar a la Ilustración entre la intelectualidad griega, fomentando el fervor nacionalista. Incluso los europeos no griegos empezaron a cuestionar la miserable existencia a la que se habían visto reducidos los griegos en su patria.

Inspirados por su pasado clásico, los líderes de la Ilustración griega rechazaron inicialmente su historia bizantina «plagada de sacerdotes».

Pero entonces, Constantine Paparrigopoulos, profesor de historia de la Universidad de Atenas, promovió una historia griega continua con vínculos desde la época arcaica hasta la historia moderna. Así, los pensadores de la Ilustración empezaron a centrarse en las glorias de la época bizantina, y en cómo esta preservó y desarrolló el pensamiento y el arte clásicos[i].

La ocupación turca y los ultraconservadores clérigos ortodoxos griegos habían aislado a Grecia de las revoluciones política, científica e industrial de Europa occidental y América. Sin embargo, ya en el año 800 a. e. c. los griegos habían colonizado el Mediterráneo, el mar Egeo, el mar Jónico y el mar Negro. Siempre habían sido comerciantes marítimos. A finales del siglo XVIII, los mercaderes griegos volvieron a desarrollar un imperio comercial que se extendía desde el Mediterráneo hasta la India, convirtiéndose en el mayor imperio comercial marítimo del mundo[ii]. Los emigrantes que huían de los sistemas políticos y económicos griegos empezaron a seguir estas rutas comerciales y fueron más lejos, llegando a América en 1800. El movimiento de la Ilustración griega se extendió gracias a esta diáspora griega.

A medida que el Imperio otomano entraba en decadencia económica y militar, la clase comerciante griega se volvía cada vez más próspera. Sus interacciones con el mundo exterior los expusieron a ideas nuevas y revolucionarias. Con el apoyo de la diáspora y de los ricos comerciantes, Grecia tenía ahora el poder económico para financiar una guerra. La emperatriz rusa Catalina la Grande (r. 1762-1796) alentó las llamas nacionalistas de Grecia. Esperaba anexionarse la parte oriental del Imperio otomano, incluida Constantinopla, con un ataque simultáneo a los otomanos por parte de rusos y griegos. Pero cuando Rusia entró en guerra contra los otomanos en 1768, los griegos aún no estaban preparados para lanzar su propia revolución. Sin embargo, la guerra de Rusia y la Revolución francesa de 1789 avivaron el fuego del fervor revolucionario griego.

Rigas Feraios fue un escritor y editor que consiguió el apoyo de los kleftes y obispos ortodoxos griegos para la causa de una Grecia independiente. Escribió y publicó el himno patriótico «Thourios», que se convirtió en himno de la revolución:

---

[i] Richard Clogg, *A Concise History of Greece* (Cambridge: Cambridge University Press, 2021), 1-3.
[ii] Clogg, *Concise History of Greece*, 4-6.

«¿Habitaremos en cuevas, mirando solo a las ramas,
¿Abandonando el mundo en amarga esclavitud?
Mejor vivir una hora en libertad
Que cuarenta años en la esclavitud y la prisión».

La diáspora griega que se agrupó en Odesa (en la actual Ucrania) vivía en barrios griegos con sus propias iglesias, escuelas y teatros. Sus comerciantes comerciaban entre los asentamientos griegos del mar Negro y el Mediterráneo, al tiempo que reclutaban soldados y simpatizantes para la causa. Utilizaban un código. Cuando saludaban a alguien como «amigo», no era solo un saludo afectuoso, sino una indicación de pertenencia a la Filiki Eteria (Sociedad de Amigos). La «Gran Feria» se refería a la revolución, y «preparación para el mercado» significaba cuántos soldados estaban listos para luchar en una zona determinada[1].

En 1818, la Filiki Eteria se trasladó a Constantinopla bajo el liderazgo de Panagiotis Sekeris, un rico comerciante. Este ayudó a financiar la organización y presentó la pequeña sociedad a la élite griega de la capital otomana. La Eteria reclutó «apóstoles»: veteranos griegos que habían luchado en el bando ruso contra Napoleón. Enviaron a los apóstoles por todas las tierras griegas para reclutar y entrenar una fuerza militar.

El aristocrático Aléxandros Ipsilantis tomó el timón de la Filiki Eteria en 1820, incorporando al redil a sus hermanos y amigos de la acaudalada clase alta. Los líderes se reunieron en octubre de 1820 para elaborar el «Gran Plan»: cómo y dónde empezar la guerra de independencia. Primero consideraron comenzar la guerra en el Peloponeso el 15 de noviembre. Ipsilantis recapacitó y decidió lanzar la guerra desde el otro lado de la frontera rusa, en Moldavia y Valaquia, en primavera. Aunque dentro de las fronteras otomanas, estas tierras eran semiautónomas, en su mayoría cristianas, y estaban dirigidas por gobernadores cristianos sin guarniciones turcas. El príncipe de Moldavia, Michael Soutzos, era miembro secreto de la Filiki Eteria.

El 21 de febrero de 1821, Ipsilantis lanzó la revolución en Galati con el grito de guerra: «¡Luchad por la fe y la patria!». Ipsilantis cruzó un afluente del Danubio con 4.500 soldados griegos y de Europa del Este. Marcharon a Bucarest, en Rumanía, donde Ipsilantis descubrió que había sobrestimado el apoyo ruso y rumano, a pesar de compartir la fe

---

[1] Mark Mazower, *The Greek Revolution: 1821 and the Making of Modern Europe* (New York: Penguin Press, 2021), 10-11.

ortodoxa. El ejército otomano no tardó en cruzar el Danubio con treinta mil soldados y librar varias batallas contra las fuerzas griegas de Ipsilantis, superadas en número.

En Estambul (antigua Constantinopla), los otomanos respondieron a los levantamientos obligando al patriarca Gregorio V a excomulgar a los revolucionarios el Domingo de Pascua. Una semana después, los soldados turcos irrumpieron en la catedral de San Jorge durante la Divina Liturgia, sacaron al patriarca a rastras y lo ahorcaron en la puerta, dejando su cuerpo suspendido durante tres días. Ese mismo día, los otomanos comenzaron la ejecución en masa de obispos, sacerdotes, funcionarios griegos y comerciantes griegos en Constantinopla y Grecia, demoliendo iglesias por todo el imperio.

La batalla de Drăgășani, el 19 de junio, puso fin al conflicto en Moldavia cuando el comandante griego ebrio Karavias ordenó un ataque antes de que la mayoría de las fuerzas griegas hubieran llegado al campo. Solo 500 unidades de caballería cargaron y se retiraron rápidamente justo cuando el Batallón Sagrado de unos 350 estudiantes voluntarios marchaba. Solo sobrevivió un tercio, pero su sacrificio impulsó el movimiento de resistencia en el Peloponeso y Grecia central, donde estalló la revuelta el 25 de marzo.

Tras la debacle de Drăgășani, Ipsilantis huyó a Austria, donde el emperador Francisco II le sometió a arresto domiciliario durante siete años. Pero el Peloponeso del sur de Grecia ya se había anotado una importante victoria en la batalla de Valtetsi, el 12 de mayo de 1821. Una fuerza turca de cinco mil hombres atacó el pueblo de Valtetsi, donde se habían reunido varias compañías de revolucionarios griegos. Los griegos lucharon desde cuatro torres, con 80 a 350 hombres en cada una.

Mientras los turcos asediaban las torres, una fuerza griega de setecientos llegó y atacó su flanco, manteniendo una ventaja sobre los otomanos en una empinada ladera. Otro batallón griego entró cerca del final de la batalla de veinticuatro horas, cambiando completamente las tornas, y los griegos derrotaron a las fuerzas turcas. A finales de año, los griegos controlaban el centro de Grecia y el Peloponeso en el sur. En enero de 1822 declararon la independencia.

La batalla de Valtetsi, en el Peloponeso, fue la primera victoria griega decisiva.[38]

La rebelión griega molestó a los jefes de Estado conservadores de Europa, que preferían mantener el statu quo. Sin embargo, muchos europeos aplaudieron la audacia de los griegos. Pastores y profesores recordaron a todos la rica herencia de la filosofía, la literatura y el arte griegos. Hombres de toda Europa, especialmente de Francia e Italia, se embarcaron hacia Grecia para luchar con los revolucionarios. Organizaciones griegas de Estados Unidos enviaron suministros y financiación. Consternada por la ejecución del patriarca Gregorio V, Rusia rompió relaciones diplomáticas con el Imperio otomano.

La isla de Creta siempre se había resistido al dominio otomano y, una vez que Grecia declaró su independencia, Creta también se rebeló. Mehmet Ali Pashá era el gobernador albanés de Egipto (parte del Imperio otomano), y el sultán Mahmud II le ofreció Creta si podía alinear a los cretenses y ayudar a combatir a los griegos. Mehmet Ali envió a su yerno y treinta barcos de guerra para someter Creta. Mientras tanto, Chipre (bajo control otomano) envió barcos cargados de suministros y mil chipriotas a Grecia para luchar. En julio de 1821, los otomanos tomaron represalias y ejecutaron al arzobispo de Chipre, Kyprianos, a otros tres obispos chipriotas y a todos los abades y monjes de Chipre.

Los isleños de habla albanesa del mar Egeo tripulaban la flota naval de los revolucionarios griegos, pero solían tener barcos mercantes en lugar de buques de guerra. Como el Imperio otomano les hacía sombra con buques de guerra más grandes y mejor armados, los griegos recurrieron a una antigua táctica: los buques de fuego. Llenaban pequeñas embarcaciones con materiales altamente inflamables. Una tripulación minúscula dirigía el navío hacia la flota otomana. En el último momento, prendían fuego al barco y escapaban en un pequeño bote que tiraban detrás de ellos. Cuando el viento o la marea eran favorables, el barco en llamas se dirigía hacia los barcos enemigos, incendiándolos y a veces explotando. Un buque incendiario logró volar el buque insignia del Imperio otomano, matando al comandante Kara Ali y a más de dos mil personas. Lamentablemente, algunos de los que murieron eran griegos capturados en Quíos y transportados al mercado de esclavos turco.

Un conflicto interno amenazó con hacer descarrilar la Revolución griega, al estallar una guerra civil entre los guerrilleros de las montañas y el general Theodoros Kolokotrónis, comandante en jefe griego en el Peloponeso. Tras dos guerras civiles, Kolokotrónis fue finalmente confirmado como comandante de la revolución. Aun así, las luchas internas los dejaron vulnerables ante los egipcios, quienes atacaron en nombre de los otomanos. Los egipcios causaron estragos en el Peloponeso y tomaron la antigua Atenas en 1827.

En abril de 1827, los griegos eligieron a Ioannis Kapodistrias como su *kyvernetes* o gobernador. Mientras tanto, las atrocidades turcas, la injerencia de Egipto y las esperanzas de promover sus propios intereses en la región convencieron finalmente a las potencias británica, francesa y rusa para que intervinieran. Después de que los turcos rechazaran la mediación, las fuerzas aliadas enviaron una flota naval a la bahía de Navarino, en el Peloponeso, el 20 de octubre de 1827. Allí estaba amarrada una flota naval turca y egipcia de 78 barcos, y los otomanos dispararon primero, lo que fue un acto suicida ya que los aliados tenían cañones de mayor alcance. Hundieron todos los barcos turcos y egipcios menos ocho. Las hogueras y el tañido de las campanas de las iglesias se extendieron por toda Grecia al difundirse la noticia de la aplastante victoria.

Kapodistrias, el primer gobernador de Grecia, llegó en enero de 1828 tras recorrer Europa para recabar apoyos. Cuatro meses después, Rusia declaró la guerra al Imperio otomano, obligándolo a luchar en dos frentes. Egipto se retiró de Grecia en 1828, y los griegos expulsaron rápidamente a las guarniciones otomanas que quedaban en el Peloponeso. En diciembre de 1828, los embajadores británico, francés y ruso elaboraron un protocolo para un Estado griego autónomo gobernado por un rey, pero bajo la autoridad del sultán otomano. Pero los griegos estaban descontentos con las fronteras propuestas, y el sultán Mahmud declaró que nunca concedería la independencia a Grecia.

El enfrentamiento final fue la batalla de Petra, en septiembre de 1829, en el centro de Grecia. Un ejército griego unificado (en lugar de bandas de guerrilleros) dirigido por Demetrios Ipsilantis (hermano menor de Aléxandros) obtuvo una gloriosa victoria, perdiendo solo tres hombres, pero matando a cien turcos y eliminando la presencia militar turca en Grecia. Los otomanos finalmente aceptaron un Estado griego autónomo, pero para entonces, británicos y franceses insistían en un Estado griego completamente independiente con un rey.

En mayo de 1832, Gran Bretaña, Francia y Rusia ofrecieron el trono griego al príncipe bávaro de diecisiete años Otón de Wittelsbach, descendiente de dos líneas reales bizantinas. Por primera vez en su historia, Grecia era un país unido e independiente, con un rey que gobernaba todo el territorio.

Capítulo 11: Grecia en el siglo XIX

De pie en el castillo de proa del HMS *Madagascar*, una gota de sudor goteaba de la sien de Otto, a pesar de la brisa marina. Contemplaba los pueblos que salpicaban la costa al pie de escarpadas montañas mientras la fragata remontaba el golfo Argólico en dirección a Nauplia. Lo acompañaban 42 barcos que transportaban al Cuerpo Auxiliar Bávaro: una fuerza de tres mil hombres enviada para sustituir a las tropas aliadas francesas que luchaban por mantener la paz en Grecia.

Cuando Otto nació, su abuelo, Maximiliano I, era rey de Baviera. Cuando tenía diez años, su padre, Luis I, ascendió al trono, y su hermano mayor se convirtió en príncipe heredero. Y ahora, las Grandes Potencias (Rusia, Gran Bretaña y Francia) habían ofrecido a Otón el recién creado trono de Grecia. No era su primera opción; habían elegido al príncipe Leopoldo de Sajonia-Coburgo y Gotha, pero este lo rechazó por la inestabilidad y pobreza de Grecia. La reticencia de Leopoldo era fundada: el asesinato del gobernador Kapodistrias en 1831 sumió al país casi en la anarquía.

La segunda opción de las Grandes Potencias era Otón, que tenía antepasados lejanos de la dinastía bizantino-griega de los Comneno. Nadie se molestó en consultar con Grecia. Otto no tenía edad suficiente para ser rey, por lo que un consejo de regencia de consejeros bávaros debía gobernar durante los años siguientes, hasta que cumpliera veinte años. Nunca había estado en Grecia, no hablaba el idioma y era católico romano, no ortodoxo griego. Había oído que en Grecia no había cerveza, así que llevó a su maestro cervecero bávaro.

Mientras el HMS *Madagascar* se acercaba a Nauplia, Otto se preguntaba si los griegos lo aceptarían. ¿Podría hacerlo? ¿Podría sacar a Grecia del caos y llevarla a la grandeza? Vio que miles de personas se congregaban en los muelles, y entonces se levantó una gran ovación. Otón respiró aliviado. Al desembarcar, un murmullo de entusiasmo recorrió la multitud al ver a su joven y apuesto rey. Asintieron con la cabeza cuando cambió su nombre por el helenístico «Otón y vistió ropas griegas, incluida la falda fustanella.

El primer rey de Grecia: Otto Friedrich Ludwig [89]

Otón trasladó la capital de Grecia de Nauplia a Atenas, pero para entonces la antigua ciudad se había desintegrado en una aldea de varios centenares de casas. Inmediatamente se puso a trabajar en la restauración de Atenas, construyendo universidades, jardines, una biblioteca nacional, un palacio y un parlamento. Aunque Otón construyó hospitales y escuelas por toda Grecia, la adoración del pueblo se desvaneció rápidamente. Su consejo de regencia despreciaba la cultura griega, ya que pretendía imponer las costumbres bávaras y un gobierno autoritario sin griegos en los puestos clave. Intentaron suprimir los monasterios griegos. Y luego estaban los impuestos, más altos que los del Imperio otomano.

Cuando Otón cumplió veinte años en 1835, su consejo de regencia se disolvió, pero los bávaros siguieron ocupando los más altos cargos administrativos. El rey Otón los sustituyó por ministros griegos en 1837. A los veintiún años, Otón regresó a Baviera y se casó con la bella Amalia de Oldenburgo, de diecisiete años. Ella era luterana, pero cualquier hijo de la pareja sería bautizado en la Iglesia ortodoxa griega.

Amalia de Oldenburgo, reina de Grecia. Pintura de Karl Joseph Stieler[60]

Al principio, la menuda, vibrante y juvenil reina encantó a los griegos con su entusiasta patriotismo hacia su país de adopción. Trabajó incansablemente para mejorar las condiciones sociales. Pero ella y Otón nunca tuvieron hijos. ¿Quién gobernaría Grecia si su rey no tenía hijos? Las mujeres griegas murmuraban: «Debe ser tanto bailar y montar a caballo lo que la hace estéril».

Otón se enfrentó a grandes desafíos como rey. El dominio otomano había empobrecido a Grecia, y los años de revolución la sumieron en una situación desesperada. Su terreno rocoso y montañoso, con precipitaciones irregulares, nunca había proporcionado suficientes tierras de cultivo para alimentar a una gran población. En el pasado, Grecia comerciaba con cereales con sus antiguas colonias del Mediterráneo y el mar Negro. Pero ahora tenía pocos fondos o bienes que intercambiar.

La mayor parte de la tierra cultivable estaba en manos de clanes poderosos como la familia Mavromichalis, que había asesinado al gobernador de Grecia, Kapodistrias. Las grandes potencias prestaban dinero para que Grecia sobreviviera, pero a cambio, sus tres legados en Atenas interferían en los asuntos políticos. En lugar de desaparecer gradualmente del panorama, las Grandes Potencias se insertaron cada vez más en la política griega.

Los griegos exigían una constitución y un poder legislativo que equilibraran la monarquía absoluta de Otón. Los problemas llegaron a un punto de ebullición en 1843, y los héroes de la guerra de Independencia griega se rebelaron. Insistieron en una constitución, el derecho al voto para todos los varones y la eliminación de los bávaros en el gobierno. Tras un golpe de estado incruento, Otón concedió a los griegos su constitución en 1844, y la mayoría de los bávaros se marcharon. Sin embargo, el derecho de voto universal tendría que esperar hasta el siguiente rey.

El siguiente dilema de los griegos se refería a los griegos de fuera de sus fronteras. Estos griegos vivían en tierras como Macedonia, Tracia, Epiro, las islas del Egeo, Chipre y Creta, que habían formado parte del mundo griego desde la antigüedad. Sin embargo, a mediados del siglo XIX, seguían bajo dominio otomano. La «Gran Idea» de los griegos era incorporar todos estos territorios al Estado griego, reviviendo el Imperio bizantino con Constantinopla como capital[i].

La guerra de Crimea (1853-1856) estalló cuando Rusia se apoderó de los territorios otomanos de Oriente Próximo y el Mediterráneo oriental. Gran Bretaña, Francia, Cerdeña y Turquía se lanzaron contra Rusia, y los griegos pensaron que era el momento oportuno para recuperar Tesalia y Epiro. Pero Gran Bretaña y Francia frustraron sus intentos. Rusia perdió la guerra y Grecia no recuperó ningún territorio.

Los griegos estaban descontentos con el gobierno autoritario del rey Otón, su destitución del primer ministro Konstantinos Kanaris y su falta de apoyo para invadir Tracia y el Epiro. Cuando él y la reina visitaron el Peloponeso en 1862, se produjo una rebelión y los griegos depusieron al rey Otón tras treinta años de reinado. En la mente de Otón, mientras él y Amalia embarcaban en un buque de guerra británico para su viaje a Alemania, su exilio no era permanente.

Sin embargo, los griegos estaban listos para un nuevo comienzo y querían al príncipe Alfredo de Gran Bretaña. Sin embargo, la reina Victoria tenía otros planes para su segundo hijo. Siguiendo la recomendación de las Grandes Potencias, los griegos eligieron a un

---

[i] Roumen Daskalov and Tchavdar Marinov, *Entangled Histories of the Balkans - Volume One: National Ideologies and Language Policies.* (Leiden, Brill, 2013), 200.

príncipe danés de diecisiete años para convertirse en su nuevo rey: Jorge I. Era hijo del presunto heredero de Dinamarca, Cristián IX, que se convertiría en rey danés unos meses más tarde. Jorge I era descendiente lejano del emperador Isaac II Angelos del Imperio bizantino a través de su madre.

Aunque Jorge hablaba danés, inglés, francés y alemán, no sabía griego, pero lo dominó rápidamente. Los matrimonios de sus hermanos con familias reales europeas le proporcionaron una red estelar de alianzas que sirvieron a Grecia. Su hermana, Alexandra, se casó con el futuro rey Eduardo VII de Gran Bretaña, y su hermano mayor, Federico, se convirtió en rey de Dinamarca. Otra hermana, Dagmar, se casó con el hijo del zar ruso, Alejandro III, y se convirtió en la emperatriz María en 1881.

En 1863, poco después de que Jorge fuera coronado rey de Grecia en Copenhague, Dagmar le presentó a la gran duquesa Olga Constantinovna de Rusia, de doce años, con quien se casó cuatro años más tarde. Jorge era luterano, pero Olga era cristiana ortodoxa, lo que complació a sus súbditos griegos. Tuvieron ocho hijos y sus descendientes gobernaron Grecia hasta 1967. Su nieto, el príncipe Felipe, se casó con la princesa Isabel, más tarde reina Isabel II de Inglaterra.

Jorge I y Olga con la hermana de Olga, la gran duquesa Vera Constantinovna de Rusia [41]

Como aún era menor de edad, el rey Jorge viajó a Grecia con dos consejeros daneses: su tío, el príncipe Julio, y el conde Guillermo Sponneck. En su primer año, pidió a la Asamblea griega que redactara una nueva constitución, que otorgaba el derecho de voto a todos los ciudadanos varones (las mujeres tendrían que esperar otros noventa años). En su segundo año, envió a su tío Julio de vuelta a Dinamarca al sorprenderlo intentando destituir a Sponneck. Sin embargo, Sponneck siguió desempeñando el cargo de consejero de Jorge durante otros doce años, aunque los griegos no lo apreciaban por su actitud grosera y etnocéntrica. Llegó a cuestionar que los griegos actuales fueran descendientes de los antiguos griegos clásicos.

Las siete islas jónicas del mar Jónico, situadas frente a la costa occidental de Grecia, ya habían sido colonizadas por los griegos en el siglo IX a. e. c. La República de Venecia se hizo con el control de las islas en el siglo XIII, seguida de Venecia en 1797, Francia y, por último, Gran Bretaña. Pero los grupos nacionalistas griegos de las islas empezaron a presionar por la *enosis* (incorporación a Grecia). Finalmente, en 1864, las grandes potencias transfirieron la soberanía de las islas a Grecia, cumpliendo así la petición del rey Jorge I cuando subió al trono griego.

La isla de Creta fue colonizada por los minoicos hacia el año 3500 a. e. c. y fue la primera cultura de la Edad de Bronce del mundo griego. Los revolucionarios cretenses podían afirmar que Creta era y siempre había sido una parte intrínseca del mundo griego. Los cretenses se habían opuesto a la ocupación otomana, y ahora que el rey Jorge I se titulaba «Rey de los Helenos» (no solo de Grecia), declararon que Creta formaba parte del reino de los helenos.

De 1866 a 1869, la gran revolución cretense se ensañó contra los turcos. El holocausto de Arkadi, en noviembre de 1866, fue un ataque otomano al monasterio de Arkadi, cuartel general de los rebeldes. Cientos de mujeres y niños habían huido al monasterio en busca de seguridad cuando los otomanos comenzaron a asaltar sus aldeas. Pero cuando los rebeldes griegos se quedaron sin municiones, los gigantescos cañones de los turcos derribaron las puertas del monasterio en el segundo día de lucha.

La situación era desesperada. Si los cretenses se rendían, las mujeres serían violadas, los niños vendidos como esclavos y los hombres ejecutados. El abad pidió a los hombres que se retiraran a la bóveda del monasterio, donde estaba almacenada la pólvora, y que la hicieran explotar en cuanto las fuerzas turcas entraran. La explosión mató a unos

850 griegos, entre ellos la mayoría de las mujeres y los niños, y a más de 1.500 turcos.

El incidente provocó un apasionado alboroto en toda Europa y América, ya que los periódicos publicaron cartas del poeta francés Víctor Hugo describiendo la tragedia. La gente envió suministros a Creta y viajó hasta allí para ayudar en la lucha. El gran visir otomano Ali Pashá llegó a Creta en 1867 y reconquistó Creta sección por sección, pero concedió a los cristianos cretenses cierta autonomía local. En 1869, los rebeldes habían huido a Grecia o se habían sometido al dominio otomano.

Al comienzo del reinado de Jorge I, la nueva constitución instituyó un parlamento unicameral y suprimió el senado. El rey Jorge podía elegir a su primer ministro, convocar sesiones parlamentarias y disolver el parlamento si su gabinete aprobaba su decreto. Durante la primera década del reinado de Jorge I, su parlamento fue un desastre. Jorge ignoraba a la opinión pública cuando se trataba de elegir a su primer ministro y disolvía continuamente el parlamento.

Charílaos Trikoúpis, líder liberal del parlamento, publicó un manifiesto anónimo en el periódico de Atenas en 1874 titulado «¿Quién tiene la culpa?». Criticaba al rey Jorge por disolver con frecuencia el parlamento y permitir la existencia de múltiples partidos minoritarios. Recomendó el principio *dedilomeni* de confianza parlamentaria: antes de que un político pudiera ser nombrado primer ministro, debía contar con el apoyo mayoritario del parlamento. Creía que este sistema obligaría a las distintas facciones a colaborar. Una vez que Trikoúpis admitió ser el autor del artículo, el rey Jorge lo invitó a formar gobierno, declarando que solo nombraría primer ministro al líder del partido mayoritario del parlamento[i].

Grecia siguió adelante con la anexión de Tesalia y Epiro. Cuando Rusia y Turquía entraron en guerra en 1877, se presentó una oportunidad de oro. La hermana de Jorge, Dagmar, intercedió ante su suegro, el emperador Alejandro II de Rusia, pidiéndole que se aliara con Grecia en la guerra. Pero las otras dos grandes potencias, Gran Bretaña y Francia, no permitieron la participación de Grecia. Sin embargo, cuando Rusia ganó en 1878 y el Congreso de Berlín se reunió para fijar las nuevas fronteras, Grecia reclamó Tesalia, Epiro y Creta[ii]. Los británicos y los franceses se

---

[i] Richard Clogg, *A Short History of Modern Greece* (Cambridge: Cambridge University Press, 1979), 86.
[ii] Clogg, *Modern Greece*, 89.

mostraron favorables a la idea, pero los turcos otomanos conservaron Creta y concedieron Tesalia y una parte de Epiro a Grecia en 1881.

En 1897 estalló la guerra greco-turca de 32 días en Creta, que siempre había sido un hervidero de disidentes en el Imperio otomano. Al estallar los combates entre el Imperio otomano y Grecia, las grandes potencias rodearon la isla con sus barcos, intentando perturbar el conflicto. Alemania apoyaba a Turquía, lo que resultaba incómodo para el rey Jorge, ya que su hijo Constantino estaba casado con Sofía, hermana del káiser alemán. El príncipe heredero Constantino era el general de las fuerzas griegas cuando la lucha se extendió a Tesalia y Macedonia.

Esta fue la primera guerra de Grecia desde su revolución. No tenía ni hombres ni armas y perdió la mayoría de las batallas. Nicolás II de Rusia (hijo de Alejandro III) medió en un tratado de paz que obligaba a Grecia a pagar reparaciones de guerra a Turquía. Pero al año siguiente, las Grandes Potencias expulsaron a los otomanos e hicieron de Creta un estado autónomo. El hijo del rey Jorge, el príncipe Jorge, fue alto comisario del Estado cretense durante quince años, hasta que Creta pasó a formar parte formalmente de Grecia en 1913.

En 1913, el rey Jorge esperaba su Jubileo de Oro en octubre, celebrando cincuenta años como rey. Su intención era abdicar tras las ceremonias y que su hijo Constantino ocupara el trono. Pero el 18 de marzo, mientras disfrutaba de un paseo vespertino por Atenas, un enfermo mental le disparó por la espalda a quemarropa. El rey murió en el acto. Constantino I fue su sucesor y el primer rey griego nacido en Grecia. También fue el primer rey griego que ya era miembro de la Iglesia ortodoxa griega.

Aunque el rey Jorge I tuvo que hacer frente a múltiples desafíos, Grecia se estabilizó, ganó territorio y mejoró sus infraestructuras durante su largo reinado. En 1881 se inició la construcción del canal de Corinto a través del istmo de Corinto, que unía el golfo Sarónico y el golfo de Corinto: un atajo entre los mares Jónico y Egeo. Los antiguos griegos habían soñado con construir el canal, y el emperador romano Nerón inició las obras en el año 67 de la era cristiana, cavando el primer cesto lleno de tierra. Pero murió varios meses después y la construcción se detuvo. Los griegos terminaron el canal en 1893. Hoy en día lo siguen utilizando embarcaciones menores, aunque en octubre de 2022 se cerró temporalmente a causa de unos desprendimientos de tierra catastróficos.

El rey Jorge también revivió los Juegos Olímpicos, inaugurando las primeras Olimpiadas modernas en 1896 en el Estadio Panathinaikó de Atenas. El príncipe heredero Constantino fue presidente de su comité organizador y recaudó los fondos necesarios para albergar los juegos. El Estadio Panathinaikó fue construido en mármol en el año 144 de la era cristiana, y el empresario George Averoff pagó 920.000 dracmas (alrededor de un millón de dólares) por su restauración[i]. El estadio sigue utilizándose hoy en día y sirvió de sede olímpica en 2004.

Grecia había estado aislada del Renacimiento durante la dominación otomana, salvo las islas Jónicas y Creta, que habían estado bajo control europeo durante parte del tiempo. La escuela cretense y la escuela heptanesa de Jonia asimilaron la revolución artística europea y combinaron tradiciones orientales y occidentales. El Greco (Doménikos Theotokópoulos) se formó en la escuela cretense.

Durante los reinados de los dos primeros monarcas griegos en el siglo XIX, el país experimentó un florecimiento de las artes. Los artistas griegos estudiaron a menudo en Múnich y dieron un giro al Romanticismo, incorporando los paisajes, la historia y los ideales revolucionarios de Grecia. Las obras de esta época muestran emociones crudas y teatralidad. Las pinturas históricas muestran el heroísmo y los sacrificios de la Revolución griega. En la segunda mitad del siglo XIX, los temas históricos dieron paso a las representaciones de la vida cotidiana y la naturaleza.

---

[i] David C. Young, *The Modern Olympics: A Struggle for Revival* (Baltimore: Johns Hopkins University Press, 1996), 128.

Capítulo 12: Grecia en el siglo XX

Las guerras de los Balcanes, que encendieron la mecha de la Primera Guerra Mundial, estallaron tras años de tensiones latentes entre los eslavos y otros grupos étnicos del Imperio otomano. Preocupadas por el polvorín balcánico y por la posibilidad de que una revolución desequilibrara el resto de Europa, las grandes potencias europeas utilizaron su poder diplomático para sofocar las aspiraciones de una revuelta.

Pero Grecia también había sufrido bajo el Imperio otomano, y su pueblo sentía camaradería por los que seguían luchando por la independencia en los Balcanes. En 1912, Grecia y los estados eslavos formaron en secreto la Liga Balcánica, integrada por Bulgaria, Serbia, Grecia y Montenegro. La alianza representaba a distintos grupos étnicos que habitualmente luchaban entre sí, pero unieron sus fuerzas contra Turquía mientras esta estaba distraída con la invasión de Libia por Italia.

El 5 de octubre de 1912, primer día de la guerra, el teniente griego Dimitrios Kamberos realizó un vuelo de reconocimiento sobre Tesalia: la primera misión de aviación militar de la historia. En el plazo de un mes, la alianza balcánica conmocionó al mundo al expulsar a las fuerzas otomanas del sureste de Europa. Las grandes potencias se lanzaron a recuperar el control y convocaron a todos en Londres para fijar las nuevas fronteras de los Balcanes. Finalmente, tras 63 reuniones, el 30 de mayo de 1913 se firmó un tratado que ponía fin a la primera guerra de los Balcanes.

Los búlgaros estaban descontentos. Serbia y Grecia habían aplastado las esperanzas búlgaras de hacerse con la mayor parte de Macedonia al decidir conservar los territorios que sus propias fuerzas habían conquistado. Exactamente un mes después, Bulgaria incitó la segunda guerra de los Balcanes lanzando un ataque sorpresa contra Grecia y Serbia. Bulgaria acabó siendo atacada por todos los flancos cuando el Imperio otomano volvió a la carga y Rumanía invadió las fronteras septentrionales de Bulgaria.

La guerra terminó en seis semanas y, esta vez, los actores, en lugar de las Grandes Potencias, negociaron el Tratado de Bucarest. Turquía recuperó Tracia en Bulgaria y Serbia se quedó con el norte de Macedonia. Grecia obtuvo el sur de Epiro y Macedonia, las islas del Egeo y el control formal de Creta, que duplicó su tamaño. Las guerras de los Balcanes se caracterizaron porque el submarino griego *Delfín* lanzó el primer ataque con torpedo del mundo (aunque sin éxito) contra un buque de guerra: el crucero ligero otomano *Mecidiye*[1].

La Primera Guerra Mundial estalló en 1914 después de que un nacionalista serbio, Gavrilo Princip, matara a tiros al príncipe heredero de Austria-Hungría, Francisco Fernando, y a su esposa, Sofía. Austria-Hungría declaró la guerra a Serbia, y muchas otras naciones se sumaron a ella. Las Potencias Centrales (Alemania, Austria-Hungría, Bulgaria y el Imperio otomano) se enfrentaron a las Potencias Aliadas (Gran Bretaña, Francia, Rusia, Italia, Rumanía, Canadá, Japón, Estados Unidos y, finalmente, Grecia).

El tratado de Grecia con Serbia al final de las guerras balcánicas prometía asistencia militar mutua en caso de ataque de un tercero. Pero como la tercera parte se refería a Bulgaria, el primer ministro Eleftherios Venizélos abogó por permanecer neutral a menos que Bulgaria se involucrara. Si eso ocurría, cosa que Venizélos consideraba probable, promovía la adhesión a las Potencias Aliadas.

Pero el rey Constantino I y sus ministros de Asuntos Exteriores pensaban que Alemania y las Potencias Centrales ganarían la guerra y no querían estar en el bando perdedor. Además, el rey había asistido a la universidad en Alemania, se había entrenado en el Ejército Imperial Alemán y se había casado con Sofía, la hermana del káiser alemán. Sin embargo, su madre, Olga, vivía en su Rusia natal, que luchaba contra Alemania. Constantino se encontraba en una posición incómoda y quería mantenerse totalmente al margen de la guerra.

---

[1] E. R. Hooten, *Prelude to the First World War: The Balkan Wars 1912-1913* (Gloucestershire: Fonthill Media, 2014).

El primer ministro Venizélos y el rey Constantino I[a]

En septiembre de 1915, Bulgaria invadió Serbia, por lo que el primer ministro Venizélos movilizó a las tropas griegas para cumplir su tratado. Al necesitar más hombres, Venizélos pidió a los franceses que enviaran tropas adicionales, lo que hicieron. Pero Venizélos no consiguió aclarar el asunto con el rey y el parlamento; en consecuencia, el rey Constantino lo destituyó. Alexandros Zaimis se convirtió en el nuevo primer ministro, e informó a Serbia de que Grecia no podía ayudar.

El rey Constantino y el parlamento intentaron desesperadamente mantenerse neutrales en la guerra, pero aun así sufrieron. Los aliados bloquearon la entrada de carbón y trigo en Grecia y se apoderaron de las islas griegas de Lesbos y Corfú. Los franceses tomaron el fuerte griego de Dova Tepe, en la frontera entre Macedonia y Grecia. Dos semanas más tarde, las columnas germano-búlgaras atacaron y tomaron la fortaleza griega de Rupel, en Macedonia central. El general francés Maurice Sarrail impuso la ley marcial en Salónica, controlando todas las comunicaciones, los ferrocarriles y el puerto. En junio, los Aliados ordenaron a Grecia que desmovilizara su ejército. Bulgaria invadió el país y ocupó Macedonia oriental a finales de agosto de 1916. En octubre, los italianos atacaron y ocuparon el norte del Epiro, en manos griegas.

La situación ya era insostenible. El ex primer ministro Venizélos y muchos otros griegos exasperados formaron un gobierno griego separado el 9 de octubre: el Gobierno Provisional de Defensa Nacional. Se unieron a los Aliados y declararon la guerra a Alemania y Bulgaria. Las potencias aliadas insistieron en que el rey Constantino abdicara y, cuando se marchó a Suiza en junio de 1917, el Gobierno Provisional de Grecia tomó el control de todo el país. Grecia expulsó a Bulgaria de Macedonia y retomó toda Serbia junto con las fuerzas aliadas. La Primera Guerra Mundial terminó en noviembre de 1918, y Grecia recibió Tracia a través de los tratados subsiguientes.

Cuando las potencias aliadas forzaron la abdicación de Constantino, descartaron al príncipe heredero Jorge como próximo rey, por considerar que compartía las inclinaciones proalemanas de su padre. Sin embargo, permitieron que el segundo hijo de Constantino, Alejandro, se convirtiera en rey de Grecia[i]. El rey Alejandro gobernó hasta su repentina muerte en octubre de 1920 por la mordedura de un mono. Estaba paseando por los jardines del palacio de verano cuando el macaco de Berbería del jardinero atacó al pastor alemán del rey. Cuando el rey intentó separar a los animales, otro mono lo atacó, causándole varias mordeduras que se volvieron sépticas. Tres semanas después, el rey murió. En ese momento, Grecia invitó a Constantino I a regresar, y este reanudó su gobierno en diciembre de 1920.

Para entonces, Grecia ya había entrado en la guerra greco-turca (1919-1922). Una vez finalizada la Primera Guerra Mundial, Grecia reclamó Anatolia (Asia Menor o Turquía occidental), que había pertenecido al Imperio bizantino. El Imperio otomano, en ruinas, aún contaba con 2,5 millones de griegos, a pesar de que los musulmanes mataron sistemáticamente a cientos de miles de cristianos griegos en Turquía durante la Primera Guerra Mundial[ii]. El objetivo de Venizélos al reclamar Asia Menor era expulsar el dominio otomano «de aquellos territorios donde la mayoría de la población está formada por griegos»[iii].

El ejército griego desembarcó en Esmirna, en la costa occidental de Turquía, en mayo de 1919, que había recibido en el Armisticio de Mudros de 1918. Los griegos y armenios de la región unieron sus fuerzas

---

[i] "Downfall of King Constantine", *Current History* (1916-1940) 6, no. 1 (1917): 83-85. http://www.jstor.org/stable/45328408.
[ii] Adam Jones, *Genocide: A Comprehensive Introduction* (London: Routledge, 2006), 154-55.
[iii] "Not War Against Islam – Statement by Greek Prime Minister", *The Scotsman*. June 29, 1920, 5, 29.

al ejército griego y rápidamente se hicieron con el control de Asia Menor occidental. Los turcos contraatacaron con una guerra de guerrillas, y ambos bandos cometieron atrocidades étnicas contra los ciudadanos locales atrapados en la zona de guerra. Los griegos masacraron a musulmanes y los musulmanes asesinaron a ciudadanos ortodoxos griegos, obligando a los supervivientes a abandonar sus aldeas y dirigirse al este, a la región de Esmirna.

En los dos meses que transcurrieron entre la muerte del rey Alejandro y la reinstauración del rey Constantino, los griegos expulsaron a Venizélos, obligándolo a abandonar el país. Cuando el rey Constantino volvió al trono, las potencias aliadas cortaron la ayuda financiera y militar a Grecia. Rusia estaba inmersa en una guerra civil, pero la facción soviética proporcionó municiones a los revolucionarios del Movimiento Nacionalista Turco. En 1921, los griegos sufrieron una amarga derrota en la batalla de Sakarya, perdiendo el 80% de sus oficiales. En agosto de 1922, la Gran Ofensiva turca avanzó con más de 100.000 soldados. Los griegos tenían el doble de hombres, pero estaban desorganizados y desmoralizados. Los turcos aplastaron al ejército griego, capturaron a quince mil soldados y obligaron a retirarse al mar Egeo.

Los turcos incendiaron los barrios griego y armenio de Esmirna. Atrapados entre las fuerzas turcas, el fuego y el mar, los frenéticos ciudadanos no tenían adónde huir. Casi 100.000 personas murieron mientras la ciudad ardía durante nueve días. Los Aliados decidieron que un intercambio de población era la única forma de poner fin a nuevas atrocidades. El Tratado de Lausana de 1923 obligó a 1,2 millones de cristianos ortodoxos a abandonar Turquía por Grecia y trasladó a 400.000 musulmanes griegos de Grecia a Turquía.

El incendio de Esmirna en septiembre de 1922 [48]

Tras la catástrofe de Esmirna, los partidarios de Venizélos obligaron al rey Constantino I a abdicar de nuevo en septiembre de 1922, instalando a su hijo mayor, Jorge II, como monarca. Pero cuando el Partido Liberal llegó al poder dos años más tarde, exilió a Jorge, declarando a Grecia república. El nuevo gobierno amenazó con una pena mínima de seis meses de cárcel a cualquiera que defendiera el retorno a la monarquía o cuestionara los resultados de las elecciones. El frágil nuevo gobierno avanzó con dificultad, interrumpido por una dictadura de un año cuando el general Theodoros Pangalos dio un golpe de estado en 1925. Fue expulsado al año siguiente y se restauró la república. Venizélos recuperó el control en 1928, lo que trajo cierta estabilidad. Sin embargo, la Gran Depresión (1929-1939) aplastó económicamente a Grecia y se reanudó el caos político.

Los griegos expulsaron a Venizélos en 1932, y tres golpes militares sacudieron el país entre 1933 y 1935. Finalmente, en octubre de 1935, el general Georgios Kondilis se impuso como primer ministro, disolvió la república y organizó unas elecciones amañadas que restauraron la monarquía con el 98% de los votos. Jorge II, que había estado viviendo en dos habitaciones del Brown's Hotel de Londres, regresó a Grecia en noviembre de 1935. Negándose a ser un rey títere, se enfrentó inmediatamente a Kondilis, lo destituyó y nombró primer ministro a Konstantinos Demertzis.

Demertzis murió de un ataque al corazón cuatro meses después, por lo que Jorge nombró primer ministro a Ioannis Metaxas, ministro de Defensa. Este nombramiento fue muy impopular entre el naciente Partido Comunista, y los trabajadores se declararon en huelga en toda Grecia. Metaxas declaró el estado de emergencia en agosto de 1936, alegando el malestar industrial y el «peligro comunista». Disolvió el parlamento y formó el Régimen totalitario de Agosto, imitando a la Italia fascista de Benito Mussolini. Prohibió los partidos políticos y las huelgas, además de censurar los medios de comunicación. Su dictadura se mantuvo en el poder durante cinco años, hasta su muerte en 1941.

Ante la inminencia de la Segunda Guerra Mundial, Metaxas reforzó las fortificaciones de la frontera entre Bulgaria y Grecia con túneles, nidos de ametralladoras y estructuras en forma de «dientes de dragón» para impedir el paso de los tanques. Las fuerzas italianas de Mussolini invadieron el noroeste de Grecia en octubre de 1940, con lo que Grecia entró oficialmente en la Segunda Guerra Mundial. Los griegos resistieron con feroz tenacidad y expulsaron a los italianos del país. En abril de 1941, tres meses después de la muerte de Metaxas, Adolf Hitler invadió Grecia. El rey y el parlamento huyeron a Creta mientras alemanes, búlgaros e italianos inundaban Grecia.

Las fuerzas de ocupación saquearon las granjas y requisaron alimentos para alimentar a sus tropas. Grecia siempre había necesitado envíos de grano desde el exterior para abastecer a su población; el bloqueo de los Aliados se lo impedía. Con la llegada de la Gran Hambruna, las calles de Atenas se llenaron de cadáveres: hasta mil personas morían de hambre cada día. La situación en otros pueblos y ciudades era igual de desoladora: se calcula que el 5% de la población griega moría de hambre.

Pero Grecia había contado con fuerzas de resistencia en sus escarpadas montañas durante la guerra de Independencia griega, y tropas guerrilleras de montaña similares lanzaron una exitosa defensa contra los invasores. Italia se rindió a los Aliados en 1943, los alemanes y los búlgaros se retiraron de Grecia en 1944, y el rey y el gobierno griegos regresaron a Grecia. La Segunda Guerra Mundial terminó en septiembre de 1945.

Una brigada de caballería del Ejército Popular de Liberación griego "

Los dos movimientos de resistencia más importantes de Grecia —el Frente de Liberación Nacional y el Ejército de Liberación del Pueblo Griego— eran comunistas y estaban respaldados por la Unión Soviética y Yugoslavia. Su enfrentamiento con el gobierno griego desembocó en la guerra civil griega, que duró de 1944 a 1949 y devastó aún más el país. La guerra civil mató a 100.000 personas y destrozó la economía, que ya estaba al borde de la ruina. Finalmente, Joseph Stalin, de la Unión Soviética, dijo a los comunistas griegos que se retiraran; sería demasiado duro luchar contra Gran Bretaña y Estados Unidos. Un aspecto positivo de la influencia liberal en Grecia fue que las mujeres obtuvieron finalmente el derecho al voto el 28 de mayo de 1952.

Tras la Segunda Guerra Mundial, las islas del Dodecaneso, situadas en los mares Egeo y Mediterráneo, pasaron a Grecia con la condición de que permanecieran desmilitarizadas. Los minoicos y micénicos habían colonizado las islas a partir del II milenio a. e. c. y siempre habían mantenido estrechos lazos con Grecia. Durante el siglo XX, las islas pasaron por manos de Italia, Alemania y Gran Bretaña antes de unirse a Grecia el 7 de marzo de 1948.

En el segundo milenio antes de la era común, los micénicos también colonizaron la isla de Chipre, en el Mediterráneo oriental, al sur de Turquía y al oeste de Siria. En el siglo XX, alrededor del 80% de la población era chipriota-griega, de linaje griego y perteneciente a la Iglesia ortodoxa griega. El Imperio otomano ocupó Chipre hasta la guerra ruso-turca (1877-1878), cuando Gran Bretaña se hizo cargo de su administración.

En el siglo XX, la población griega de Chipre presionó a favor de una unión con Grecia, a la que se resistieron los turcos étnicos. Cuando Chipre obtuvo la independencia en 1960, los turcos chipriotas, que constituían el 20% de la población, obtuvieron una representación del 30% en el Parlamento. Muchos griegos consideraron que era una representación excesiva. En 1963 estalló la violencia, con un saldo de 174 griegos y 364 turcos muertos. Los griegos destruyeron 109 pueblos turcos, desplazando a 30.000 turcos étnicos. En 1974, los griegos chipriotas dieron un golpe de estado, aún deseosos de unirse a Grecia, lo que desencadenó una invasión turca. El resultado final fue una línea que dividía la isla en una sección norte bajo dominio turco y una sección sur bajo control chipriota-griego.

En la Grecia continental, la lucha entre los liberales de tendencia comunista y los conservadores de derechas alcanzó su punto de ebullición en 1967. Estados Unidos se había insertado en 1947 con la Doctrina Truman, que apoyaba un gobierno autoritario en Grecia para protegerse de la influencia soviética. En las elecciones de 1964, el Partido Unión de Centro, más progresista, obtuvo una victoria aplastante, y su fundador, Yorgos Papandréu, se convirtió en el nuevo primer ministro de Grecia.

Papandréu quería eliminar a los militares implicados en la sociedad anticomunista IDEA (*Ieros Desmos Ellinon Axiomatikon* o Sagrado Vínculo de los Oficiales Griegos), financiada por la CIA, que abogaba por una dictadura. Cuando Constantino II, de veinticuatro años, subió al trono en 1964, se enfrentó a Papandréu, forzando su dimisión en 1965. El rey sustituyó a Papandréu por una serie de primeros ministros del Partido

Unión de Centro, que seguía manteniendo la mayoría, pero ninguno ocupó el cargo más de unas semanas. Los partidarios de Papandréu consideraban a estos hombres tránsfugas o «apóstatas» del partido, etiquetando las acciones de Constantino como *Apostasia* o golpe contra la realeza.

Grecia atravesó esta crisis política trastabillando. El 21 de abril de 1967, los habitantes de Atenas se despertaron con el ruido de los disparos y los tanques entrando en la ciudad. En la radio sonaban canciones militares, seguidas del anuncio: «Las Fuerzas Armadas Helénicas han tomado el gobierno del país». Los militares de derechas habían dado un golpe de Estado llamado Junta Griega, que instauró una dictadura de siete años. Censuraron los medios de comunicación, y detuvieron a políticos de izquierdas y a diez mil ciudadanos incluidos en listas negras, enviándolos a prisión o a un campo de concentración en la isla de Yaros. Miles de personas fueron torturadas por la Policía de Seguridad y la Policía Militar griega.

El rey Constantino intentó un contragolpe en diciembre de 1967 con los miembros de la marina y la fuerza aérea que aún le eran leales. Al fracasar el golpe, huyó de Grecia con su familia, y la junta nombró al mayor Georgios Zoitakis regente en ausencia del rey. Zoitakis nombró primer ministro al coronel George Papadopoulos, uno de los tres cabecillas del golpe. En 1972, Papadopoulos se convirtió en regente y primer ministro, y abolió la monarquía en junio de 1973.

En noviembre de 1973, varios centenares de estudiantes iniciaron una protesta en la Universidad Técnica Nacional de Atenas, exigiendo que la junta militar abandonara el poder. Al día siguiente, miles de ciudadanos acudieron al campus para apoyar a los manifestantes. Los estudiantes construyeron un sistema de radio que transmitía a toda Atenas. Tres días después, un tanque atravesó las puertas de la universidad y los militares desalojaron brutalmente a los manifestantes.

La semana siguiente, Dimitrios Ioannidis, protegido de Papadopoulos, inició un contragolpe que expulsó a Papadopoulos, acusándolo de alejarse de los ideales revolucionarios de 1967. Pero los militares griegos retiraron su apoyo a Ioannidis cuando patrocinó el desastroso golpe de 1974 en Chipre, que provocó la invasión de la isla por Turquía. Los dirigentes de la junta de segunda generación decidieron volver a poner a Grecia en la senda de las elecciones. Invitaron a Constantinos Karamanlís, que había sido primer ministro a principios de la década de 1960, a regresar del exilio y ejercer como líder interino de Grecia hasta que se reanudaran las elecciones.

Con la reanudación de las elecciones y una nueva administración, Constantino II confiaba en volver a ser el monarca de Grecia. Sin embargo, el electorado votó en contra de la restauración de la monarquía. Constantino permaneció en Londres, ya que era amigo íntimo de su primo el príncipe Carlos (actual rey Carlos III) y padrino de Guillermo, príncipe de Gales. En 2013, Grecia permitió finalmente a Constantino volver a vivir en Grecia como ciudadano privado.

El 1 de enero de 1981, Grecia ingresó en la Comunidad Económica Europea (CEE), a la que había presentado su primera solicitud en 1959. En 1961, Grecia y la CEE firmaron un Acuerdo de Asociación, pero el caos político subsiguiente congeló el proceso. Una vez restablecida la democracia en 1974, el primer ministro Karamanlís reactivó los procedimientos para integrar a Grecia como miembro de pleno derecho de la Unión Europea. Su objetivo era restaurar la estabilidad económica y política, así como modernizar la sociedad griega. Grecia adoptó el euro como moneda única en 2002.

En agosto de 2004, Atenas volvió a albergar los Juegos Olímpicos en su vigesimoquinta competición desde que el rey Jorge I recuperara los juegos modernos en 1896. Atenas construyó un nuevo aeropuerto, una carretera de circunvalación y una red de metro para acoger a más de once mil competidores y a un millón de visitantes. A pesar de las funestas predicciones de los medios de comunicación, todas las sedes se terminaron en la fecha prevista, y los sistemas de transporte y los recintos asombraron a todo el mundo. «¡Unos Juegos de ensueño inolvidables!», exclamó el presidente del Comité Olímpico Internacional, Jacques Rogge.

Conclusión

Grecia tuvo un inmenso impacto en nuestro mundo como cuna de la civilización occidental. Los minoicos fueron la primera cultura europea avanzada, un pueblo que construyó palacios impresionantes, creó un arte deslumbrante e ideó las dos primeras lenguas escritas de Europa. Poco después llegaron los micénicos, que elevaron a Grecia y las islas circundantes a nuevos niveles de organización urbana, ingeniería, arquitectura y destreza bélica. Sus barcos navegaron por el Mediterráneo y el mar Negro, intercambiando mercancías, estableciendo colonias y difundiendo una cultura avanzada.

Tras la Edad Oscura griega, la era arcaica introdujo en Europa la literatura escrita, como la *Ilíada* y la *Odisea* de Homero. Estamos en deuda con los asombrosos avances de los antiguos griegos en matemáticas, ciencia y medicina. Los filósofos griegos desarrollaron una observación lógica del mundo físico, y los primeros médicos griegos idearon el diagnóstico sistemático de las enfermedades comunes. Grecia dejó una huella indeleble en la cultura romana, la Iglesia cristiana, el Imperio bizantino, el Renacimiento y la política moderna. La experimentación y el desarrollo de los sistemas políticos griegos contribuyeron enormemente a las repúblicas democráticas de todo el mundo.

Los jeroglíficos cretenses y la escritura lineal A utilizados en Creta y el sur de Grecia fueron los primeros sistemas de escritura europeos. Las tablillas con la escritura lineal B, que datan de al menos el año 1350 a. e. c., documentan una forma antigua de la lengua griega que aún se habla hoy en día. El griego koiné, hablado y escrito, data del siglo IV a. e. c. y se convirtió en la lengua franca de los vastos territorios de tres continentes conquistados por Alejandro Magno. Los eruditos tradujeron el Tanaj (Antiguo Testamento) hebreo al griego koiné (la versión Septuaginta) en el Egipto helenístico, y los apóstoles escribieron el Nuevo Testamento en griego koiné.

El Imperio bizantino dejó un legado perdurable, especialmente su contribución al desarrollo de la Iglesia ortodoxa oriental. La arquitectura bizantina se extendió a Rusia y al sur, hasta Egipto. Los monjes, filósofos y artistas bizantinos cultivaron una mezcla cultural única de cristianismo con filosofía, ciencia, arte y literatura griegas. Conservaron el arte, la literatura, la filosofía, la ciencia, la tecnología y el derecho griegos y romanos a lo largo de los siglos hasta el Renacimiento.

La Grecia moderna se ha abierto camino a través de múltiples desafíos, empleando innovaciones y silenciando a los escépticos. Tras liberarse del dominio otomano, Grecia estableció la democracia parlamentaria más antigua del Mediterráneo oriental y del sureste de Europa. Ha perdurado desde 1864, con tres breves regímenes no democráticos que duraron un total de veintitrés años. Con algunos baches en el camino, Grecia ha pasado de la pobreza extrema a la prosperidad económica en las últimas siete décadas. Aunque su antiguo pasado clásico es un elemento intrínseco de la identidad nacional griega, la nación es hoy un actor mundial, que ha desarrollado una impresionante identidad geopolítica en el Mediterráneo oriental.

Segunda Parte: Mitología griega

Una fascinante visión general de los mitos, dioses y diosas griegos

Introducción

Al igual que otros tipos de mitologías dentro de una sociedad basada en el paganismo, la mitología griega se ha modificado a lo largo de los siglos. Ha sido a caprichos de redactores, filósofos y narradores que cambiaron las narrativas con el propósito de revelar un significado más profundo sobre las acciones de dioses, diosas y héroes.

Por ejemplo, el nacimiento del dios del vino, Dioniso, es objeto de acalorados debates y ha sido reescrito varias veces. En la versión compuesta por Hesíodo, Dioniso nació de Zeus y Sémele, una princesa. En otra versión compuesta por Hesiquio, es hijo de Dione, una titánida. Ese cambio no es coincidencia; los dos hombres podrían haber escuchado la historia de forma diferente, o podrían haber hecho ellos mismos los ajustes.

Esta diversidad refleja la variación de las realidades dentro del mundo griego. Grecia no se consideraba un reino unido, es decir, no había un monarca que gobernara el territorio. El continente y las islas se regían por distintas *polis* (*ciudades*), lo que dio lugar a grandes variaciones en la cultura, el arte, la literatura y las historias orales griegas. La diversidad de ese mundo se refleja en este libro, que busca captar las diferentes versiones de los mitos en un intento de representar a todo el mundo griego y las naciones circundantes.

Nuestro objetivo principal es otorgar una visión del universo de la mitología griega en todos los aspectos multifacéticos. Las versiones de estos mitos a continuación están en el espíritu de la mitología. Pueden ser un poco diferentes a los mitos que recuerda, ya que a veces tomamos la versión más dramática y la incorporamos a su narración tradicional, pero el núcleo de la historia seguirá siendo el mismo.

Capítulo 1: Del Caos a Urano

¿Qué fue primero? ¿La gallina o el huevo? La creación del mundo para muchas culturas antiguas, incluidos los griegos, comenzó con un espacio donde no había principio ni fin. Comenzó en el Caos, un vacío profundo, pero no del todo vacío. El Caos daría a luz a los primeros dioses. El comportamiento acalorado y atrevido de los primordiales dio a luz a un mundo que pronto se llenaría del drama de sus hijos.

No está claro si los hijos del Caos se dieron a luz a sí mismos, surgiendo del vacío de su padre, o si el Caos dio a luz a estos seres. También es muy debatido entre los estudiosos el género del Caos, que, por el bien del argumento, consideraremos femenino. Esto tiene sentido, ya que dio a luz a un par de niños, pero el género y la biología de los dioses griegos, los titanes y otros personajes no humanos diversos no están dictados estrictamente por las leyes de la biología. En la mitología griega, los bebés podían nacer de una cabeza, un muslo, un volcán bajo la tierra o un oscuro agujero negro.

Y así, el Caos dio a luz a Gaia, cuyo cuerpo sentaría las bases de la tierra, y daría origen a todas las formas de vida. El segundo fue Tártaro, también conocido como Erebo. Su cuerpo comprendía el inframundo, el reino de los muertos, donde todas las almas iban a juicio al final de su vida. Tanto los dioses como los hombres temían lo que yacía en la oscuridad del inframundo. Después del Tártaro vino el Ponto, que fue el primer dios del mar. Pero era más que esto: era el mar mismo, una forma cruda de poder que sería heredada por las generaciones que vinieron después. Este fue el caso de todos los seres primordiales. Eran el estadio en el que los olímpicos jugaban sus partidos, y también eran la fuente de las armas y el poder de los olímpicos.

El caos también dio a luz a otros niños considerados entre los seres primordiales originales. Se cree que Eros, el legendario y querubín dios del amor, a quien algunos consideran el hijo de los olímpicos Afrodita y Ares, nació al principio de los tiempos. Nyx, la noche que tomó la forma de mujer, también emergió del Caos. Su nombre y su caracterización como una figura sombría pueden darle la impresión de que es malvada. Sin embargo, es una diosa ambivalente, que posee cualidades de luz y oscuridad, que encarnarían sus numerosos hijos.

Nyx y su hermano Érebo trajeron a Aether y Hemera al mundo. Éter llenaba el espacio entre los cielos y la tierra con una fina niebla que daba al cielo su tono azul. Su hermana-esposa Hemera, literalmente el día, era una entidad completamente independiente de Helios (el Sol), y producía las nieblas cada mañana. Las combinaciones hermano-pareja en la mitología griega representan la dualidad del mundo natural, como el agua y el ciclo de la lluvia.

Nyx también dio a luz a varios otros seres divinos, expulsándolos de su propia masa oscura. Estos niños dieron forma a una amplia gama de experiencias humanas, tanto positivas como negativas. La lista es larga, pero incluye a Moros (destino), Hypnos (sueño), Oneiroi (sueños), Geras (vejez), Oizys (dolor), Nemesis (venganza), Eris (lucha), Apate (engaño), Filotes (placer sexual), Momos (culpa), Tánatos (muerte pacífica), Ker (muerte violenta) y, finalmente, las Hespérides (las hijas de la noche que normalmente se representaban como ninfas). Durante este mismo tiempo, la hermana de Nyx, Gaia, dio a luz a su hijo Urano, que se convertiría en el señor de todo el cosmos. Su unión produciría los viejos dioses de Grecia, los famosos y feroces Titanes.

Capítulo 2: Los titanes

Gaia y Urano fueron quienes más hijos tuvieron. No solo produjeron cientos de niños, sino que también dieron a luz a varios tipos diferentes de monstruos y titanes. Urano estaba decidido a tener no solo tantos niños como fuera posible, sino también niños perfectos con dones y belleza considerables. Sus hijos primogénitos no tuvieron éxito, al menos según Urano. Fueron los tres hecatónquiros. Estos monstruos malditos, con sus cien manos y cincuenta cabezas, fueron los menos favorecidos entre los hijos de Urano y Gaia.

Su segundo intento resultó en tres cíclopes de un solo ojo. Estos niños estaban más cerca de lo que su padre había esperado, ya que nacieron con una fuerza física inigualable y tenían una gran destreza para trabajar el metal. Más tarde, los cíclopes construirían las primeras armas de los dioses.

Aun así, Urano odiaba a sus monstruosos hijos. De hecho, los odiaba tanto que los arrojó a los pozos más profundos y oscuros del Tártaro. Los niños fueron arrojados a la oscuridad tan pronto salieron de Gaia. Esto le rompió el corazón a su madre. Naturalmente, dudaba en producir más hijos para Urano, pero el señor de los cielos no le dio opción. Continuarían hasta tener a sus hijos perfectos. Afortunadamente, los siguientes embarazos de Gaia resultaron en doce hijos ideales, conocidos como los Titanes.

Estos doce seres son llamados Uranides. Había seis hombres y seis mujeres. Cuatro de los hermanos (Ceo, Crío, Hiperión y Jápeto) sostuvieron los cielos y suspendieron a su padre Urano por encima de la tierra. Sin embargo, el primogénito oficial era Océano, el dios patrón del agua dulce. Era responsable de supervisar los ríos, lagos, acuíferos, manantiales e incluso las nubes en el cielo. El segundo nacido, Ceo, era el titán del intelecto y el cuestionamiento. Ceo también era responsable de mantener el eje norte alrededor del cual giraban los cielos, que sostenía junto con tres de sus hermanos.

El siguiente hermano, Crío, el titán y señor de las constelaciones y el calendario anual, dominaba el eje norte de los cielos. El siguiente hermano, Hiperión, el señor de la luz, engendró las luces que provienen del cosmos, incluyendo el amanecer (Eos), el sol (Helios) y la luna (Selene). El último hermano, Jápeto, titán de la mortalidad, daría a luz a los dioses que crearon a la humanidad.

Luego estaban las seis hermanas. Las titánidas se acostarían con sus hermanos y crearían generaciones de titanes y dioses. Theia era la titánide de la previsión y la madre de los tres hijos piadosos de Hiperión. Rea era la diosa de la fertilidad femenina y pronto se convertiría en la reina de los titanes. Temis, titán de la ley del destino que todos los hombres deben cumplir, más tarde quedaría embarazada de su sobrino y daría a luz a las estaciones y a las Moiras. Luego vino Mnemósine, la diosa de la memoria. También daría a luz a un par de Musas del mismo sobrino que embarazó a su hermana Temis. La segunda hija menor, Febe, titánide de la profecía, era la esposa del "intelecto" (su hermano Ceo) y la diosa patrona del legendario Oráculo de Delfos. La hija menor Tetis era la esposa de su hermano Océano y engendró la fuente de toda el agua dulce que caería bajo su dominio.

Estas titánides se convirtieron en el mundo alrededor del cual crecería la humanidad. Eran los cimientos del conocimiento, la cultura y la tradición. Sin embargo, todavía faltaba un titán. Cronos, el más joven, era el titán del tiempo. Y tenía todas las cualidades más destructivas del tiempo, como el envejecimiento, la erosión y la decadencia. Era el más despiadado y odioso de los titanes. Despreciaba a su maldito padre por el maltrato a sus hermanos, los cíclopes y los hecatónquiros.

Obviamente, Gaia no quería mucho a su marido. También despreciaba su naturaleza cruel y codiciosa, ya que la había obligado a tener hijos que rechazaba o de los que abusaba. Con el tiempo, su odio se profundizó. Formó los primeros metales de la tierra que se usarían para fabricar un arma asesina de dioses: la hoz que destruiría a Urano. Gaia se acercó a sus hijos y les pidió que buscaran en sus corazones la espada que surgió de su odio y mataran a Urano. Sus hijos permanecieron en silencio, ya que tenían miedo de rebelarse contra su padre. Cronos, el más joven, fue el único que atendió el llamado de su madre. Junto con sus hermanos que sostenían los cielos, idearía un plan para vengarse terriblemente de su padre.

Esa noche, Urano regresó y trajo consigo la oscuridad de la noche. La puso sobre su esposa, con la intención de tomarla una vez más en su codicia lujuriosa. Urano se despertó y se preparó para entrar en Gaia, pero antes de que pudiera, los cuatro pilares de la tierra (Ceo, Crío, Hiperión y Jápeto) se apoderaron de su padre y lo inmovilizaron. Cronos saltó de las sombras y cortó a su padre de raíz a tallo y arrojó sus genitales al mar. La combinación de mar y esperma dio a luz a una de las olímpicas más famosas de la historia: la diosa del amor, Afrodita.

Con su último suspiro, Urano dijo sus últimas palabras crueles a su hijo Cronos, una terrible profecía que conduciría a la pérdida del resto de la compasión de Cronos. Le dijo a su hijo que un día, uno de sus propios hijos buscaría derrocarlo y que le harían lo que le había hecho a su padre.

La mutilación de Urano por Saturno (Cronos) *por Giorgio Vasari (1556)*."

Capítulo 3: La guerra de los titanes

Después de la caída de Urano, Cronos usurpó su corona como "Rey del Cosmos" y tomó a Rea, su hermana, como reina. A pesar de haber logrado despachar a su malvado padre, los Titanes no pudieron hacer nada para eliminar la profecía premonitoria de la mente de su hermano. Urano había ganado. El temor de Cronos de que algún día sus propios hijos lo traicionaran lo convirtió en un monstruo diez veces peor que su padre. Al nacer cada uno de sus hijos, Cronos los tragó enteros. Estos eran los dioses que se establecerían en el monte Olimpo y tomarían el control de la tierra y los cielos: Hestia, Hera, Deméter, Poseidón, Hades y Zeus.

El último hijo, Zeus, no fue tragado por su padre, sino que su madre Rea logró esconderlo, y le dio a su esposo una roca envuelta en una manta para tragar. El resto de sus hijos seguían vivos, creciendo en el estómago de su padre. Zeus se crió en secreto muy lejos, cerca del monte Ida, que estaba en la isla de Creta. Vivía en una cueva custodiada día y noche por los curetes, y era alimentado con la leche de Amaltea, una cabra. Cuando Zeus llegó al poder, honró a Amaltea colocando su imagen en las estrellas. Formó su escudo a partir de su piel y creó la cornucopia de la abundancia a partir de su cuerno. Los Curetes también eran hijos de Gaia, pero no eran Titanes. Se pensaba que eran los primeros habitantes de Creta. Realizaron las primeras danzas de guerra, golpeando sus lanzas y escudos para ahogar los gritos del pequeño Zeus y disimular su ubicación.

Cuando Zeus alcanzó la edad adulta, buscó levantarse contra Cronos, pero necesitaba la ayuda de sus hermanos. Su padre y los Titanes eran demasiado fuertes para enfrentarlos solo. Entonces, Rea se acercó a su madre Gaia y le suplicó que revelara los secretos de la tierra y le hiciera un brebaje que hiciera vomitar a Cronos. Metis, la hermana de Rea, se lo presentó a Cronos para que no sospechara de su plan, y él bebió la mezcla sin dudarlo. Sus hijos comenzaron a subir. Una vez fuera del estómago de su padre, se retiraron a la seguridad del Monte Olimpo junto con su hermano Zeus. Comenzaron una terrible guerra de diez años contra Cronos y los titanes. Eran los viejos dioses contra los nuevos. Algunos titanes se verían obligados a elegir bandos, y Zeus usó todo su ingenio y fuerza para reclutar a los más valiosos. Sin embargo, de los numerosos titanes, solo dos se opondrían a Cronos: Temis, la diosa de la ley divina y la sabiduría (hija de Gaia y Urano), y su hijo Prometeo, quien más tarde otorgaría el don del conocimiento a la humanidad.

Después de diez años de guerra, parecía que no había un vencedor claro, y ambas partes comenzaban a desanimarse. Sin embargo, finalmente llegó el punto de inflexión, y se debió a los aliados más improbables de la guerra: los monstruos que Urano había encarcelado en las profundidades del Tártaro. Cronos, que había prometido liberar a sus hermanos del inframundo, había roto su promesa y los había dejado pudrirse en la oscuridad. Zeus liberó a sus tíos, los cíclopes y los hecatónquiros, del cautiverio. Como recompensa, los cíclopes convirtieron a Zeus y a sus hermanos en armas de poder monumental. Fueron expulsados de las fuerzas de la naturaleza que se agitaban dentro de Gaia y los cielos. Estas armas eran el rayo de Zeus, el tridente de Poseidón y la horca de Hades.

Con las mareas ahora cambiadas a favor de los olímpicos, llegaría el último día de la guerra, conocido como la Titanomaquia. Este último día de batalla, como se registra en la *Teogonía* de Hesíodo (Hesíodo fue un poeta griego), habla del poder de los Hecatónquiros. Con sus cien manos, arrojaron una lluvia de rocas gigantescas sobre los titanes, obligándolos a refugiarse detrás de las montañas. Zeus dio el golpe final a su padre Cronos, y sin más aliados o fuerzas para resistir a su hijo, el rey del universo había sido derrotado y arrojado al inframundo junto con sus hermanos y hermanas. Su oscura prisión estaría custodiada por sus antiguos habitantes, los Hecatónquiros de cien manos. Temis y Prometeo sobrevivirían, ya que habían ayudado a los dioses. El hermano de Prometeo, Atlas, que se puso del lado de Cronos, se encargó de levantar el cielo como castigo por sus crímenes.

Tras derrotar y encarcelar a sus enemigos, los olímpicos se pusieron a la tarea de decidir quién gobernaría qué dominios de la tierra. Los tres hermanos, Zeus, Poseidón y Hades, echaron suertes para los reinos más grandes. Zeus se convertiría en el rey de los dioses, el señor de los cielos y el dios del trueno y el relámpago. Poseidón llegó a gobernar las vastas profundidades del mar; era el agitador de montañas y el creador de nuevas tierras. Hades tuvo menos suerte, y se convirtió en el señor del inframundo, de donde rara vez salía.

Capítulo 4: Los dioses

Zeus

Zeus era el rey de los dioses, el gobernante de los cielos y la tierra, el manipulador del clima y el portador de relámpagos y truenos. Además de estos muchos títulos, Zeus también era el dios de la razón y la justicia. Se le muestra en representaciones del arte mural griego y la cerámica como un hombre en sus últimos años debido a su barba bien desarrollada y su gran complexión. Sin duda, era un dios atractivo e increíblemente poderoso, pero su mayor fortaleza era su mente hábil. Fue a través de su astucia y destreza que pudo derrotar a sus numerosos enemigos y reclamar el trono del Olimpo.

A pesar de su agudo sentido de la justicia y la sabiduría, Zeus era bastante imprudente en sus acciones como dios. Era propenso a tomar decisiones rápidas, lo que probablemente contribuyó al hecho de tener más hijos que la mayoría de los otros atletas olímpicos. Aunque Zeus técnicamente tuvo varias esposas, también tuvo relaciones con varias ninfas y mujeres mortales, trayendo cientos de niños al mundo. La mayoría de estos niños se convirtieron en héroes y figuras notables en la mitología griega, como Helena de Troya y Perseo, la asesina de la Gorgona Medusa, así como varios dioses y diosas principales.

Cuando Zeus llegó al poder por primera vez, tomó a Metis como su esposa, la misma Metis que había liberado a los hermanos de Zeus del vientre de su padre. Metis era hija de Océano y Tetis, y era la diosa del buen consejo. Es fácil entender la atracción inicial de Zeus por Metis, y ella se convirtió en su confidente y mentora más confiable. Todo fue bien hasta el momento en que se la tragó entera, pero desarrollaremos más sobre esto luego.

Zeus tenía muchas otras esposas, tanto mortales como inmortales, pero su reina principal, al menos de acuerdo con la tradición mitológica griega, era su hermana Hera. Zeus, como muchos otros dioses, podía cambiar de forma, y la mayoría de las veces, se acercaba a sus parejas sexuales y conquistas bajo la apariencia de un animal. Así fue como se ganó el afecto de Hera.

Los antiguos griegos se conectaban con los dioses a través de sus interacciones y el uso del mundo natural. Zeus se identificaba con el mundo natural a través de símbolos como el toro y el águila o a través de varias especies de plantas, principalmente el roble.

De todas las cualidades que un rey debe poseer, tal vez la más importante es la sabiduría. Sin duda, los reyes que duran más y son los más amados tienden a ser personas sabias. Estos son los reyes que buscan el consejo y ayuda de los demás. Zeus se tomaba muy en serio su papel como rey y era atendido constantemente por una multitud de dioses menores, diosas y espíritus que actuaban como sus asesores y guardaespaldas. Al pie de su trono se sentaban los espíritus guardianes: Kratos (Fuerza), Zelos (Rivalidad), Nike (Victoria) y Bia (Fuerza). Hermes, uno de los hijos de Zeus, actuaba como su heraldo, y la citación oficial y los mensajes del rey solo podían ser entregados por Iris, la diosa iridiscente del arco iris. Después de que Zeus consumió a Metis, la posición de la mano del rey estaba vacante. Temis, el titán que había estado al lado de Zeus durante la guerra de una década con Cronos y los otros titanes, fue encargado del orden y la paz del cosmos y acompañó al rey en todos sus esfuerzos. Incluso mantuvo su lealtad a Zeus después de que él desterrara a su hijo Prometeo al inframundo y someterse a la tortura de que un buitre (o águila en algunas versiones) comiera continuamente su hígado, el cual se regeneraba mágicamente, y sufrir esto hasta el final de los tiempos.

Poseidón

Poseidón, el dios de los mares, maestro de los terremotos y creador de nuevas tierras e islas, tenía un temperamento tan imprudente y destructivo como el mar mismo. Con su gran tridente, movía las aguas, transportaba barcos a través del mar y levantaba olas que arrasaban pueblos y ciudades enteras.

Poseidón no solo era destructivo. También poseía un lado más creativo y creó los primeros caballos e hipocampos: caballos con cola de pez que utilizaba para arrastrar su carro de oro desde el mar hasta el monte Olimpo. Su apariencia física no es tan diferente de la de sus hermanos. A menudo se lo representa como un hombre mayor con barba, y generalmente hay una corona de apio alrededor de su cabeza en lugar de olivas como Zeus. Uno de sus símbolos naturales es el tallo de apio; otro es el pino.

Al igual que su hermano, Poseidón fue tentado por la belleza de los mortales, las diosas y las ninfas. Sin embargo, era mucho menos caballero que su hermano. Llamando a las cosas por su nombre, Poseidón era un violador habitual. Hay varias historias notables en las que viola a mujeres jóvenes. Las dos víctimas más conocidas son su esposa y reina de los mares, la ninfa de "ojos de ébano" Anfítrite y su propia hermana Deméter, a quien tomó contra su voluntad mientras ambos eran caballos. La violación en el mundo antiguo no se consideraba un crimen como en la actualidad. En otras fuentes antiguas, incluidos los corpus legales, la violación no era un acto de violencia, sino más bien una pasión incontrolable. Sin embargo, Poseidón parecía tener más problemas con esto que los otros dioses y diosas. Tal vez era una forma de caracterizar su comportamiento violento y precipitado, ya que la gente podía comparar su comportamiento con el mar, una entidad que tiene muy poca consideración por sus víctimas y que no puede controlar sus aguas embravecidas.

Poseidón tuvo muchos asuntos con seres mágicos, incluida su propia abuela. Tuvo varios de los niños más famosos de la mitología griega. El caballo alado Pegaso surgió de la cabeza cortada de la conquista sexual de Poseidón, Medusa. Tritón, su hijo con Anfítrite, controlaba y sofocaba las olas del mar Egeo. Las representaciones de Tritón parecen algo de un comercial de Old Spice. Imagina a un sireno con grandes abdominales y una barba rebelde. Otras veces, su rostro se parecía al de un joven griego, de alrededor de veinte o veinticinco años, dado el hecho de que las barbas indicaban una edad madura en la cultura griega. Su símbolo es una concha. La hija de Poseidón, Rodas, una ninfa marina y diosa protectora de la isla griega de Rodas, se convertiría en la esposa de Helios, el sol.

Hades

El señor del inframundo era tan sombrío como su dominio. Hades tenía un resentimiento ardiente hacia sus hermanos por su suerte al ser menospreciado y rechazado como el dios de los muertos. (Sin embargo, no era el dios de la muerte; ese papel pertenecía a Tánatos). Aunque Hades no era propenso a las más simples decencias, como los modales o la sonrisa, era el más rico de los dioses, ya que todos los tesoros que yacían dentro de la tierra eran de su propiedad. Esta es una de las razones por las que su símbolo más reconocible es la cornucopia, el cuerno de la abundancia. Al final de sus vidas, los muertos serían conducidos al inframundo por el dios Hermes. En el borde del río Estigia, esperaban con dos monedas de oro al barquero Caronte para llevarlos al oscuro dominio de Hades. El inframundo tenía varias secciones, y las personas eran asignadas de acuerdo con la vida que habían vivido. Si bien el inframundo estaba destinado a ser un reino de castigo y dolor, también era un lugar de descanso para aquellas almas que merecían paz.

Sin embargo, Hades también era el guardián de los ritos funerarios, y a cualquier alma que no recibiera un entierro santificado adecuado a las leyes de Hades no se le permitía entrar por las puertas del inframundo. Es por eso que Hades mantenía las puertas custodiadas día y noche por su discípulo más leal, el perro de tres cabezas Cerbero. Cualquier tipo de magia negra o ritual era el nicho del dios de los muertos, particularmente intentar resucitar a los muertos. Si un griego antiguo realmente quería que su maldición cayera sobre alguien, invocaba maldiciones que invocaban los poderes y la destreza de Hades.

Al igual que sus hermanos, se considera que Hades tiene la apariencia física de un hombre mayor con barba oscura y complexión media. Sin embargo, a diferencia de sus hermanos, que parecían sentirse atraídos por todos, Hades era mucho más selectivo con sus amantes y a menudo formaba vínculos profundos. Su reina principal era Perséfone, la diosa de la vegetación primaveral e hija de su propia hermana Deméter. Aunque su unión molestaba profundamente a la madre de Perséfone, con el tiempo, su hija aprendió a aceptar su situación, y debe haber desarrollado al menos algún tipo de sentimiento por su tío.

Cuando él se fue con sus amantes y la dejó sola para atender el inframundo, ella se vengó terriblemente de estas mujeres, a menudo sumiendo a su esposo en un profundo dolor. Pisoteó a a Minthe sin piedad (algunas versiones dicen que fue Deméter quien hizo esto). Hades estaba tan angustiado luego de que la diosa transformara el cuerpo de Minthe en una planta de menta que le puso su nombre a la montaña donde murió. Hasta el día de hoy, se dice que el sitio es un dominio sagrado que el dios del inframundo visita a menudo. La otra concubina de Hades era Leuce, la hija del titán Océano. Fue secuestrada por Hades y también asesinada por su esposa. Sin embargo, en versiones posteriores, vivió sus días en el inframundo. Independientemente del mito que siga, Hades la transformó en un álamo blanco que lleva un laurel de hojas de álamo alrededor de su cabeza como corona.

El dios de los muertos era de hecho un romántico sin esperanza, y mostraba favor hacia los héroes que se embarcaban en sus búsquedas en nombre del amor. El cantante Orfeo viajó al inframundo para recuperar a su recientemente fallecida y amada esposa, Eurídice. Hades y Perséfone estaban tan conmovidos por su súplica que acordaron liberar a su esposa. Sin embargo, ella iba detrás de él, y él no debía mirar hacia atrás, o de lo contrario volvería a la tierra de los muertos. Orfeo hizo lo que se le indicó y no miró hacia atrás para buscar a su esposa, a pesar de que la tentación era grande. Justo cuando pisó el mundo de arriba, se dio cuenta de que no confiaba en Hades (algunos dicen que quería asegurarse de que ella estuviera allí, mientras que otros dicen que estaba tan ansioso que no podía esperar más). Miró hacia atrás para ver si el alma de su esposa lo había seguido. Se volteó y vio que era su esposa, y se llenó de una alegría indescriptible. Mientras una sonrisa cruzaba sus labios, la tierra cerró sus puertas, tragándose a Eurídice y llevándola de vuelta a la oscuridad.

Hermes

En lo que respecta a los dioses, Hermes es el más accesible y agradable. Este príncipe de lengua plateada era el dios del comercio, el atletismo, la competencia saludable, el conocimiento medicinal y el robo. Aunque esta última cualidad es clásicamente desagradable, Hermes podría considerarse el verdadero caballero ladrón, ya que usaba sus habilidades finamente para robar. Véalo mejor como algunos robos pequeños. Hermes también rara vez se ve en el arte griego sin su caduceo, más comúnmente conocido como cetro de heraldo. Es ese símbolo que se ve en el costado de las ambulancias en los Estados Unidos. A veces, favorece la apariencia de su padre, luciendo una barba larga y gruesa, y otras veces, se lo representa como un hombre joven, afeminado y hermoso. A menudo se cree que tiene la apariencia física más joven de todos los olímpicos.

Aunque Hermes era el más travieso astuto de todos los dioses, era, sin duda, uno de los favoritos de su padre. Y eso es mucho decir, teniendo en cuenta que Zeus tuvo cientos de hijos. Hermes comenzó a mostrar signos de gran inteligencia cuando era solo un bebé. Solo unas horas después de su nacimiento, logró escabullirse de su madre Maia mientras descansaba y robó el ganado de su hermano Apolo, borrando sus huellas del polvo.

Apolo buscó por todas partes su rebaño. El pequeño Hermes reveló sus crueles acciones, pero no devolvió el ganado hasta que se vio obligado a hacerlo.

De niño, Hermes también era un artesano talentoso, y creó la lira a partir del caparazón de una tortuga. Le regaló esto a Apolo para apaciguar al dios del sol por el robo de su ganado. Apolo estaba tan encantado que entregó la manada a Hermes voluntariamente y lo colmó de regalos adicionales. Zeus quedó tan impresionado por este joven sabio que le dio un trono permanente en el Olimpo y lo nombró su mensajero personal y asistente de los muertos. Con sus sandalias aladas, viajaba a través del viento a gran velocidad. Hermes a menudo se equipara con cualquier tipo de actividad de pastoreo; ya sea una bandada de animales o una bandada de almas, Hermes es el dios al que se llama cuando desea mover una multitud.

La vida romántica del dios de los mensajeros no era diferente a la de los otros dioses en el monte Olimpo. Hermes se asoció a mortales e inmortales por igual. Sin embargo, a diferencia de su padre y su tío violador Poseidón, Hermes usaba palabras dulces para seducir a sus amantes. Sus habilidades le brindaron la compañía de algunas de las diosas y humanas más bellos de la época, incluida la diosa del amor, Afrodita. También tuvieron un hijo, el dios del amor de la intersexualidad y la androginia, Hermafrodito.

A menudo se considera que Hermes es el dios de la sexualidad masculina, tanto homosexual como heterosexual, lo que hace que su acoplamiento con la representación de la sexualidad femenina sea lógico. Algunos incluso dicen que Hermes tuvo al héroe Perseo como amante. Algunos de sus otros amantes masculinos notables fueron el rey de Tebas y un joven llamado Crocus, a quien Hermes hirió mortalmente en un lanzamiento de disco. Sintió tanto dolor por sus acciones que transformó al joven en una hermosa flor de azafrán.

Apolo

Apolo era el amo del sol. Con su gran carro de oro, sacaba a relucir el calor de Helios todas las mañanas. También era el dios de la medicina, la profecía, la curación y el tiro con arco. Tanto él como su hermana gemela Artemisa eran hábiles arqueros. Desde bebé, tuvieron las habilidades de caza de una persona adulta. Apolo también era el dios patrón de la juventud y, como tal, nunca se lo representa con una barba como a sus antepasados.

El padre de Apolo era Zeus, y su madre era la inmortal titánida Leto, diosa patrona de la maternidad, la modestia y la timidez femenina. La historia del nacimiento de Apolo, así como la de su hermana Artemisa, es similar a otros cuentos que rodean a los muchos amantes de Zeus y su descendencia. Leto fue perseguida hasta los confines de la tierra por Hera, la esposa legítima de Zeus, que era una mujer celosa e insensata. Una vez incluso se atrevió a robar el rayo de Zeus porque estaba muy molesta. El dios del trueno no mostró piedad a su esposa y la colgó del cielo con yunques atados a sus tobillos hasta que se arrepintiera y devolviera el rayo. Después de ser perseguida por Hera, Leto finalmente encontró un lugar para dar a luz a sus gemelos en las islas flotantes de Delos. Después del nacimiento de los gemelos, Hera abandonó su búsqueda, y Zeus le dio a sus dos hijos tronos en el monte Olimpo.

Al igual que el resto de los dioses y diosas del Monte Olimpo, el dios sol tenía varios amantes en su vida inmortal, y al igual que Hermes, tenía afinidad tanto por hombres como por mujeres. Sin embargo, la mayoría de los mitos amorosos que rodean a Apolo se refieren a las mujeres y, en particular, a las ninfas. Uno de los mitos más famosos sobre Apolo fue su búsqueda de la ninfa náyade Daphne. Una característica de las ninfas era su capacidad para huir de los diversos dioses, monstruos y criaturas que buscaban tenerlas o dañarlas. Dafne le hechó al dios del sol una buena carrera por toda Grecia. Finalmente, frustrada, Daphne llamó a Gaia para salvarla de las garras de Apolo. Gaia luego transformó a la ninfa en un árbol de laurel. Incluso en su estado de árbol, el dios sol la anhelaba. Hizo de la corona de laurel uno de sus tótems principales y colocó ramas de laurel alrededor del templo del Oráculo de Delfos.

Apolo probablemente tenía el mayor número de relaciones con las ninfas de todos los dioses, y produjo algunos hijos divinos muy etéreos y terrenales. Uno de los más notables es el dios del aceite de oliva, la apicultura y los vientos de Etesia, Aristeo.

Apolo también fue el asesino de la poderosa Pitón de Delfos. Las fuentes ofrecen opiniones controvertidas sobre los orígenes de la gran bestia y su forma, pero lo cierto es que Pitón era más antiguo que todos los olímpicos. Era una reliquia de los días del Caos y el gran diluvio. Algunos dicen que Pitón fue una de las bestias enviadas por Hera para destruir a la madre de Apolo, Leto. En busca de venganza, Apolo disparó a la serpiente directamente en el ojo con una de sus flechas doradas. Otros dicen que la serpiente fue puesta por Gaia para proteger el Oráculo de Delfos, un ser de inmenso poder profético. De hecho, el Oráculo era tan poderoso que llamó la atención del dios sol. La gran serpiente fue vencida con un disparo del arco de Apolo, y el dios usurpó el patrocinio de Delfos.

Ares

Ares era un hijo que incluso una madre encontraría difícil de amar. Tenía una innegable sed de sangre, pero sus brutales travesuras lo representaban bien como dios de la guerra. No era el dios más querido de todos los olímpicos. Los mortales temían a Ares mucho más de lo que lo respetaban. Había varias deidades que personificaban las actividades de guerra, pero no había nada filosófico o redimible en la opinión de Ares sobre las batallas. Le encantaba matar por deporte y profanar los cuerpos de los hombres con los que luchaba. A pesar de sus formas bélicas, Ares siempre se ha caracterizado en la mitología como un cobarde irrefutable. Y como era hijo de Zeus y Hera, tenía un trono garantizado en el Olimpo, a diferencia de muchos otros dioses y diosas.

Por lo general, se lo representa en representaciones antiguas como un hombre maduro o un joven delgado con armadura de cuerpo completo. La cualidad aparentemente agradable del dios era que el dios de la guerra nunca ha sido registrado en la mitología griega como un violador, a pesar de que la violación y la guerra siempre parecen unirse. Prefería un estilo similar al de su padre Zeus, ya que tenía un arsenal de trucos para seducir a mortales e inmortales por igual. Uno de los amantes más notables de Ares era la diosa del amor y la legítima esposa de Hefesto, Afrodita. De hecho, el dios de los herreros y la metalurgia, Hefesto, atrapó a los amantes enredados dentro de una red dorada que había hecho especial para la ocasión. Luego invitó al resto de los olímpicos a reírse de los amantes adúlteros.

De su unión, la diosa del amor y el dios de la guerra tuvieron cuatro hijos divinos: Anteros, Deimos, Fobos y Harmonia. Todos sus hijos representaron diferentes resultados posibles o tendencias humanas cuando se trata de relaciones. Anteros era el dios del amor no correspondido y correspondido. Deimos era el dios del miedo, mientras que Fobos era el dios del pánico. Harmonia era la diosa de la armonía y la madre de Sémele, que se convertiría en la madre de Dioniso, el dios del vino y la alegría.

Además de sus atributos bélicos, Ares también era el dios del orden civil y tenía un sentido muy fuerte del bien y el mal. Era muy protector con sus seres queridos, especialmente con sus hijos. Cuando su hija con

Aglauros (la hija del rey de Atenas) fue violada por Halirrhothius, el hijo de Poseidón, Ares atrapó al violador en el acto y le cortó la garganta al instante. Poseidón se indignó y llevó a Ares a la corte de los dioses para ser juzgado como asesino, pero los dioses declararon por voto unánime que Ares debía ser absuelto de todos los crímenes.

Según todos los informes, Ares parece ser el dios más dedicado a sus hijos. Podría definirse en términos modernos como un "padre muy práctico". A casi todos sus hijos les prestaba atención, especialmente si mostraban promesa y destreza en el campo de batalla. No importaba si eran niños o niñas; Ares trataba a todos sus hijos por igual. Algunos de sus más famosos e intrépidos hermanos son la raza amazónica de mujeres guerreras. Sí, las mismas amazonas que más tarde inspirarían la icónica cultura guerrera femenina de la propia Mujer Maravilla. Ares tenía a sus hijas favoritas seleccionadas, pero adoraba a todas las amazonas, y las llenaba de armas y artillería, respaldando constantemente sus esfuerzos de guerra. Sus dos hijas favoritas eran las reinas amazónicas Hipólita y Pentesilea, a quienes regaló cinturones de guerra, escudos y lanzas. Definitivamente podría ser considerado el "padre del año".

Eros

Eros es más comúnmente representado y personificado como un bebé en las representaciones modernas, pero su caracterización en las antiguas obras de arte griegas es mucho más adulta. Todavía tiene sus alas distintivas, así como su arco y flecha, pero el Eros de la mitología se considera un joven hermoso, imberbe, pero definitivamente en la cúspide de la edad adulta, probablemente alrededor de los diecisiete años.

Algunos dicen que el dios masculino del amor fue el producto de Afrodita y Ares, mientras que otros mitos sitúan su origen al principio de los tiempos. En esta narración, se considera que Eros es uno de los seres primordiales originales, lo que lo convertiría en hermano de Pontus, Gaia y Erebus. Dicen que el amor hace girar el mundo, y parece que Eros ha estado presente desde los albores de los tiempos. Dado que los dioses y las diosas, así como los Titanes, se perseguían románticamente desde el primer día, es seguro decir que Eros es probablemente mucho más antiguo que los Olímpicos.

Es uno de los dioses más traviesos, ya que haría que los mortales y los inmortales se enamoraran disparándoles con sus flechas mágicas de amor. Lo hacía por mera diversión. De hecho, era uno de los dioses más impredecibles e incontrolables. Ni siquiera el poderoso Zeus podía controlar al pequeño desviado.

Por ser una de las fuerzas de amor más antiguas del mundo, Eros no ganó tantos amantes. La historia de amor de Eros y Psique es una de las más populares en el mundo de hoy. Según la historia, Psique era una bella princesa del mundo mortal, la hija de un rey griego sin nombre. Era tan hermosa que los hombres de Grecia se alejaron de los templos de la diosa del amor para adorar a la encantadora princesa. Era necesario inventar nuevas palabras para describir las exquisitas complejidades de su belleza.

Afrodita, siendo Afrodita y propensa a un alto grado de celos, no estaba contenta con esto. Buscó solucionar su problema de Psique casándola con el hombre más horrible del mundo. Naturalmente, para hacer que los mortales se enamoren mágicamente, se necesitaría la ayuda de Eros y sus flechas mágicas de amor. Eros voló para cumplir con su deber. Sin embargo, cuando se encontró con la princesa, quedó prendado de su belleza y no pudo cumplir su tarea. En cambio, llevó a Psique a un palacio secreto, escondido lejos de la vista de Afrodita.

Psique revivida por el beso de Cupido por Antonio Canova, 1787-1793. Este trabajo se basa en una historia de The Golden Ass[46]

La visitó allí noche tras noche, y yacían juntos en dulce felicidad antes de que cayera la mañana. Siempre la dejaba antes de que la primera luz del día pudiera revelar su identidad. Él le ocultó este secreto y le pidió que nunca lo mirara y que le diera su absoluta confianza en que él era su amor. Psique y Eros estaban muy enamorados, y ella era completamente suya. Se entregaba a él noche tras noche y confiaba ciegamente en él.

Sin embargo, su felicidad no iba a durar. La hermana de Psique estaba celosa de la felicidad de su hermana. Quería arruinar su alegría, y le dijo a Psique que su amor secreto era un monstruo horrible, incapaz de ser visto por ojos mortales.

Al principio, Psique no prestó atención a las palabras tóxicas de su hermana, pero a medida que pasaba el tiempo, empezó a dudar seriamente. Eventualmente, llegó a ser demasiado, y una noche, tomó una lámpara de aceite y miró a su amor secreto. Para su sorpresa, allí estaba el más hermoso y deseado de todos los dioses. Cuando estaba a punto de retirarse, una gota de aceite cayó de su lámpara sobre el hombro del hombre. Eros se despertó aturdido y huyó de Psique. La pobre muchacha estaba angustiada. Su falta de confianza también había hecho que el amor y la confianza de Eros echaran a volar. Aún así, no podía renunciar a él, y lo buscó por toda Grecia.

Desafortunadamente, Psique se encontró con el palacio del templo de Afrodita, cuyo odio y celos por Psique aún ardían, tal vez aún más por romper el corazón de su vasallo favorito. Obligó a la pobre niña a completar una serie de tareas agotadoras y humillantes. Eros, que todavía estaba profundamente enamorado de Psique, se escondió y la ayudó en cada tarea para que saliera victoriosa y ganara el favor de la diosa del amor. Con el tiempo, a Afrodita comenzó a caerle bien y la reunió con Eros, quien la convirtió en su esposa, una inmortal. Se convirtió en la diosa del alma. Le otorgó un par de alas de mariposa para que siempre estuviera con él en los cielos, y tuvieron un hijo llamado Hedone, que era la diosa del placer sensual.

Hefesto

El comienzo de vida de Hefesto no fue brillante ni alegre. Cuando lo sacaron de su madre, Hera, la diosa de la maternidad y el parto, ella vio su forma enfermiza y lo arrojó desde el monte Olimpo. La parte superior de su cuerpo estaba sana, pero sus piernas no parecían haberse desarrollado adecuadamente, y no había espacio en el Olimpo para la imperfección, al menos en la mente de Hera.

Sin embargo, Hefesto no murió en la caída. Fue rescatado por la diosa del mar Tetis y sus hermanas y llevado a una gruta submarina, donde lo criaron en secreto, sin el conocimiento de su odiosa madre, que presumía que estaba muerto. Con el paso de los años, la fuerza de Hefesto creció. Mientras la parte inferior de su cuerpo quedó inutilizada, entranaba para fortalecer su parte superior. Esta fuerza lo convirtió en el mejor artesano y metalúrgico del mundo. Hizo hermosos collares y broches para Tetis y sus hermanas, quienes lo amaban mucho.

Un día, cuando Tetis estaba tomando sol en la playa, Hera miró hacia abajo desde su percha en el cielo y vio las hermosas joyas que adornaban a Tetis. Exigió que la diosa le informara dónde había adquirido piezas tan exquisitas. Tetis reveló que había sido su propio hijo abandonado. Hera se llenó instantáneamente de arrepentimiento y le rogó a Hefesto que regresara al monte Olimpo. Ella se ofreció a construirle el taller más impresionante y bien equipado de todo el mundo y darle a la hermosa Afrodita como su esposa. Hefesto aceptó y regresó al Olimpo como un prodigio. Su trabajo era el orgullo y la belleza del Olimpo. Hizo armas, armaduras y tótems para todos los dioses y sus hijos. Incluso hizo dos mujeres de oro que utilizaba para ayudarle a caminar.

A Hefesto también se le atribuye ser el creador de la primera mujer, Pandora (sí, esa Pandora que desató todos los males en el mundo), como castigo para la humanidad. Durante la creación de la humanidad, Zeus estaba en contra de proporcionar al hombre el conocimiento del fuego. Prometeo, el creador de la humanidad, quería más cosas para sus creaciones, por lo que robó el secreto del fuego y se lo dio a la humanidad. Zeus estaba furioso con Prometeo. Ordenó que el titán fuera encadenado en la ladera de una montaña en el inframundo para que un buitre se alimentara. ¿Quién cree que hizo esas cadenas tan fuertes como para someter a un titán? Claro que fue Hefesto.

Además, Zeus equilibró las cosas nuevamente y retrasó el desarrollo del hombre con la creación de la primera mujer. La leyenda dice que Hefesto la moldeó a partir de la arcilla de la orilla de un río, no muy diferente a la mayoría de los mitos de creación que rodean a la humanidad, ya sea que esos mitos se originaran en América del Norte o en Jerusalén. Le dio rasgos encantadores similares a los de las diosas inmortales y le otorgó una voz y una mente que buscaban deshacer el espíritu del hombre. En otras palabras, las mujeres eran el "talón de Aquiles" de los hombres.

Dioniso

La historia del dios griego de la fiesta y la alegría comenzó con un alto grado de muerte y angustia. La madre de Dioniso, Sémele, fue asesinada durante su embarazo. Hera vio el amor de su esposo por la princesa de Tebas y engañó a Zeus para que conjurara un rayo que golpeó a Semele en el pecho y la mató al instante. Zeus tuvo que actuar rápidamente si quería salvar a su hijo por nacer. Entonces, sacó el feto que aún estaba creciendo dentro del vientre de Sémele y cosió a Dioniso en su propio muslo, donde continuó desarrollándose. Esta no era la primera ni la última vez que Zeus daba a luz a un niño de su propio cuerpo. La hermana de Dioniso, Atenea, nació del cráneo de su padre.

La animosidad de Hera hacia las muchas esposas y amantes de Zeus solo podía ser igualada por el crudo desprecio que mostraba hacia su progenie. Continuó acosando a Dioniso, que se escondió con éxito durante años gracias al sátiro Sileno y su banda de ninfas del Monte Nisa. Fue durante su tiempo con Sileno que Dioniso descubrió por primera vez los secretos del cultivo de uvas para el vino y enseñó a los mortales a hacer la libación.

Finalmente, Dioniso se fue a vivir con su tía para estar mejor protegido de Hera. La hermana de Sémele, Ino, y su esposo, Atamante, recibieron a Dioniso en su casa. Sin embargo, las alegrías de criar a su sobrino no iban a durar. Hera finalmente encontró al niño y a sus padres adoptivos, y llevó a Atamante a la locura, lo que provocó que asesinara a su hijo y llevara a Ino y a su otro hijo a saltar desde un acantilado. (Algunas versiones dicen que Ino fue la que se volvió loca).

No hace falta decir que Dioniso fue arrojado al viento. La experiencia lo volvió loco, y así comienza su larga historia como el dios no solo del vino y las festividades, sino también de la locura. Dioniso haría mucho daño a la mente de los mortales a lo largo de su mandato como olímpico.

Antes de ganar su estatus en el Olimpo, fue perseguido no solo por inmortales, sino también por la humanidad. No respetaban al dios del vino, y trataron de atacarlo a él y a su divinidad más de una vez. Uno de los principales perpetradores para intentar tal maniobra fue el rey de Tebas. Dioniso tomó represalias llevando a todas las hijas del rey a la locura, provocándolas a desgarrar a su padre miembro por miembro.

Finalmente, Dioniso fue recibido de nuevo en el Olimpo por su padre, tras demostrar ser digno con su estilo de vida despiadado y despreocupado. Dioniso se adornaba con pieles y llevaba una corona de enredaderas alrededor de su cabeza. El dios del vino era atendido constantemente por su culto a los sátiros y las ménades, que eran incomparables en su locura y antojos de vino, sexo, caza y, ocasionalmente, carne humana.

El propio Dioniso tenía un apetito sexual bastante insaciable y le atraía casi cualquier cosa que se moviera. A menudo emborrachaba a doncellas y ninfas y luego procedía a salirse con la suya. Una de estas violaciones resultó en gemelos, el primero de los cuales fue comido por pura rabia por la madre. Dioniso finalmente se casó con la princesa Ariadna, que había sido abandonada por Teseo en una isla desierta y más tarde fue rescatada por el dios del vino.

Dioniso también tuvo algunos amantes masculinos; de hecho, ahí es donde vemos emerger el lado más cariñoso del dios. Se lo describía como un joven guapo y tuvo muchos amantes igual de guapos. Por ejemplo, estaba el joven sátiro Ampelos, que fue asesinado mientras intentaba montar un toro salvaje. Este fue añadido como una constelación entre las estrellas por el dios del luto. Ampelos se convirtió en la constelación Vindemiatrix, el recolector de uvas.

Capítulo 5: Las diosas

Hera

Sin duda, si los celos, la codicia y la impulsividad tuvieran forma humana, sería la forma de la diosa Hera. Era la diosa patrona del matrimonio, el cielo y las mujeres. Era la reina de los olímpicos y una verdadera molestia, en particular, para su esposo. Hera no soportaba los numerosos romances de su hermano-marido Zeus.

Si bien Hera estaba destinada a ser la protectora de las mujeres, no tenía reparos en dañar a las mujeres que despreciaba, generalmente aquellas que eran víctimas de la naturaleza infiel de Zeus. La lista de sus víctimas es infinita. A menudo, Zeus transformaba a sus amantes en animales salvajes para salvarlos de la ira de su reina, pero Hera era tan astuta como su esposo y cazaba a estas mujeres tanto en forma humana como animal. En orden alfabético, estas eran Egina, Elara, Nix, Semele y Eris.

Lo interesante es que, a pesar de sus inmensos celos, nunca tuvo ningún romance propio. Increíblemente, se mantuvo leal a Zeus durante todo su matrimonio. En los primeros años de su noviazgo, eran realmente una de las parejas más felices del mundo. Su boda fue un asunto tan alegre que duró doscientos años.

La diosa era muy crítica y, a menudo, la primera de los olímpicos en infligir castigos a mortales e inmortales por igual. Como Afrodita saltaba de cama en cama, incluidas las de Dioniso, Adonis y Zeus, Hera maldijo su embarazo (la identidad del padre sigue siendo desconocida, ya que existen muchas versiones diferentes del mito). Puso las manos sobre el vientre hinchado de Afrodita y maldijo a su hijo para que naciera con una forma bulbosa y un pene demasiado grande. Al principio, Afrodita rechazó a su hijo, pero todo salió bien al final. El niño, Príapo, usó sus enormidades a su favor, y se convirtió en el dios de los huertos. Su miembro gigante era vinculado a la fertilidad y al gran crecimiento de los cultivos. Al final, las acciones de Hera tuvieron un resultado positivo, incluso si la intención era maliciosa.

Ella tenía algunos héroes favoritos, siendo el principal Heracles, que comenzó siendo enemigo de la diosa, pero pronto ganó su amistad y admiración a través de sus actos heroicos. Ayudó activamente en el éxito de Jason y la búsqueda del vellocino de oro por parte de los argonautas. En muchos sentidos, la brújula moral de Hera para la justicia estaba siempre ajustada. Aunque este lado de Hera no se veía tan a menudo como su lado vengativo, tenía un fervor por la búsqueda de la justicia que coincidía con su belleza. Esta diosa no retrocedía ante nada ni nadie.

El rey griego de los lápitas, Ixión, una vez intentó violar a la diosa. Escapó de las garras del rey Ixión y llevó el asunto a su señor y esposo, Zeus. Zeus no condenaría a este hombre sin pruebas concretas de sus crímenes, entonces intentó atrapar a Ixión con una nube que tenía la forma de Hera. Ixión alcanzó a la nube y luego se jactaba de haber estado con la diosa. Fuera verdad o mentira, no debería haber presumido, ya que Zeus sin duda estaba escuchando. Zeus lo detuvo y lo ató a una rueda que giraba constantemente en el cielo.

Deméter

Deméter era la diosa de la agricultura y, más específicamente, de los granos. A menudo se la representa como una mujer mayor que lleva paquetes de trigo con una corona de oro sobre su cabeza. Ella sostenía la tierra con su generosidad, y por esta razón, ejercía un tremendo poder e influencia entre los olímpicos. Cuando su ira estalló, causó una hambruna sin precedentes. De hecho, su principal arma de castigo era hacer que los mortales sintieran hambre. Esta fue su sentencia para Erisictón, quien se atrevió a incitar la ira de Deméter cortando la arboleda sagrada de la diosa.

Como una verdadera madre, Deméter mostró una gran cantidad de favor y cuidado a toda la humanidad. Tomó a muchos semidioses bajo su ala a quienes consideraba dignos de su patrocinio. Uno de estos héroes fue Triptolemos. Era un príncipe eleusino que acogió a la diosa Deméter muy amablemente cuando su hija Perséfone desapareció, tiempo durante el cual recorrió la tierra, sin beber néctar ni ambrosía. Triptolemos le ofreció a Deméter palabras reconfortantes, lo que la animó a proseguir su búsqueda de su hijo más querido. Como recompensa por su corazón y hospitalidad, Deméter le enseñó las formas de cultivar granos y lo convirtió en heraldo para que pudiera entregar los secretos de la tierra a todos los hogares. Este era un inmenso honor y responsabilidad; a los Titanes y otros dioses ni siquiera se les había otorgado tanta confianza. Incluso le regaló un carro de alas doradas a Triptolemos para que pudiera llevar sus regalos por todo el mundo con facilidad.

Deméter tuvo un buen número de amantes en su vida, pero mucho menos que el de sus hermanos y otras diosas. Le gustaban los mortales más por lo que eran como personas que por su legendario buen aspecto o sus escasas hazañas. El único amante consensual inmortal que tomó fue su hermano Zeus, lo que resultó en el nacimiento de la diosa y reina del inframundo, Perséfone.

Aunque Hera era la verdadera esposa de Zeus, siempre sentía un profundo amor por su hermana Deméter y era conocido por atacar a sus amantes por celos y prejuicios extremos. Esto es lo que le sucedió al pobre Yasión, un príncipe de la isla de Creta. Se acostó con la diosa en un campo arado y fue asesinado casi instantáneamente por el rayo de Zeus. Sin embargo, Zeus no llegó allí lo suficientemente rápido, e Yasión impregnó a Deméter con gemelos: Plutón y Filomelos.

De hecho, había algo en Deméter porque casi todos sus hermanos querían acostarse con ella o casarse con su descendencia. Poseidón, fiel a su naturaleza, incluso violó a su propia hermana. La leyenda dice que Poseidón persiguió a Deméter con implacable "pasión" mientras buscaba a Perséfone. Este momento fue uno de los más bajos y vulnerables de la historia de la diosa. En un intento de escapar de las garras de Poseidón, Deméter se transformó en una yegua y comenzó a pastar en un campo abierto. Poseidón no fue engañado tan fácilmente y salió de detrás de ella como un semental y la tomó con fuerza. De esta unión nació el caballo inmortal Arión. Se convertiría en el caballo de muchos héroes prominentes, incluidos Oncio y Heracles.

Hestia

Hestia fue la primogénita de Cronos y Rea; por lo tanto, fue la primera en ser tragada y la última en ser regurgitada. Sin duda, Hestia parecía ser la más talentosa y segura de todos sus hermanos. Los otros olímpicos originales y, para el caso, las generaciones posteriores también, podrían ser inseguros, celosos y dependientes unos de otros y de los mortales para asegurarse de su divinidad. Hestia nunca se comportó de esa manera, y desde el principio, parecía poseer una sabiduría y una autoconciencia poco comunes entre los dioses e incluso entre los titanes. Se cree que su apariencia física es la de una mujer mayor. Por lo general, lleva velo y sostiene una tetera.

Había varias diosas vírgenes entre los olímpicos, pero la primera era Hestia, que era la diosa de la casa y el hogar. Proporcionaba luz durante la noche en todos los hogares de Grecia. La calidez que proviene de ella no es solo una luz física, sino también una luz emocional. El fuego de Hestia era lo que cocinaba las comidas del mundo y unía a la humanidad. Las comidas y la bebida eran algunas de las actividades de camaradería más grandes de Grecia, por lo que, naturalmente, la diosa del hogar era muy venerada entre los diversos cultos de Grecia.

El vínculo entre Hestia y el fuego es el concepto de transformación. Los símbolos y las sustancias se consumían en el fuego y se transformaban. Esto significaba que algunos de los sacrificios dedicados a los dioses a través del fuego se dedicaban también a Hestia. Sin ella, la adoración griega no habría tenido sentido, independientemente de si la adoración estaba dirigida a los otros dioses y diosas. "Entre los hombres mortales, ella era la jefa de las diosas".[i]

Aunque los mitos que rodean a la diosa son pocos, Hestia tiene bastantes himnos en su honor. Fue aclamada como una de las más respetadas y honradas de los olímpicos, con su voto de castidad protegido y aplicado por el propio rey de los dioses. Incluso Poseidón optó por un enfoque más digno en su búsqueda de Hestia. En lugar de dirigirse directamente a sus tendencias violadoras, le pidió a Zeus su mano en matrimonio. Zeus se la negó, por supuesto, y a Hestia se le dio la vigilancia del hogar divino en el Olimpo.

Hubo otro incidente en la historia romántica de la diosa en el que su castidad casi fue quebrada. La bella titán y madre de los olímpicos, Rea, estaba organizando un banquete para todos los inmortales ilustres y divinos del mundo. Dioses, ninfas, sátiros y espíritus por igual asistieron a su festival, en el cual abundaba el vino. La bella Hestia apoyó la cabeza en el suelo durante un breve hechizo para descansar. Nunca sospechó que estaba siendo observada. Príapo (el dios superdotado de los huertos) vio la figura de una mujer descansando en el suelo. Todavía se debate si sabía

---

[i] Homeric Hymn 5 to Aphrodite 18 ff (trans. Evelyn-White) (Greek epic circa 7th-4th BCE).

que era la diosa o alguna ninfa del bosque al azar. Sin embargo, se acercó a ella con lujuria y trató de forzarla. Justo cuando estaba a punto de saltar, un burro que estaba atado a un árbol cercano hizo un ruido fuerte y despertó a la diosa. Gritó al ver el enorme miembro de Príapo, y alertó así a los invitados de aquella situación. Príapo huyó antes de que todos llegaran, pero su nombre conllevó una gran vergüenza desde ese día en adelante. Esto probablemente se debía a que Hestia era muy venerada por dioses y mortales por igual.

Atenea

Podemos pensar en Atenea como una mujer preparada para todo. Era la diosa patrona de la sabiduría, las artes y la artesanía, la estrategia de batalla, el tejido y la cerámica, y era la diosa patrona de los héroes. Su identificación con la guerra es totalmente diferente de la de su hermano Ares. Atenea veía la guerra como un momento para que los hombres mostraran que su ingenio podía llevarlos a la victoria, y no la fuerza o el músculo. La diosa podía defenderse en batalla y una vez participó en una pelea con el dios de la guerra, Ares, en la cual salió victoriosa. Por esta razón, los héroes que tomaba bajo su protección generalmente eran los más brillantes, inteligentes y curiosos entre los hombres. Podríamos decir que Odiseo era su hombre favorito entre los mortales.

También fue la atleta olímpica más acreditada a la hora de enseñar una variedad de habilidades a la raza humana. Incluso venció a su tío Poseidón por el dominio de Atenas, la *polis* griega más innovadora y progresista. Según la leyenda, los dioses entraron en una competencia de regalos para ver quién podía proporcionar el regalo más querido a la gente de Atenas. Poseidón proporcionaba a la gente todo un mar, donde podían pescar y navegar las olas para encontrar nuevas islas. Atenea decidió plantar un olivo para la gente. Los dioses y los hombres juzgaron que Atenea era la vencedora, y desde entonces, el árbol de la vida, el olivo, se ha fortalecido en la Acrópolis. Algunos incluso dicen que cuando los persas conquistaron Atenas, devastaron el árbol de Atenea. Al día siguiente, el árbol volvió a crecer, y duplicó su altura en el proceso.

Hay muy pocos momentos en la mitología griega en los que Atenea no tiene éxito. Desde su nacimiento, estuvo lista para la acción, y fueron las mismas circunstancias que rodearon su nacimiento las que la convirtieron en una de las más famosas y queridas de todos los dioses y diosas del monte Olimpo.

La madre de Atenea era la inmortal titánida Metis, patrona de la sabiduría y el consejo real. Fue la primera esposa oficial de Zeus y, como tal, Zeus la consideró su confidente más confiable y su mano derecha en todos los asuntos. Era inteligente, tal vez demasiado inteligente. Zeus era, de hecho, hijo de su mismo padre y temía que Metis o su descendencia pudieran tener más favor con los dioses y la humanidad y, por lo tanto, usurpar su trono algún día. Siguiendo el consejo de Gaia, Zeus devoró a su esposa para que sus poderes de determinar entre el bien y el mal con facilidad se filtraran en su propia conciencia.

Sin embargo, el gran Zeus no sabía que Metis estaba embarazada. Al final del período de gestación de Atenea, Zeus desarrolló un horrible dolor de cabeza. El dolor era mucho mayor que cualquier cosa que el dios hubiera experimentado antes. Tenía tanto dolor que llamó a Hefesto y le rogó que le abriera la cabeza con su poderosa hacha para que lo que hubiera allí pudiera escapar y proporcionarle algo de alivio. Hefesto se mostró reacio, pero hizo lo que Zeus le ordenó. Levantó su hacha y golpeó el cráneo de Zeus. De allí salió Atenea, completamente armada con una lanza, un escudo y un casco. No hubo primeros pasos ni infancia para Atenea; ella nació adulta. Al instante tuvo un profundo sentido de autonomía, el espíritu implacable de su padre y las opiniones de su madre sobre el bien y el mal.

Cerámica que representa el nacimiento de Atenea de la frente de Zeus, c. 570-560 a. C. [47]

Atenea estaba demasiado ocupada en su superación personal y la de la humanidad para desarrollar cualquier tipo de deseo sexual. Los veía como sus alumnos, no como sus juguetes, pero tampoco buscaba la atención de ningún inmortal. Era, por supuesto, una diosa hermosa y majestuosa, pero le parecía repugnante la idea del coito. Uno de los mitos más conocidos sobre su repulsión al sexo es la transformación de Medusa. Medusa, la Gorgona de la historia de Perseo, fue una vez una hermosa doncella (también se la caracteriza como una ninfa en algunas versiones). Ella venía de la isla de Kisthene, que estaba en algún lugar del mar Rojo. Era tan encantadora que tentó al dios Poseidón, y no es de extrañar que el dios de los mares rugientes pudiera conquistarla.

La historia cuenta que Medusa intentó esconderse en el santuario de la diosa virgen, pero no tuvo éxito. Poseidón la siguió allí y la llevó al duro suelo de mármol. La diosa trató de cubrirse los ojos con su escudo, pero no pudo alejarse de su presencia. Mientras que algunos piensan que la diosa sentiría simpatía y dolor por la doncella, su reacción inicial no fue más que disgusto. Atenea sabía qué hacer para solucionar este problema de la belleza de Medusa. La transformó en un monstruo horriblemente escamoso, con serpientes en lugar de pelo y una mirada que convertiría en piedra a cualquier ser vivo de carne y hueso. Esta serpiente se convirtió en uno de los símbolos principales de Atenea y se la puede ver decorando su armadura.

Afrodita

Afrodita era la diosa del amor y la belleza, la famosa Venus de Milo, una inspiración y, sin duda, una de las diosas más villanas. La belleza de Afrodita era inhumana (literalmente desde que nació de la espuma del mar donde se habían descartado los testículos de Urano). En la mayoría de las representaciones de arte y cerámica griega clásica, se la muestra sin ropa, lo que la convierte en el símbolo definitivo de la positividad corporal en la cultura griega y romana. Los griegos se maravillaban de su cuerpo cada vez que tenían la oportunidad, que era una de las principales razones por las que los antiguos Juegos Olímpicos griegos se celebraban completamente desnudos.

Naturalmente, la diosa del amor y la belleza tenía una belleza inigualable, ¿no cree? ¡Pero eso no es tan así! Aunque Afrodita era considerada la más bella entre todas las diosas y mortales, su personalidad no era taan bella; a veces, era la antítesis de la sexualidad, la autosuficiencia y la confianza. A nadie le gusta una pareja celosa. Y al igual que Hera, Afrodita sentía demasiados celos e inseguridad. Sin pensarlo dos veces, castigaba a aquellos que cuestionaban su belleza o sus habilidades de emparejamiento. Por esta razón, tenía un gran disgusto por las diosas vírgenes: Atenea, Artemisa y Hestia. Estaba profundamente herida porque estas mujeres consideraban que su posición en el Olimpo era una pérdida de tiempo.

Aunque Afrodita era una diosa muy vana, tenía una debilidad por los hombres y las mujeres desesperados por el amor. Todos merecen compañía, pero para algunos, es más difícil de encontrar. Uno de los mitos más positivos que rodeaban a Afrodita era su favor y patrocinio del rey de Kypros (Chipre), Pigmalión. El rey había tomado su trono como un hombre célibe, y no importaba cuánto lo intentara él o su corte, parecía que no podían conseguirle un matrimonio. El rey era un alma gentil que cualquier mujer buscaría, pero, por desgracia, seguía soltero y en un estado de soledad perpetua. Eso fue hasta que la diosa se apiadó de él. Había escuchado las oraciones de Pigmalión y quiso encontrarle una pareja.

Podría haber enviado a su hijo Eros a hechizar a una de las muchas damas del reino, pero no sintió la necesidad de hacer eso. El rey proporcionaría su propia idea de amante ideal con una estatua de marfil. Este rey solitario tenía una naturaleza bastante artística y había trabajado durante muchas lunas en una estatua de belleza incomparable, llena de curvas. Se acostaba con esta estatua todas las noches, y la acariciaba como si fuera una mujer de verdad. Esto puede sonar un poco extraño, pero no debemos juzgar tan rápido, teniendo en cuenta todos los métodos modernos que los humanos utilizan para excitarse en estos días.

Luego llegó el festival de Afrodita, en el que se sacrificaban muchos toros en honor a la diosa. Su espíritu estaba presente en todos y cada uno de estos banquetes. Cuando el rey dio un paso adelante para hacer su ofrenda, oró a la diosa del amor y le pidió que le enviara una mujer parecida a la de su amada dama de mármol. Afrodita escuchó las oraciones del rey, y quiso complacerlo.

En lugar de enviar a una mujer de carne y hueso, la diosa hizo algo mejor. Pigmalión regresó a su cama esa noche para acostarse una vez más con la mujer de mármol. Mientras apoyaba la cabeza sobre su pecho desnudo, notó que su pecho subía y bajaba. El rey rápidamente dejó ese pensamiento a un lado, pues sabía que tales cosas eran imposibles. Sin embargo, la respiración de la dama continuaba, y cuando fue a tomar su mano, sintió el calor y la suavidad de la piel humana. Levantó la cabeza y sus ojos se encontraron con los de una doncella, joven y tímida. El rey se quedó en la cama con su amor toda la noche, dando gracias a la diosa por finalmente traerle su amor perfecto y su felicidad final.

Artemisa

La última de las diosas vírgenes era Artemisa. Era vista como una eterna joven bella y casta. Era la cazadora de la noche, la dama de la luna, la hermana gemela de Apolo y la diosa patrona de las niñas. Artemisa gozaba de todo el respeto del Olimpo y del mundo mortal. Sin duda, era una de las hijas favoritas de su padre; todo lo que Artemisa pedía, lo recibía. Zeus les regaló dos arcos y flechas dorados a ella y a su hermano para que pudieran cazar juntos. También cumplió con muchas otras peticiones divinas de su joven hija, como nombrarla diosa del amanecer y la helada que mata las cosechas, y hacer de las montañas tormentosas su dominio de caza.

Desde el primer día, su naturaleza precoz fue evidente cuando poco después de su propio nacimiento, ayudó a su madre, Leto, a dar a luz a Apolo. Esto la convirtió en la diosa del parto. Trabajó en estrecha colaboración con Hera, que era la diosa madre patrona de las mujeres y el trabajo infantil. Si bien era la protectora de los niños pequeños, Artemisa también tenía la tarea de llevar la muerte súbita y la enfermedad a las niñas pequeñas. Su hermano gemelo Apolo tenía el mismo cargo, pero para todos los bebés varones de Grecia.

A diferencia de las otras diosas vírgenes, que solían representarse como mujeres maduras, Artemisa nunca parecía envejecer. Se la veía como una niña en la cúspide de la feminidad, pero todavía lo suficientemente joven como para ser considerada una inocente sexual. Rara vez se la ve sin su corona de luna creciente, y generalmente está acompañada por un fauno o un ciervo. También se la ve siempre con su arco y su aljaba. Artemisa es el mundo natural personificado. Era cariñosa y cruel, salvaje pero ordenada, y siempre se apresuraba a ayudar a los demás cuando sentía que se lo merecían.

Artemisa, al igual que su hermana Atenea, tenía muy poco miedo a la confrontación y la batalla. Por ejemplo, ella y su hermano Apolo mataron a la pitón gigante que había sido enviada por Hera para atormentar a su madre, Leto. En defensa de su virginidad, su crueldad no tenía igual. Acteón, un joven príncipe de Tebas, una vez se encontró con la diosa bañándose y se atrevió a echar un vistazo a su cuerpo desnuda. La diosa se sintió tan violada y poco respetada que transformó al joven príncipe en un ciervo y le mandó sus perros al ataque. Los perros lo desgarraron vorazmente miembro por miembro. Exigía castigos similares a cualquier hombre que se atreviera a violar su castidad, incluso si era solo con la mirada.

Artemisa rara vez se juntaba con los otros dioses y diosas del Olimpo, a excepción de su hermano. La mayoría de las veces, prefería mantener la compañía de animales salvajes y un selecto séquito de asistentes solteras a las que protegía con el fervor de una madre osa. Los amaba, y ellos la amaban. Cuando alguno de ellos caía en desgracia y sucumbía a las tentaciones del sexo, Artemisa se apresuraba a imponer un castigo, aunque estos castigos eran mucho más misericordiosos que algunos inmortales. Se ha dicho que una de sus doncellas, Calisto, cayó presa de los encantos de Zeus y quedó embarazada. Cuando Artemisa descubrió que su propio padre había desflorado a una de sus doncellas, se puso nerviosa. En su rabia, transformó a Calisto en un gran oso y la envió al desierto para dar a luz a su hijo. Más tarde, cuando la diosa tomó su arco para ir a cazar, se encontró con el oso. No reconoció que era Calisto, y disparó. Calisto murió en el acto. Cuando Artemisa descubrió la verdad, se llenó de un remordimiento insoportable. Entonces, reprodujo la figura de Calisto en su forma de oso en medio a las estrellas para convertirla en la constelación de la Osa Mayor.

Perséfone

Se decía que Perséfone tenía una belleza tan radiante que todos los dioses del Olimpo hacían ofertas de matrimonio a Deméter por su mano, incluidos Poseidón, Ares y Apolo. Su madre no aceptaría ninguna de estas ofertas, porque su amor por Perséfone era demasiado grande para separarse de la dulce niña. Perséfone también era muy favorecida entre sus otros hermanos castos, en particular Atenea. Las dos medias hermanas se criaron juntas en la misma isla, y recogían flores juntas durante horas y horas.

El mito más famoso sobre Perséfone es su secuestro y violación por parte de su esposo/tío Hades. Él se enamoró instantáneamente en el momento en que vio a Perséfone. El dios del inframundo era una figura perpetuamente sombría, y cuando Zeus vio su afición por la niña, le dio a Perséfone a Hades como un regalo para aliviar su soledad. Tal vez se sentía culpable por su hermano que vivía en el exilio entre las oscuras profundidades de la tierra. Sin embargo, Zeus sabía que Deméter no se separaría voluntariamente de su hija, y ordenó a Hades que secuestrara a Perséfone cuando ella y Deméter menos lo esperasen.

La violación de Proserpina por Gian Lorenzo Bernini, 1621-1622. [48]

Un día, cuando Perséfone estaba recogiendo flores en un campo junto a su madre, Hades cabalgó desde una grieta oscura en la tierra. La subió a su carro y la llevó a su reino. Deméter estaba furiosa y recorrió la tierra en busca de su hija. Durante nueve días, la diosa vagó por la tierra, soportando todo tipo de maltratos a manos de los otros dioses. Tampoco comió ni bebió néctar ni ambrosía durante todo este periodo. Cuando descubrió que su hermano se había llevado a Perséfone, se acercó a Zeus en el monte Olympus y exigió la liberación de su hija. Zeus no obedeció, por lo que Deméter causó hambre y flagelo en todos los animales, bosques y campos.

Finalmente, se hizo un trato para salvar a la humanidad y que no murieran de hambre. Zeus ordenó a Hades que entregara a Perséfone, pero esta no podía irse. En los primeros días del cautiverio de Perséfone, no comía ni bebía nada a modo de protesta. Finalmente, la engañaron para que comiera algunas semillas de una granada, el fruto de los muertos. Una vez que un alma comía la comida de los muertos, nunca podrían salir del inframundo.

Los dioses encontraron un punto medio. A Perséfone se le permitía salir del inframundo durante una temporada para pasar tiempo con su madre. Sin embargo, se le exigiría que regresara al inframundo cuando terminara este tiempo. La época del año en que Perséfone regresaba a la tierra de los vivos era cuando la primera luz de la primavera quebraban el frío y la nieve del invierno. Cuando estaba debajo de la superficie, el mundo se oscurecía debido a la tristeza y el dolor de su madre.

Capítulo 6: La Gigantomaquia

Demos un paso atrás. Los olímpicos habían derribado el reinado de su padre Cronos y habían encarcelado a sus hermanos con castigos atormentadores que se llevarían a cabo hasta el final de los tiempos. Aunque Gaia había pedido la remoción de su hijo del trono del mundo, no estaba contenta con los castigos otorgados al resto de sus hijos. De hecho, se burlaba de la codicia de los olímpicos. Estos niños no eran diferentes ni mejores que su hijo o su esposo. Estos dioses no eran dignos de gobernar los cielos y la tierra. Sus acciones ofendían enormemente a Gaia, y ella proclamó en su frustración: "¿Se han olvidado de venerar a la tierra, su madre?".

Desde su amargura, dio a luz a una nueva raza de niños de los vientres más profundos del Tártaro, una raza de gigantes, grandes, melancólicos, sin ley y letales. Muchas fuentes describen a los gigantes como vestidos con una armadura brillante, con barbas y cabellos que rozaban el suelo. La parte inferior de sus cuerpos estaban cubiertos de escamas, y a veces se los conoce como los hijos escamosos de Gaia. Tenían entre nueve y doce codos de altura, al menos según la epopeya griega del siglo V compuesta por Nonnus de Panópolis. La altura de un codo es de unos cuarenta y cinco centímetros o un pie y medio, lo que hace que cada gigante mida trece pies o más. Estos gigantes habían crecido en el profundo útero de su madre, y habían sido engendrados por el propio Urano. Cuando Cronos castró a su padre y arrojó sus genitales al mar, hubo varios otros especímenes divinos que nacieron de esta acción. Estaba Afrodita, que creció a partir de los propios testículos; las Furias, diosas de la venganza; y los gigantes. Esta generación específica de gigantes se conocía como los gigantes tracios, llamados así por el lugar de su nacimiento.

Gaia incitó a los gigantes a la guerra proclamando que necesitaban vengarse de ella y de los titanes derrocando al Olimpo. Necesitaban derribar a Poseidón y ponerlo en cadenas en el fondo del mar y arrancar los rizos dorados de Apolo. Tifón, la gran serpiente inmunda, podía tomar el control del rayo de Zeus, y estos gigantes bestiales podían reclamar a las diosas para sí mismos y bromear sobre la violación de Atenea, Artemisa y Afrodita. Los gigantes estaban enloquecidos y enfurecidos por las palabras venenosas de su madre, tanto que ya se creían los vencedores. Comenzaron a arrojar piedras y robles en llamas a las puertas del cielo y atormentaron a la humanidad, intentando provocar a los olímpicos a la guerra. Poco sabían que estarían en una de las mayores batallas de su tiempo.

Zeus envió a uno de sus mensajeros más confiables, Iris, y ella convocó un consejo de inmortales de todos los rincones del mundo para ayudar a los dioses en su batalla. Incluso Hades y su reina, Perséfone, salieron de su oscura morada para defender la existencia del Olimpo. Cuando todos los inmortales se reunieron, Zeus se dirigió a todos con un discurso de guerra. El siguiente extracto está traducido de la *Teogonía* de Hesíodo.

"Ejército inmortal, cuya morada es, y siempre debe ser, el cielo, vosotros a quienes ninguna fortuna adversa puede dañar, ¿observáis cómo la Tierra con sus nuevos hijos conspira contra nuestro reino y sin desmayos ha dado a luz a otros hijos? Por lo tanto, por todos los hijos que dio a luz, devolvamos a su madre los mismos muertos; que su luto dure siglos mientras llora junto a las tumbas de sus hijos".

Se cree que la guerra tuvo lugar en las llanuras de Phlegra, pero algunos creen que ocurrió en Tracia, que fue el lugar de nacimiento original de los gigantes. También hay una conexión histórica y cultural a destacar con esta ubicación. Las tribus tracias que existían al norte de Grecia eran consideradas bárbaras en comparación con la sofisticada civilización griega. Por lo tanto, la anarquía de estas tribus está metafóricamente unida a una raza de abominaciones vengativas y celosas.

Cuando comenzó la guerra, la naturaleza se desequilibró drásticamente. Cada vez que se provocaba a los dioses, había una reacción igual y opuesta en el mundo natural. Los ríos cambiaban de dirección, las montañas se derrumbaban y enormes oleajes inundaban la tierra. Además de esto, los gigantes también se armaron con los elementos de su madre

Gaia para derrotar las grandes armas de los dioses. Casi nada se comparaba con la artesanía de las armas forjadas por los cíclopes de los dioses, pero los gigantes seguían viniendo por ellos´. Lanzaron grandes montañas e islas enteras contra los dioses. No era nada para ellos agarrar una isla del mar y lanzarla hacia los cielos. La totalidad de la tierra estaba en caos, pero la batalla no se detenía, y cada dios y diosa contribuía a una gran y sangrienta batalla. Sin embargo, los olímpicos más referenciados en la Gigantomaquia son Zeus, Atenea, Ares y Hera. También se presta especial atención a los aliados mortales de los dioses en esta guerra, particularmente al héroe Hércules.

Toda la atmósfera del campo de batalla estaba nublada, ya que estaba llena del polvo de las antiguas montañas y cenizas. Había tanto desorden que era difícil distinguir entre los dos ejércitos. Aún así, Ares fue el primero en cargar en la contienda, con su escudo y pechera cubiertas de rojo brillante, y su casco en lo alto de su frente. Con un poderoso movimiento de su espada, atacó en la ingle al gigante Pelorus, partiéndolo en dos. Luego procedió a cabalgar sobre la figura desmembrada del gigante hasta que sus ruedas se llenaron de con sangre y carne rasgada.

Atenea tampoco dudó en unirse a la batalla. Fiel a su naturaleza, pudo derrotar a sus enemigos con muy poca energía y mucha delicadeza. Durante esta batalla, Atenea llevaba la cabeza de la gorgona Medusa en su propio pectoral. Sabía que esto sería suficiente para detener a cualquiera en su camino. Se mantuvo firme, con su lanza y escudo colgando a su lado mientras avanzaba. El gigante Palas fue el primero en convertirse en piedra. El miedo se apoderó de él y exclamó: "¿Qué es esta sensación de hielo que se apodera de mis extremidades?". Se arrodilló con un gemido, que pronto se convirtió en roca. Frustrado por la pérdida de dos de sus hermanos, uno de los gigantes arrojó el cadáver de piedra de su hermano a Atenea. Se hizo a un lado con la misma facilidad que antes, y Pallas explotó en la montaña detrás de ella.

Hay otra versión de la muerte de Pallas que es igual de fascinante. En una furia ciega, atacó a la diosa, cuidando de girar los ojos hacia un lado mientras lo hacía para apartar la mirada de los ojos petrificante de la gorgona. Atenea no se inmutó. Con un movimiento de su escudo, desvió el golpe del gigante mientras simultáneamente traía su espada desde abajo. Con un gran golpe, cortó el brazo derecho del gigante. Con este golpe mortal, descuidó su mirada y llegó a ver el pectoral de Atenea. Esto acabó con el gigante para siempre.

Nadie podía detener a Atenea en la defensa del Olimpo. Su acto más heroico se produjo cuando logró enterrar al gigante Encélado debajo del monte Etna. A día de hoy, Encélado permanece allí, generando la lava volcánica que se agita en su interior.

El resto de los olímpicos se deshicieron de los gigantes restantes. Artemisa, buscando defender su honor, que había sido ofendido por las blasfemias de los gigantes, voló hacia la batalla armada con su arco y flecha. Mató al gigante Aigaion. Su hermano y Heracles, uno de los héroes más grandes entre los hombres, mataron al gigante Efialtes. Apolo lanzó una flecha al ojo izquierdo del gigante mientras Heracles. Hefesto superó al gigante Mimas lanzándole hierro fundido caliente a la cara.

Poseidón persiguió a Polibotes por los mares y finalmente logró derrumbarlo en la isla de Nísiros. Poseidón rompió un pedazo de la isla y lo arrojó a Polibotes. El trozo de la isla entró en contacto con el torso del gigante, aplastando sus órganos y matándolo al instante. Hermes, que estaba armado con el casco de invisibilidad de Hades, superó al gigante Hipólito. Blandió su poderosa espada y, con unos pocos golpes, partió a Hipólito por la mitad. Dioniso, armado solo con su tirso (un bastón o varita envuelto en enredaderas con un cono de hinojo montado en la parte superior, típicamente utilizado en rituales de culto helenísticos), mató al gigante Eurito.

Una imagen en una copa fechada a finales del siglo V a. C. que muestra a Poseidón atacando a Polibotes, con Gaia de fondo. [49]

Heracles también logró destruir al único inmortal entre la raza de gigantes: Alcioneo. Mientras permaneciera dentro de los confines de su patria ancestral, las llanuras de Pallene, no podía ser herido ni asesinado. Se le consideraba el rey de los gigantes, junto con su hermano Porfirio. Atenea encontró una escapatoria en torno a la inmortalidad de Alcioneo. Después de que Heracles disparara innumerables flechas al torso del gigante, Atenea le aconsejó que arrastrara a Alcioneo más allá de la frontera de las llanuras para que sintiera la agonía. Heracles también mató al gigante León y lo despellejó para crear una capa protectora con su duro exterior. Atenea hizo lo mismo con la piel de su víctima Palas.

Las moiras lograron hacerse cargo de algunos de los gigantes bestiales y se deshicieron de Agrios y Thoon, tras golpearlos hasta la muerte con mazas de bronce. Incluso la raza de caballos inmortales nacidos del viento y los inmortales del océano ayudaron en la batalla para destruir a los gigantes. Algunos, por supuesto, se pusieron del lado de los usurpadores. Estos eran Xanto y Balio, que se convertirían en los caballos del trágico héroe Aquiles.

Fueron estos inmortales y los nacidos de mujeres mortales que lucharon por Zeus en la guerra de los dioses los que recibieron el título olímpico de no haberlo recibido antes. Por supuesto, Zeus era el inmortal más impresionante de la Gigantomaquia, ya que puso fin al más poderoso de la raza gigante, Porfirión. Cuando Porfirión se apresuró a violar a la esposa y reina de Zeus, Hera, el dios de los cielos lanzó un rayo tras otro directamente al gigante, quien murió por los golpes.

Durante la Gigantomaquia, hubo mucha traición contra el rey de los dioses. Zeus tenía pocos aliados pero numerosos enemigos, incluso aquellos que consideraba sus amigos. Esto incluía a Olympos, un gigante de la razón que crió a Zeus y le enseñó el orden de la ley y los secretos de la tierra. Olympos traicionó a Zeus apoyando a los gigantes en su revuelta contra los dioses. Esto fue devastador para Zeus, y en su ira, destruyó a Olympos. Estaba tan afligido por la muerte de su padre adoptivo que construyó una gran tumba para Olympos y nombró el lugar de descanso en su honor para que la gente pensara que era la tumba de Zeus, lo que hizo que siempre fuera visitada y venerada. El único gigante que sobrevivió a la guerra fue Aristeo. Gaia lo llevó a la isla de Sicilia y lo transformó en un escarabajo de estiércol para que pudiera esconderse de los dioses.

Capítulo 7: Tifón

Tifón era un demonio volcánico. Sus armas preferidas eran las grandes rocas volcánicas ardientes que arrojaba al Olimpo, y de su boca salían los interminables fuegos que se almacenaban en el centro de la tierra. Existe mucho debate en torno a la paternidad de la mayor de las calamidades y el padre de todos los monstruos. Algunos dicen que era el hijo maldito de Hera, nacido de su ira contra Zeus por haber dado a luz a Atenea.

Hera, fiel a sus formas, no aceptó fácilmente la nueva "ofensa" de su esposo. Asedió la ayuda de Gaia y el gran inframundo para otorgarle un hijo que no sería de Zeus. Pidió que la Madre Gaia le diera a su hijo la fuerza para derrotar al rey de los dioses y ser enviada como una plaga para atormentar a la humanidad. Gaia se sintió conmovida por sus súplicas y cumplió con su solicitud. La reina Hera no visitó la cama de su esposo durante un año completo, no es que pareciera importarle o notarlo (tenía muchas otras cosas para distraerse). Al final de ese año, trabajó mucho para dar a luz al rey de todos los monstruos, y desde entonces, el miedo reinó en todo el mundo, incluso en las alturas del Olimpo.

Algunas otras fuentes dicen que nació de las profundidades del Tártaro y que fue el último esfuerzo de Gaia para derrocar a los olímpicos. Tifón tomó la forma de varios de los animales más poderosos y aterradores de la naturaleza. Su mitad inferior era la de una serpiente, con múltiples cuerpos largos y escamosos. Estos se convertían luego en el torso de un hombre, pero aquí era donde terminaba el vínculo de Tifón con la humanidad. De su espalda brotaban dos grandes alas que atravesaban fácilmente las nubes y arrancaban los árboles de la tierra con un rápido aleteo. Su cabello y barba colgaban pesados como grandes y apestosas alfombras ahumadas. Sus ojos brillaban con el rojo fuego del inframundo, y sus orejas terminaban en puntas afiladas, que eran tan dentadas y peligrosas como sus dientes crujientes.

La fuerza de Tifón no tenía rival en el mundo de la mitología griega. Incluso Zeus tenía sus miedos y dudas sobre sus habilidades para derrotar a Tifón. Su cabeza era más alta que las nubes, y sus colas de serpiente se arraigaban y deformaban la tierra. Su voz bramaba y gruñía desde lo más profundo, como lo haría un león o un toro mientras se prepara para atacar. Se decía que su grito de guerra era el grito de todas estas bestias juntas, junto con un suave coro de silbidos.

Tifón es conocido como el padre de todos los monstruos. Con la gran serpiente Echidna, lograron concebir algunos de los monstruos más temidos y respetados entre los hombres y los dioses. Estos niños ocupan un lugar destacado en otros cuentos, a menudo interpretando el papel estándar de "oponente del héroe griego" o, mejor aún, "criatura que debe ser asesinada para demostrar el valor de uno ante un grupo de inmortales quejumbrosos". A menudo, estos monstruos no instigaban la pelea. Sin embargo, los hijos de Tifón y Equidna también dieron a luz algunos bebés monstruosos que causaron serios dramas. Entonces, la villanía era definitivamente un asunto familiar en la mitología griega.

El primer hijo que dio a luz Equidna fue Ortro, el sabueso del gigante Gerión. Ortros era un perro de dos cabezas con cola de serpiente. Ortros tenía la tarea de proteger el ganado rojo de Gerión en la isla de Eritia. Era feroz y dedicado a su misión. Fue asesinado por el héroe Heracles, quien fue enviado a buscar uno de estos preciados ganados como uno de sus doce trabajos. En el proceso, el maestro de Ortros también fue asesinado. No todos los hijos de Tifón perseguían el mal día y noche; algunos eran solo monstruos promedio comprometidos con la tarea que se les había encomendado.

De la unión de Tifón con Equidna también surgió el empleado más famoso de Hades y el guardián de las puertas del inframundo: Cerbero. Este monstruo comía carne cruda y tenía tres cabezas feroces que giraban y golpeaban todo. Evitaba que las almas escaparan de su destino en las oscuras profundidades de la tierra. Sin embargo, podría ser superado con el trabajo en equipo. Al igual que Ortros, Heracles también fue acusado de la captura de Cerbero como uno de sus doce trabajos. Tuvo éxito solo con la ayuda de la reina del inframundo, Perséfone, y Atenea. Fue un trabajo interno con la logística del estratega más inteligente del Olimpo, posiblemente del mundo.

Su tercer hijo, la Hidra, nació de la gran serpiente, pero se alimentó del pecho de la reina Hera. La leche de la diosa alimentó a una bestia monstruosa y altamente formidable que acechaba los pantanos de Lerna. La Hidra, mejor descrita como una "serpiente drakoniana" por Esteban de Bizancio, tenía una característica regenerativa muy especial en su cuerpo, lo que hacía que el monstruo fuera difícil de herir y matar. La bestia tenía nueve cabezas, ocho eran mortales y una inmortal, que era la cabeza del medio. Cada vez que perdía una cabeza, crecía otra en su lugar. Esta fue una habilidad descubierta por Heracles.

Tifón también fue el padre de la Quimera, un monstruo de tres cabezas que escupe fuego. La cabeza del medio era un león, la derecha era un dragón o serpiente, y la cabeza izquierda era una cabra. Todas estas cabezas estaban unidas al cuerpo de un león y terminaban con la clásica cola de monstruo de la mitología griega, que tomaba la forma de una serpiente. También tenía una ubre de cabra situada debajo de su parte trasera. La Quimera se convertiría en la madre de otros monstruos famosos, como la Esfinge y el león de Nemea.

La aparición de Tifón de las entrañas de la tierra era una clara señal de ataque. Zeus y el resto de los dioses sabían que esta nueva bestia eventualmente aparecería en las puertas del Olimpo. Los olímpicos huyeron a Egipto y se transformaron en animales para esconderse de Tifón. Era tan feroz y enloquecido por la sangre que los dioses temían por sus almas inmortales. Bueno, todos ellos menos Zeus, que buscó actuar primero antes de que Tifón golpeara con su furia. Zeus sabía que si el monstruo comenzaba a desarrollar su furioso impulso, no podría detenerlo.

Zeus llamó a Hefesto y ordenó al herrero de los dioses que forjara rayos de considerable fuerza y energía para él. Hefesto se dedicó a esta tarea día y noche. Zeus comenzó su batalla con el gran Tifón, lanzando repetidos rayos, debilitando su espíritu y comprando tiempo al rey de los dioses para decidir cómo derrotar mejor a la bestia. Zeus luego arrojó el rayo más fuerte a las profundidades del mar, abriendo la tierra y haciendo que el fuego caliente de su núcleo derritiera las capas hasta revelar la boca abierta del Tártaro. Con un golpe final, Zeus logró meter a Tifón en el pozo, y selló la grieta en el fondo del océano, encerrando al padre de los monstruos en la oscuridad por toda la eternidad.

Según la tradición, Tifón todavía tiene cierta influencia sobre los vientos de la tierra y, en particular, sobre los mares. Desde su prisión bajo las cortezas del planeta, es capaz de causar eventos catastróficos, como movimientos de la tierra y olas que asesinan a marineros y pescadores.

Cerámica griega con una representación de Zeus lanzando uno de sus rayos a Tifón.[50]

Capítulo 8: La creación del hombre, el diluvio, la nueva generación y las mujeres como maldición de la humanidad

Cuando llegó el momento de la creación de la humanidad, la tarea fue asignada al titán que había luchado con los olímpicos para derrotar a Cronos: Prometeo. Si bien había otros titanes con Zeus en la batalla por el trono del mundo, Prometeo era el más confiable de su generación. Zeus le dio un segundo al mando, su hermano Epimeteo, para ayudarlo a crear todas las criaturas mortales, seres humanos y animales por igual. Epimeteo era el titán de las ocurrencias tardías y las excusas. Era hijo de Jápeto y Clímene, y marido de la primera mujer creada. Su historia es muy similar a la de la Eva bíblica. Su nombre era Pandora. En ambas historias, se culpaba a las mujeres por liberar los aspectos negativos de la creación en la humanidad.

Epimeteo y Prometeo tampoco eran perfectos con sus creaciones. De hecho, molestaron mucho a Zeus con la forma en que eligieron manejar la creación de los mortales. Tanto los animales como los hombres se formaron a partir de la misma base: un poco de arcilla y un poco de agua para darles forma. Esto no es diferente a otros mitos de la creación. Imita la narrativa bíblica, así como algunas leyendas indígenas. Con respecto a la individualización de hombres y animales, Epimeteo no estaba pensando con claridad y dio todas las cualidades físicas depredadoras a los animales y bestias. Les otorgó largas garras para defenderse y desgarrar a otros. También les dio pelaje grueso y escamas para protegerse de los elementos. Hizo que su sentido del olfato y del gusto aumentara, e hizo que sus ojos brillaran en la oscuridad. Estas pequeñas luces aterradoras en la noche plagarían los sueños de los hombres.

Esencialmente, los hombres se quedaron temblando inútiles frente a ellos. Esto simplemente no sería bueno. Prometeo estaba dispuesto a hacer todo lo posible para preservar la dignidad y la feliz existencia de la humanidad. Entonces, para ventaja y placer de los hombres, le robó a Hefesto el conocimiento y la destreza de las artes mecánicas, junto con un pedazo de la llama divina de su taller. También tomó el conocimiento de la artesanía y el intelecto de la diosa Atenea. Prometeo se los regaló a la humanidad para que pudieran calentar sus casas, cocinar sus alimentos y trabajar sus metales. Ahora podían fabricar armas y protegerse de los golpes que Epimeteo había blindado tan fervientemente.

Cuando Zeus escuchó lo que Prometeo había hecho, se enfureció. No era el hecho de que Prometeo hubiera robado propiedades intelectuales y físicas de los olímpicos, sino lo que hizo con esos dones. Zeus tenía una relación muy tumultuosa con la humanidad. De hecho, antes de las primeras creaciones de Prometeo, había otros proyectos para la humanidad. Estos seres habían sido creados por los titanes, principalmente por las manos de Cronos y sus hermanos. Esta fue la primera generación de humanos conocida como "la generación de oro". Estos seres no querían nada y eran considerados perfectos.

Pero tal vez eran un poco demasiado perfectos. El teólogo griego Hesíodo consideraba que estos seres eran inmortales. De hecho, creía que Cronos modelaba su composición corporal de manera que les permitiera envejecer hacia atrás. Cuando estaban al final de sus días, estos seres no sentían dolor ni agonía. Simplemente volvían a su forma espiritual original y vagaban por la tierra como demonios. Cuando el reinado de los titanes y Cronos se derrumbó, también llegó el final para esta generación dorada. Probablemente se consideraban herederos iguales de Cronos, ya que habían sido sus creaciones más preciadas. Probablemente se habrían creído mejores que sus hijos reales. ¿Y por qué no? Después de todo, eran seres perfectos.

Hubo varias generaciones de hombres antes de la generación creada por Prometeo y Epimeteo. La siguiente generación de humanos fue llamada la "generación de plata". Estos seres eran creaciones de Zeus, y para asegurarse de que la historia recordara sus problemas con su padre, Zeus se aseguró de que esta generación fuera física e intelectualmente inferior a los olímpicos. Estos humanos no solo eran feos y tontos, sino también aburridos. La única tarea que Zeus les otorgó fue la adoración de dioses y la siembra de grano. Al final, la generación de plata se negó a rendir a los dioses el homenaje que creían merecer, y Zeus acabó con toda la raza y los envió al Hades para que se convirtieran en espíritus benditos del inframundo. Sin embargo, ¿qué tan positivo fue esto?

La generación que vino después era, naturalmente, la generación de bronce. Esta tercera generación era aún más deslucida que la generación de la plata. Zeus creó a estos humanos a partir de fresnos. Eran herreros guerreros, exclusivamente carnívoros y muy capaces, construían sus casas y armas únicamente de bronce. Su principal característica era que eran propensos a tomar decisiones rápidas y emocionales. Con el tiempo, esto comenzó a molestar a Zeus. Odiaba su creación por la misma razón para la que los creó, ser seres simplistas y serviles incapaces de evolucionar. Esta generación fue satisfactoria para los dioses hasta que no lo fueron, ya que eventualmente causarían guerras y disturbios, y eran demasiado estúpidos para entender que causaban su propio sufrimiento. Por lo tanto, Zeus provocó un gran diluvio e inundó el mundo para librar a la tierra de estos seres humanos sin cerebro.

Los únicos dos sobrevivientes de la gran inundación fueron el rey griego del norte de Tesalia, Deucalión, y su esposa, Pirra. Deucalión era el hijo del titán Prometeo, y su padre logró advertirle de los planes de Zeus para inundar el mundo. De la manera clásica y bíblica, Deucalión construyó un arca para salvarse a sí mismo y a su esposa de las aguas crecientes. El agua los llevó hasta la cima del Monte Parnaso. Allí, engendraron a la raza humana helénica con las piedras que dejaban atrás al subir la montaña, según las instrucciones del dios Hermes.

Después de eso vino la última generación de hombres, los hombres creados por las manos de los titanes. La verdad del asunto era que los olímpicos (sobre todo Zeus) no creaban buenos seres humanos. La mejor versión de la humanidad que llegó antes de la generación final fue, sin duda, la generación de oro, ya que no representaban ninguna amenaza o desafío significativo para los titanes. Solo cuando los titanes volvieron a participar en la creación de la humanidad, el plan finalmente se mantuvo.

En el mundo antiguo, los metales estaban simbólicamente unidos a conceptos divinos. El "estándar de oro" es una frase realmente apropiada para esta situación. Los metales utilizados para describir a las diferentes generaciones de la humanidad iban perdiendo brillo, valor y opulencia. También se arraigaban más a la tierra (metales comunes), pero eran más capaces de adaptarse y conservarse y podían usarse de varias formas innovadoras. La última generación de la humanidad, hecha de arcilla y agua, fue la versión más fundamentada. Estos hombres eran diferentes de los dioses, lo que los hacía estar a salvo de sus inseguridades divinas y vengativas.

Sin embargo, Zeus todavía los odiaba con todo su corazón. La cooperación no era uno de sus puntos fuertes, y toda la sabiduría de Zeus parecía haber abandonado su cuerpo el día en que nació su hija Atenea. Cuando descubrió que Prometeo se había atrevido a elevar a estos humanos al nivel intelectual y creativo de los dioses, obligó a Hefesto a crear un "talón de Aquiles" para la raza humana. Creó a una mujer que desataría a la humanidad todos los males del mundo.

Pandora, la primera mujer humana, fue dotada con dones extraídos de todos los dioses. Era guapa, astuta, sabia y curiosa. Este espécimen perfecto de feminidad fue regalado por Zeus a Epimeteo, quien, fiel a su forma, tomó a Pandora como esposa, sin molestarse en considerar las intenciones de Zeus. Prometeo previó el engaño de Zeus, y le ordenó a su hermano que no aceptara un regalo de bodas del rey de los dioses. El día de la boda de Pandora, Zeus le entregó un gran frasco y le ordenó a la pareja que nunca tratara de abrir el recipiente pues el gran poder oculto en su interior podría escapar incluso a través de la grieta más pequeña.

Prometeo rogó a su hermano y a su cuñada que le devolvieran el regalo, pero se negaron, pues no querían ofender al gran Zeus. Con el tiempo, la tentación creció, y Pandora ya no pudo resistirse. Levantó la parte superior muy ligeramente, y en el mismo instante, se derramaron mil horrores, dificultades que la humanidad nunca había conocido como el trabajo duro, la enfermedad, todo tipo de plagas, celos, lujuria y codicia. Este había sido el plan de Zeus desde el comienzo.

Siempre seremos nuestros mejores consejeros y enemigos. Si bien los seres humanos somos capaces de un gran amor y creatividad, también tenemos una predilección natural por el autosabotaje.

Capítulo 9: Heracles, el héroe más grande de todos

Los romanos lo conocían como Hércules, pero los griegos lo conocían como Heracles. Era el semidiós más venerado y favorecido entre los olímpicos y la humanidad. Este honor, sin embargo, tuvo un costo gigantesco, ya que Heracles, sin duda, ha soportado más sufrimiento que cualquier otro mortal griego. Incluso entre los inmortales y semidioses de la mitología griega, su lucha tiene un rango más alto.

La historia de su vida caótica comenzó el día en que nació. Desde el comienzo, vivió en un mundo de conflictos familiares y celos. Heracles era hijo de Zeus y Alcmena, esposa de Anfitrión y nieta de Perseo. Sí, el mismo Perseo que derrotó a la gorgona Medusa; también era un semidiós engendrado por Zeus. Zeus se coló en la cama de su tataranieta disfrazado de su esposo y así nació Heracles. Cuando nació el niño, su madre notó que mostraba un increíble grado de fuerza y resistencia física. Esta fue la única razón por la que logró sobrevivir a su infancia.

Hera, fiel a sus formas, no estaba muy contenta con su incestuoso esposo infiel, y honestamente, tenía motivos para vengarse. Una de las cosas más tristes de la historia de Hera como esposa es que nunca podría castigar a su esposo por su engaño. Amaba a su esposo y no quería lastimarlo. En respuesta al nacimiento de Heracles, Hera envió dos grandes serpientes para estrangular al bebé en su cuna. Heracles se salvó por primera vez gracias a su fuerza. Agarró a las serpientes y las apretó hasta la muerte.

Si Hera no podía robarle la vida al bebé, entonces le quitaría su destino. Antes del nacimiento de Heracles, Zeus había profetizado que este hijo heredaría el reino micénico y se convertiría en uno de los gobernantes más grandes que el reino había visto. Hera logró colocar a otro niño como rey de Micenas, el débil y prematuro Euristeo, hijo de Alcmena y Anfitrión. Hera engañó a Zeus para que no hiciera este juramento y, por lo tanto, Heracles fue despojado de su lugar legítimo en el trono.

Después de que Heracles lograra sobrevivir al primer intento de asesinato de Hera, la diosa se volvió loca de frustración y decidió, como último recurso, seguir con uno de sus castigos habituales. Intentó que el héroe perdiera la razón y el sentido del tiempo; quería volverlo loco. No infligió este castigo hasta años más tarde, cuando Heracles había alcanzado la edad adulta y estaba logrando reunir algo de felicidad en su vida.

Después de que Heracles derrotó a los minyanos y salvó a la ciudad de Tebas de ser destruida, se le dio a la hija del rey Creonte, Megara, como esposa. Los dos estaban muy enamorados y tuvieron tres hijos juntos. Aunque Heracles había encontrado un lugar de descanso, se lo arrebataron en un rápido momento de locura. Aunque había podido hacer frente a estos ataques durante años después de que Hera infectara su mente por primera vez, su tenacidad mental se desgastó. Un día, asesinó a su esposa e hijos. Cuando Heracles volvió a sus cabales, la pérdida no solo de su compañera de vida, sino también de sus amados hijos trajo un dolor y angustia insoportables. Después de un tiempo, decidió tomar medidas. Rastreó a Apolo, el dios de la verdad y la curación, y le rogó a su medio hermano que lo sanara de su dolor o le pusiera fin a su vida.

Apolo, que sabía lo que había hecho su malvada madrastra Hera, decidió tomar un camino diferente para ayudar a Heracles. Le dijo a Heracles que no era su culpa lo que había sucedido y que si estaba a la altura del desafío, había una manera de sanar su dolor y expiar sus acciones. Al final de este viaje, Heracles alcanzaría la inmortalidad y ya no sufriría por la pérdida de su esposa e hijos. Estas acciones se conocerían como las doce labores de Heracles. Eran hazañas de increíble fuerza física e intelectual que llegarían a definir y cimentar el lugar de este héroe en la historia mitológica.

Apolo le dijo a Heracles que fuera con su primo, Euristeo, que era a la vez su rival y el actual rey de Micenas. Tuvo que pedirle al rey que le otorgara cualquier tarea que se le ocurriera al semidiós. Heracles debía completar esas misiones para recuperar su honor. Apolo sabía que le estaba pidiendo mucho a Heracles, ya que no solo pasaría por el infierno, sino que también sufriría por el capricho de un rey a quien Heracles consideraba un hombre inferior. Esto era realmente un desafío.

Este relieve romano, fechado en el siglo III d. C., representa las doce tareas de Heracles. De izquierda a derecha, se puede ver el león de Nemea, la hidra de Lerna, el jabalí de Erimanto, la cierva de Cerinea, las aves del Estínfalo, el cinturón de Hipólita, los establos de Augías, el toro de Creta y las yeguas de Diomedes. [51]

Euristeo le puso a Heracles doce tareas imposibles, además de nueve tareas menores (a menudo no se incluyen en muchos mitos). Estas tareas tenían un alto riesgo de muerte y ninguna esperanza real de éxito. Sin embargo, cuando se trataba del semidiós de los semidioses, las probabilidades eran bastante buenas. La primera de estas tareas fue derrotar al león de Nemea. El mismo que mencionamos anteriormente. Era el hijo del gran Tifón. El león de Nemea habitaba una cueva en el valle montañoso de Nemea en el reino de Argolis. La piel del león era resistente a cualquier arma, por lo que para derrotar a este gran animal, Heracles tendría que enfrentarse cara a cara con el león en un desafío de fuerza y voluntad. Al estilo griego clásico, Heracles luchó con el león completamente desnudo. (Esto refleja la tradición real de la antigua lucha olímpica, que se realizaba completamente desnudo en la tierra luego de frotarse aceite de pies a cabeza. Intente visualizarlo). Logró agarrar al león alrededor de su garganta y lo estranguló. Después, Heracles despellejó al león de Nemea y usó su piel como una capa impermeable. También solicitó que la figura de su oponente se colocara entre las estrellas. Entonces, Zeus honró al gran león al elegirlo como la constelación de Leo. Este es uno de los símbolos característicos del héroe, y la piel del gran león lo ayudó en el resto de sus labores.

A continuación, Heracles viajó a los lejanos pantanos de Lerna, que estaban al lado del reino de Argos. Allí vivía la infame Hidra de Lerna con sus nueve cabezas, la mitad de las cuales eran inmortales. Esta bestia fue criada personalmente por Hera, y como tal, era como si la diosa estuviera usando a su campeón contra el héroe. Después de todo, Hera no era fanática de Heracles. Este era, sin duda, el enemigo más peligroso que Heracles había enfrentado hasta la fecha, y como tal, requería la ayuda de su buen amigo Iolaos para superar a la bestia. Por esta razón, Euristeo declaró que eso era trampa y que esto no se contaría como un éxito. Heracles tendría que realizar y completar con éxito una tarea adicional.

Hércules logró derrotar a la Hidra con la ayuda de Atenea e Iolaos. La Hidra también contaba con la ayuda de un cangrejo gigante. La diosa instruyó a Heracles sobre cómo derrotar a la Hidra. Ella le dijo que cada vez que cortara una cabeza, tendría que cauterizar la herida para asegurarse de que no creciera otra. Entonces, Heracles fue a buscar una rama de roble de un árbol cercano y la encendió. Con su arco y flecha, disparó a la Hidra en el torso para someterla el tiempo suficiente para cortar una cabeza y curar la herida. Después de haber repetido el proceso con cada una de las cabezas, solo quedaba la cabeza inmortal del medio. Aplastó esta cabeza con una roca gigante, y puso así fin al reinado de terror de la Hidra.

Tras completar el agotador trabajo y tener negada la autorización por parte del rey de Micenas, Heracles emprendió su próxima tarea, que le llevaría casi un año completo. Euristeo le había encargado la captura de la cierva de Cerinea, que se conoce más comúnmente como el ciervo dorado de Arcadia. Este animal era uno de los cinco ciervos dorados sagrados regalados a la diosa Artemisa por la ninfa Táigete, que era una de las figuras esenciales y más importantes del mundo griego natural. Era hija de Atlas y Pleione, y habitaba la zona montañosa de Laconia. Con Zeus, daría a luz a los antepasados del rey de Esparta. Los animales que regaló a la diosa eran de gran importancia para Artemisa, y los cinco tiraron de su carro.

Hércules finalmente logró capturar al animal y lo hirió con una flecha en su flanco. En un momento dado, el ciervo intentó escapar de su captor y, en la lucha subsiguiente, Heracles arrancó accidentalmente uno de sus cuernos dorados. Esto fue guardado para su custodia, y Heracles intentó llevar al animal de regreso a Micenas sobre sus hombros. En el camino al reino, el héroe fue detenido por Artemisa y su hermano Apolo. Artemisa estaba furiosa porque su animal sagrado había sido tratado de esa manera, y buscó venganza contra Heracles. Después de horas de discusión, Heracles logró calmar la ira de la diosa, explicando el objetivo de sus doce tareas. La diosa le permitió llevar al animal de regreso a Micenas mientras planeaba liberar al ciervo después de que hubiera sido presentado al rey. La tarea difícil para este trabajo específico no solo era capturar al animal, sino también sobrevivir a la ira de una diosa que normalmente no permitía tales infracciones. Probablemente hubiera preferido transformar a Heracles en un animal salvaje, uno que sería destrozado por sus perros de caza.

Después de haber recuperado sus fuerzas, Heracles emprendió su próxima tarea. Esta vez, viajó a la región montañosa nevada de Erimanto, donde se sabía que residía el jabalí de Erimanto. De vez en cuando, la gran bestia bajaba de las montañas para cazar y aterrorizar a las aldeas de hombres mortales en las tierras de cultivo de Psofis. Heracles viajó hasta la montaña nevada hasta una cueva donde descansaba el jabalí. El jabalí captó el olor de nuestro héroe y lo atacó mientras estaba de pie en la entrada de la cueva. Heracles salió rápidamente del camino, y la persecución estaba en marcha. Corrió tras el jabalí durante un buen par de horas, y finalmente atrapó a la gran bestia. Logró llevar vivo al jabalí hasta la cámara de Euristeo.

Al ver al gran jabalí, Euristeo, fiel a su naturaleza cobarde, se zambulló de cabeza en una enorme vasija pithos que estaba enterrada debajo de la tierra. Heracles aprovechó la oportunidad para burlarse de su primo y actuó como si metiera el jabalí vivo en el frasco con el rey, lo que hizo que Euristeo se acobardara aún más. Esto hizo reír al resto de la gente en la sala del trono. Cuando el rey finalmente salió de su escondite, le dio a Heracles su próxima tarea y se aseguró de que esta fuera una verdadera cobranza.

Heracles fue encargado de limpiar los establos del rey Augeas, que gobernaba sobre los epianos de Elis en la región occidental del Peloponeso. Esta no era la tarea más noble, y el trabajo debía completarse en un día, lo cual era prácticamente imposible, teniendo en cuenta que había alrededor de una semana de heces de buey apelmazadas en el suelo del granero. Fiel a sus formas, Heracles se dedicó a este trabajo con la misma intensidad que cualquier otro. Algunos dicen que se le debía pagar en oro, mientras que algunas fuentes indican que a Heracles se le había prometido una cuarta parte de los bueyes. El rey estaba seguro de que nunca tendría que recompensar a Hércules porque no había forma terrenal de que pudiera realizar la tarea en un día. El rey prometió pagarle al héroe un salario justo por su ayuda, y los dos hombres sellaron su trato con un apretón de manos.

Con su gran fuerza, Heracles logró empujar rocas gigantes hacia el río Alfeo, desviando el arroyo hacia la llanura y hacia el granero. La fuerza del agua lavó el estiércol de los veinte bueyes y barrió la suciedad y las impurezas de los establos. El rey Augeas no podía creer la facilidad con la que el héroe había completado la tarea y se negó a pagar a Heracles lo que le debía. El héroe estaba tan enojado que juró destruir todo el reino de Elis. Cuando se completaran sus labores, regresaría y exigiría su terrible venganza sobre la tierra y su gente. Su campaña se retrasó bastante tiempo después de la finalización de este trabajo debido a la falta de recursos y un ejército. Además, el héroe contrajo una enfermedad repentina. Sin embargo, cuando Heracles recuperó sus fuerzas, tomó Elis tal como había prometido y aplastó el cráneo del rey con sus propias manos.

Sin embargo, antes de todo lo que sucedió, Heracles necesitaba continuar con sus labores por el bien de su alma. El sexto trabajo fue librar al mundo de las aves del Estínfalo que vivían en el lago Stimfalía en Arcadia. Estas aves devoradoras de hombres fueron descubiertas inicialmente por Jason y los argonautas. Estas aves habían desarrollado un gusto por la carne humana y eran el terror de Arcadia. Además de su apetito voraz, las aves también podían disparar plumas afiladas de sus alas. El parentesco de las aves es objeto de acalorados debates, pero una cosa en la que todos los antiguos eruditos estuvieron de acuerdo es que estas aves fueron criadas durante algún tiempo por el dios de la guerra, Ares. Como tal, el dios probablemente usó a las rapaces gigantes en sus batallas, aunque nunca se las nombra directamente.

Heracles no se inmutó ni un poco por lo que seguramente eran algunas aves aterradoras. Arrojó grandes piedras y las sacó de sus escondites entre los espesos arbustos y enredaderas que corrían a lo largo del lado este del lago. Cuando los pájaros volaban para atacarlo, les disparaba desde el cielo con sus flechas. Ahora puede preguntarse, ¿cómo es que nadie había podido matar a los pájaros de esta manera antes? La propulsión de las flechas de Heracles y el movimiento de su espada eran más poderosos que la mayoría de los hombres. Cuando disparaba una flecha desde su arco, la fuerza era casi similar al disparo del rayo de Zeus. La fuerza de Heracles se asemejaba más a los dioses que a los humanos.

El séptimo trabajo de Heracles presenta quizás uno de los animales míticos más famosos de las leyendas griegas: el toro de Creta. Este toro engendró al Minotauro junto a la reina de Creta, quien al ver la belleza del animal y no pudo evitar ser vencida por una lujuria inimaginable. La bestialidad no era común en la antigua Grecia, por lo que este acto habría sido muy perturbador para el griego medio.

Se decía que el toro de Creta había nacido del mar como un regalo para la humanidad del dios Poseidón, y que iba a ser sacrificado en su honor. Sin embargo, cuando el rey de Creta vio la belleza del animal, no pudo ofrecerlo en sacrificio. En cambio, sacó al toro a pastar y dio otro en homenaje al dios del mar. Obviamente, esto no era una buena idea, y Poseidón maldijo al rey, diciendo que el toro sería su ruina. Enloqueció a la criatura hasta el punto de perseguir a la reina (que a su vez se había vuelto loca de anhelo por el toro, muy probablemente por Poseidón como un acto de venganza) y aterrorizó continuamente a la gente.

Hércules ahora necesitaba capturar al animal y llevarlo hasta Micenas para presentárselo al rey. Tuvo éxito en su tarea y luego liberó a la criatura para que regresara a su isla natal. No se puede decir por qué liberó al toro y al jabalí después de matar a muchos de los otros animales y criaturas involucrados en sus labores. Sin embargo, parecería que el toro de Creta era un dios por derecho propio; ciertamente estaba en el mismo nivel divino que Heracles, ya que era hijo de uno de los tres grandes dioses: los hermanos Zeus, Poseidón y Hades. Tal vez Heracles respetaba demasiado al toro como para poner fin a su vida. No fue hasta el héroe Teseo que los días del toro de Creta llegaron a su fin, y su imagen se colocó entre las constelaciones como el símbolo astrológico de Tauro.

El octavo trabajo de Heracles fue el más devastador para su alma. Después de haber liberado al toro de Creta, Euristeo emitió una tarea más peligrosa para que Heracles completara, algo que pondría a prueba su constitución como semidiós. Heracles se había enfrentado a muchas criaturas malvadas durante sus labores, incluso criaturas que tenían hambre de carne humana. En su octavo trabajo, Heracles se encontraría con algo mucho más siniestro: un ser humano que alimentaba a sus animales con la carne de otros seres humanos.

El rey de Tracia, el terrible hijo de Ares y Cirene, era Diomedes. Alimentó a su caballo con una dieta de carne humana, lo que alejó a los pobres animales de sus suaves inclinaciones naturales, convirtiéndolos en bestias irreconocibles como caballos con agresión antinatural. En la oscuridad de la noche, Heracles, con unos pocos voluntarios muy valientes, partió para matar a los guardias de los establos del rey, después de lo cual capturó a los caballos y los colocó en un barco que esperaba en la costa. Tras capturar a los animales, Heracles despidió a los voluntarios para navegar de regreso a casa, dejando a los caballos a cargo de su escudero y viejo amigo Abdero, hijo de Hermes.

Mientras Heracles perseguía a Diomedes, Abdero fue atacado y devorado por las yeguas. Diomedes había hecho bien su trabajo; los caballos eran incontrolables, incluso para un semidiós y guerrero experimentado como Abdero. Después de que Diomedes fuera capturado, Heracles regresó al barco, donde descubrió los restos de lo que alguna vez fue su mejor amigo. Enojado, encontró al rey y lo dio vivo de alimento a sus caballos. Esto parecía calmar el insaciable apetito de los caballos por la carne humana. Heracles devolvió los corceles a Micenas y se los presentó al rey, quien una vez más se burló de los esfuerzos de Heracles. Nuestro héroe estaba demasiado devastado por la pérdida de Abdero.

En este punto, Heracles estaba cansado de luchar. Para el noveno trabajo, buscó todo tipo de caminos posibles para lograr pacíficamente su objetivo. A continuación, Euristeo le pidió que le trajera el cinturón de Hipólita. Era la reina de las amazonas y una de las mejores guerreras de Grecia. Sin duda tenía la caballería más temida. Los guerreros amazónicos eran conocidos por ir a la batalla a caballo y derribar a sus oponentes. Estos no eran guerreros ordinarios a los que Heracles se enfrentaba, y si era posible, quería evitar una pelea.

Cuando llegó a las costas de la isla de las Amazonas con su compañía de guerreros (por si acaso), Hipólita bajó a la playa con su séquito de luchadores. Preguntó por qué uno de los héroes más legendarios de toda Grecia había remado hasta sus costas. Heracles le contó de sus tareas. Sabía el peso de lo que le estaba pidiendo a la reina Hipólita. Ares le había regalado el cinturón y, como tal, era irremplazable.

Sorprendentemente, Hipólita estaba más que dispuesta a entregar el cinturón para que Heracles completara sus tareas. Se desconoce por qué la reina mostró tanta generosidad desinteresada, pero tal vez había oído hablar de las labores del héroe y se compadeció por tener que sufrir una prueba tan terrible. Hera, sin embargo, sospechaba de Heracles y su compañía y decidió comenzar una pelea, solo para estar a salvo. Susurró a la consciencia de cada una de las amazonas que Heracles estaba allí para secuestrar a la reina. Las amazonas, unidas por el mismo pensamiento colectivo, se prepararon para la batalla, montaron sus caballos y cargaron hacia la playa. Al ver que todo el ejército se acercaba, Heracles ordenó a sus hombres que mataran a los guerreros de la reina. Metió su espada en el pecho de la reina y le arrancó el cinturón del cuerpo. Hizo una escapada rápida antes de que el ejército llegara a la orilla, llevándose un cinturón que había tratado de adquirir pacíficamente, pero lo hizo con sangre debido a las inseguridades de otra diosa. Llevó el cinturón manchado de sangre a Euristeo y lo puso ante los pies del rey. Euristeo entonces le dio a Heracles su siguiente tarea.

En la isla de Eritia, en el extremo más occidental conocido de la tierra, en algún lugar cerca de Iberia, vivía un gigante que se llamaba Gerión. Era un gigante bastante pacífico, a pesar de su presencia intimidante. Era conocido por sus tres torsos y cuatro pares de alas. Era hijo de dos grandes fuerzas de la naturaleza, Calírroe y Crisaor. Su madre, Calírroe, era una ninfa de la lluvia de su nativa Eritia, y su padre, Crisaor, era un gigante, hijo de Medusa y hermano gemelo de Pegaso. Geriónera definitivamente uno de los contendientes más fuertes a los que nuestro héroe se había enfrentado hasta el momento.

La tarea era llevar al rey Euristeo el preciado rebaño de ganado del pacífico gigante, los terneros rojos de Gerión. La luz del magnífico atardecer que caía sobre las aguas occidentales había teñido de rojo a todo el rebaño. No es casualidad que el tropo del "becerro rojo" aparezca en una de las historias más conocidas de la mitología griega, como se ve en muchas fuentes antiguas. De hecho, los griegos se movían y estaban más que dispuestos a compartir sus historias con otras sociedades y viceversa. Parte de la literatura más influyente de la historia ha salido de la región mediterránea.

Así que Heracles siguió con su tarea, pidiendo prestado su medio de transporte a Helios. El sol tuvo la amabilidad de prestarle a Heracles su recipiente de oro sólido, que era lo suficientemente grande como para remar a través del mar hasta la isla de Eritia. Por supuesto, la física de este transporte es dudosa, pero debemos sumarle el gran poder de remo de Hércules. En cualquier caso, zarpó por los mares en una taza gigante.

Para adquirir el ganado, Heracles tendría que luchar y superar los dos niveles de seguridad que Geriónhabía establecido para cuidar de su amado rebaño. La primera tarea de Heracles sería superar al pastor, el temible gigante Euritión, y luego, de alguna manera, superar al temible canino de dos cabezas Ortro. Y luego, después de eso, si continuaba entero, tendría que enfrentarse cara a cara con el propio Gerión. Uno tiene que pensar que Heracles hubiera preferido ir tras cien leones de Nemea en lugar de intentar robar cualquier ganado de Gerión. Pero la penitencia es penitencia, y Heracles tuvo que soportar este castigo para aliviar el sufrimiento de asesinar a su familia. Por supuesto, uno se pregunta hasta qué punto Hércules debía seguir sufriendo.

Hércules logró matar al pastor del ganado y luego al valiente Ortro. Finalmente, se encontró frente al terrible Gerión, que se mantuvo estoico, listo para proteger lo que era suyo. En términos de la ley, Heracles había venido a matar y robar, aunque está destinado a ser visto como el protagonista de esta historia. Sin embargo, si uno lo mira desde el otro ángulo, también es el antagonista. Al final, Heracles clavó su espada en la espalda de Gerión y luego condujo el ganado a bordo de su barco y zarpó de regreso al Peloponeso.

Hasta el momento, Heracles había completado con éxito diez de las doce tareas asignadas. Había dos más. Euristeo encargó a Heracles que recuperara las manzanas doradas del árbol de Hera y las llevara de vuelta a Micenas para que se pudiera plantar un árbol en el jardín del rey. El árbol y su fruto estaban custodiados por las Hespérides, las hijas de Nix. Eran las diosas de la luz dorada del atardecer. Se llamaban Aglaia, Eritia, Hesperidia y Aretusa.

Estas diosas custodiaban los preciosos tesoros no solo de la reina Hera, sino también de todos los inmortales. Cuando Perseo emprendió su búsqueda para matar a la gorgona Medusa, también se detuvo para visitar a las hespérides con el fin de obtener armas lo suficientemente poderosas como para matar a una gorgona. A pesar de que las hespérides estaban encargadas de la protección de estos artículos, no siempre eran el sistema de seguridad perfecto. Uno asume que su filiación les otorgó tal posición de poder.

Juntas, estas cuatro mujeres vigilaban el árbol de Hera. Fue un regalo precioso que Gaia le dio el día de su boda con Zeus. Las hespérides también eran asistidas en su guardia por una serpiente de cien cabezas que se llamaba Ladón. Heracles ya había vencido a monstruos más temibles que un dragón de cien cabezas, y como tal, esta tarea era probablemente un paseo por el parque para nuestro héroe. Retrasó fácilmente al dragón y luego procedió a tomar las manzanas por la fuerza. Luego, las transportó a Micenas para dejarlas en manos de un rey ingrato.

Atlas, el titán condenado a sostener el cielo, juega un papel interesante en la versión más popular de este mito. En su camino a recoger las manzanas, Heracles encontró a Atlas. Como eran sus hijas las que supervisaban las manzanas, pensó que a Atlas le resultaría más fácil. Sin embargo, alguien tenía que sostener el mundo y Heracles asumió la carga sobre sus hombros para que su tarea pudiera cumplirse. Atlas recuperó las manzanas según lo solicitado y luego tuvo la amabilidad de ofrecerse a entregarlas al propio rey.

Pero Heracles no se sintió conmovido por la compasión del titán. Sospechaba que si Atlas se iba con las manzanas, nunca volvería. Heracles estuvo de acuerdo, pero le preguntó si Atlas podía tomar el mundo por un momento para que pudiera sentirse más cómodo. Atlas soltó las manzanas y tomó su carga una vez más. Heracles no dudó; cogió las manzanas y corrió.

En una variación del mito, Atenea corrigió este error antes de que el precioso fruto pudiera ser abierto y sus semillas extraídas. Robó las manzanas de las cámaras personales del rey y las devolvió a las hespérides. Sin embargo, la mayoría de las versiones terminan con Heracles entregando las manzanas de manera exitosa.

La tarea final que el rey Euristeo le propuso a nuestro héroe fue recuperar al perro guardián de tres cabezas del inframundo y el orgullo del gran Hades: Cerbero. Esta tarea fue probablemente una de las más traicioneras en términos de ubicación, dado el hecho de que muchos héroes habían logrado ingresar al inframundo, pero pocos salieron victoriosos o enteros. Hércules logró capturar al perro con la ayuda de Hermes, Atenea y Perséfone. Dado el gran número de inmortales que necesitó para ejecutar este plan con éxito, imaginamos la dificultad de haberlo intentado por su cuenta. Hermes le prestó a Heracles sus zapatos alados para que ganara más velocidad. Atenea reveló las mejores maneras de atacar a la bestia usando el peso del perro contra él. Finalmente, Perséfone ayudaría a Heracles a volver a la superficie con su premio.

Después de esto, las labores de Heracles se habían completado y su culpa había sido absuelta por el delito de asesinar a su esposa y tres hijos. Al final de las labores, los dioses quedaron impresionados con la tenacidad física y mental de Heracles y le concedieron un asiento en el Olimpo, junto con la inmortalidad.

Capítulo 10: Jason y los argonautas

Los mitos griegos que involucran a los héroes más famosos, ya sean semidioses o seres humanos, siempre comienzan con algún tipo de historia de fondo dramática, una historia para construir el próximo drama del viaje del héroe. Al igual que en el mundo real, nuestras historias no comienzan con nosotros; comienzan con historias que vienen antes que nosotros, construyendo una narrativa colectiva de vidas interconectadas. El legendario mito de Jason y los argonautas se ha reflejado y extraído de varias adaptaciones. La gente todavía está volviendo a contar la moral de esta increíble historia y basando nuevas historias en nombres y conceptos utilizados en el mito original.

La historia de Jason y los argonautas comienza con un vellocino de oro que pertenecía a un carnero alado. Nadie sabe el origen de este carnero en particular. Todo lo que se sabe es el desafortunado destino del animal y el destino que proporcionó a un héroe griego. El carnero fue capturado por el rey Eetes de Cólquida y sacrificado a los dioses. Sin embargo, el vellocino dorado del carnero fue preservado de las llamas del sacrificio y guardado lejos de la luz del día y de los ojos de otros reyes mortales que buscarían poseer la riqueza inherente y el poder mágico del vellón. El rey escondió el vellón en una cueva lejana en la isla de Cólquida y empleó los servicios de un dragón que escupe fuego para proteger el vellón día y noche. Si alguna vez ha leído a Tolkien, ahora sabe dónde se origina la característica de dragón de los guardianes y el acaparamiento de tesoros, ya que este tema se empleó en el mito de Jason y los argonautas.

Siglos más tarde, en la isla de Iolco (Iolcus) en Tesalia, el buen rey Esón dio a luz a su hijo y heredero, Jasón. Como todos los buenos dramas familiares en el mundo antiguo, los lazos entre hermanos contaban muy poco. El medio hermano del rey Esón, Pelias, buscó tomar el control del trono de su hermano. Lo logró con bastante facilidad tras envenar al rey. La madre de Jasón, la reina Alcimede, no fue engañada tan fácilmente como el resto de la corte de su esposo. También es posible que ellos mismos hubieran estado al tanto del atroz asesinato de su amado esposo. Para mantener a su hijo a salvo de las garras de su cuñado, Alcimede envió a Jasón a ser criado por el centauro Cheiron (también deletreado como Quirón). Poco después de entregar a su hijo a Quirón, Alcimede murió, por la angustia de la muerte de su esposo y la separación de su único hijo, a quien estaba segura de que nunca volvería a ver.

El nuevo tutor de Jasón, Quirón, era el más sabio y el más viejo de su especie. Los centauros eran una raza y confederación tribal de hombres medio caballos que habitaban Tesalia. Quirón era, de hecho, el medio hermano de Zeus y, como tal, era una figura muy respetada en el mundo griego por su destreza como líder capaz. También era conocido por su intelecto y amabilidad. Quirón alimentó al joven Jasón, y le enseñó valiosas habilidades para la vida, como leer y escribir en varios idiomas, defensa personal y tácticas de lucha ofensiva. Quirón era la encarnación viva de la fuerza a través de la gracia, y su nombre se ve en muchos mitos griegos diferentes. Se le considera potencialmente el centauro más famoso de la mitología griega. Si alguien que lee esto alguna vez ha leído algún libro de Percy Jackson, allí aparece la figura de Quirón; él es el entrenador de todos los semidioses del mundo moderno.

Cuando Jasón se convirtió en un hombre, le pidió a Quirón que lo dejara ir ante el rey y exigiera su legítima herencia al trono. Quirón apreciaba mucho a su protegido y pupilo. No quería ver al niño que había criado ir ante un rey loco y deshonesto. Pero Quirón sabía que este era el destino de Jasón, y como tal, le dijo que fuera ante el rey, pero que tuviera cuidado. Jasón sabía que nunca podría matar a su tío en la sala del trono con tantas espadas apuntando a su espalda. Él vendría de manera diplomática y exigiría el regreso de su trono.

Años antes, el tío de Jasón, el rey Pelias, temiendo por la seguridad de su trono, visitó el Oráculo de Delfos y consultó sobre cuál podría ser su destino si Jasón regresaba. Pelias no tenía ninguna garantía de que su sobrino estuviera realmente muerto, porque no tenía conocimiento de lo que hizo Alcimede. Ciertamente, nunca habría imaginado que Jasón quedaría a cargo de una de las criaturas más temidas y respetadas del mundo antiguo. El Oráculo informó a Pelias que desconfiara de un hombre que venía antes que él sin una de sus sandalias.

Hera, que había escuchado todo lo que Pelias confesó ese día, buscó poner fin al malvado rey y su señorío sobre Iolkos. Años antes, Pelias había asesinado a su madrastra a sangre fría en la entrada del templo de Hera. Por temor a que alguien descubriera lo que había hecho, especialmente la diosa, prohibió a todos sus súbditos adorar en el templo de Hera. Hera era una de las diosas más inseguras y necesitaba mucha atención, y si no la recibía, podría llegar a ser despiadada. Definitivamente no era la persona indicada con la cual bromear, pues sabía cómo aferrarse al rencor. Siempre estaba buscando oportunidades de venganza, y esta vez, se aseguraría de que Pelias sufriera por sus crímenes contra ella y sus adoradores.

En el camino de regreso al palacio, Jasón vio a una anciana tratando de cruzar un río traicionero. Él la ayudó, pero perdió una de sus sandalias en la corriente. A Pelias le hubiera gustado cortar la cabeza de Jasón en ese mismo momento cuando vio al joven entrar en su sala del trono con una sola sandalia, pero sabía que esto empañaría su reputación como rey y potencialmente arrojaría luz sobre la muerte prematura y algo sospechosa de su hermano. A todos los gobernantes les resulta excepcionalmente difícil gobernar un reino que desprecia su propia existencia. Los reyes y reinas deben preocuparse por su reputación.

Sin embargo, Pelias era muy astuto. Trató de lidiar con el problema de manera diplomática. Le informó a Jasón que le devolvería el trono si recuperaba el codiciado vellón dorado de la cueva protegida por dragones en la isla de Cólquida. Creía que su sobrino nunca podría vencer a la bestia y que probablemente moriría en el intento.

Sin embargo, Jasón no iría solo. Encargó a uno de los mejores carpinteros de toda Grecia, Argos, que le construyera el barco más grande y robusto que el mundo griego haya visto. Bajo la guía de la diosa patrona de la artesanía Atenea, Argos construyó el *Argo*, una embarcación de veintidós metros de largo y cincuenta remos que podía navegar un espacio considerable sin hundirse. Los remos, el ancla y el mástil eran extraíbles, lo que permitía que la embarcación rodara sobre la orilla de cualquier masa de tierra. Esto evitaría que la nave fuera destruida en su ausencia o robada.

Hecho a mano con los robles y pinos de Iolkos, el *Argo* era una nave bendita, y los hombres a bordo de su robusta cubierta no eran más que los mejores soldados de toda la mitología griega. Estos hombres eran conocidos como los argonautas. La palabra argonautas se traduce del griego antiguo como "marineros de Argo", con "nauts" que significa marinero o viajero. Algunos de los héroes más famosos de Grecia vinieron a ayudar a Jasón en su búsqueda, incluido el semidiós Heracles. Los argonautas contaban con alrededor de cincuenta hombres y semidioses, que estaban dispuestos a luchar o morir por la gloria del legítimo rey de Iolco. Aunque sabían que estaban participando en un acto noble y sirviendo al rey legítimo, los hombres también querían que sus nombres fueran recordados. Estar involucrado en una búsqueda tan peligrosa seguramente haría que sus nombres se escribieran en el libro de historia griega, independientemente de si sobrevivían o no a la experiencia.

Jasón y su tripulación atracaron por primera vez en la isla de Lemnos para encontrar agua dulce y posiblemente reabastecer sus tiendas de alimentos. Cuando llegaron a las costas de Lemnos, notaron un olor nauseabundo en el aire. La isla apestaba a pescado muerto. Recorrieron las orillas, buscando cualquier cadáver de vida marina que estuviera causando ese olor tan horrible. Poco sabían que el olor provenía de los habitantes de Lemnos. Años antes de la llegada de Jasón y sus soldados, la isla de Lemnos había sido un lugar de paz y prosperidad. Eso fue hasta el momento en que sus habitantes olvidaron adorar regularmente a la diosa Afrodita. Es una ironía simbólica que incluso los dioses y las diosas, en toda su aparente perfección, fueran a menudo los más inseguros. Esto es algo que también sucede con la mayoría de los humanos.

A pesar de su legendaria belleza y su personalidad aparentemente segura, Afrodita estaba llena de inseguridades. A menudo se preguntaba si merecía su lugar en el Olimpo y, a pesar de ser la diosa patrona de una de las experiencias humanas más buscadas del mundo (el amor y el sexo), no era la más querida entre la gente de Grecia. Nadie parecía adorarla o respetarla al mismo nivel que algunas de las otras diosas, como Atenea. Tanto las mujeres como los hombres respetaban, admiraban y oraban a menudo a esa diosa. Una de las ciudades más famosas del mundo antiguo y, con mucho, la más famosa de toda Grecia, Atenas, lleva el nombre de Atenea.

Entonces, los problemas llegaron cuando las encantadoras damas de Lemnos dejaron de ofrecer oraciones y sacrificios regulares a Afrodita. Tal vez las mujeres de Lemnos estaban demasiado ocupadas con su vida cotidiana para llegar a todos los templos y santuarios, o tal vez lo hicieron como un insulto deliberado a la diosa. De cualquier manera, no terminó bien para las mujeres y sus maridos. Afrodita maldijo a todas las mujeres de la isla para que apestaran con olor a pescado, y se aseguró de que no hubiera cura. El olor era asqueroso. Arruinó la vida de las mujeres de Lemnos, pero sobre todo arruinó su vida sexual. Los maridos se alejaban de sus esposas, y las jóvenes que anhelaban casarse no atraían a ningún pretendiente. Los hombres de Lemnos probablemente eran un 10 por ciento más rápidos a pie que cualquier otro hombre de Grecia porque huían constantemente de las mujeres de su isla.

Finalmente, los maridos empezaron a acostarsef con sus esclavas tracias, que no estaban afectadas por la maldición. Enojadas y desconsoladas, las mujeres de Lemnos procedieron a asesinar a todos los hombres de la isla, incluso a los niños más pequeños. Ya no podían lidiar con el rechazo y la humillación que venían con su aflicción. Esta era la verdadera intención de la maldición de Afrodita: primero la soledad y luego la extinción total. Sin embargo, las damas de Lemnos siguieron adelante y funcionaron como cualquier sociedad griega. Eligieron a una reina para gobernar su tierra, la reina Hipsípila.

Después de un tiempo, las mujeres aceptaron el hecho de que nunca volverían a conocer el amor romántico o el afecto... al menos, de manera heterosexual. Pero aún así, tenían un grave problema de población. Aunque las mujeres sufrían, querían continuar con la cultura y la política de su isla. Pero para hacer eso, necesitaban niños. Esta era una tarea imposible. Todos los hombres estaban enterrados o se habían ido, y no podían simplemente robar hombres de las otras ciudades e islas de Grecia. Esa era una manera fácil de comenzar una guerra que de seguro perderían.

Su suerte cambió cuando Jasón y los argonautas llegaron a las costas de Lemnos. Estos marineros estaban más que listos para caer en los brazos de cualquier mujer que se cruzara en su camino. Ahora, puede preguntarse, ¿cómo demonios pudieron los argonautas y Jasón soportar el olor a pescado que emanaba de estas mujeres? Bueno, cuando Afrodita vio que su maldición se había cumplido, les dio un respiro a las mujeres y cambió las condiciones para que las mujeres apestaran a pescado muerto solo en ciertos días del año. Con el tiempo, las mujeres también aprendieron a manejar la condición con plantas nativas que crecían en la isla para que no estuvieran tan rancias cuando finalmente llegaban esos días.

Esto parecía haber funcionado bien porque después de seis años, la isla había vuelto a su población original. La reina Hipsípila tomó a Jasón como su compañero y ella fue su primera amante. Juntos, concibieron gemelos, Thous y Euneus. Después de esos seis años, a Jason le preocupaba que sus hombres se estuvieran poniendo demasiado cómodos en las camas de estas mujeres y que luego no quisieran dejar a sus nuevas familias. Entonces, ordenó a sus hombres que se prepararan para su viaje, y por la mañana, mientras sus amantes y esposas dormían, zarparon una vez más hacia el horizonte.

Viajaron por el mar desde Lemnos hasta el Helesponto y el Propontis (mar de Mármara), ahora ubicado en la actual Turquía. Lemnos era una isla griega ubicada en el norte del Egeo, por lo que, aunque el viaje no fue tan largo, los hombres aún necesitaban refrescar su suministro de agua en esta etapa particular del viaje. La tierra de los Propontis estaba gobernada por el rey Cícico. La generosidad del rey hacia su pueblo era legendaria, y era extremadamente acogedor con los extraños. Los trataba como invitados de honor bajo su propio techo.

El rey Cícico saludó a Jasón y a sus hombres con los brazos abiertos y decidió organizar un banquete fino y caro para los argonautas y brindar por la buena fortuna de su viaje. Qué celebración deben haber tenido porque los hombres del rey y los argonautas acabaron desmayados en la sala de banquetes. A la mañana siguiente, los argonautas se despertaron ante el rey, que estaba sufriendo una resaca bastante desagradable. Salieron a la naturaleza para recoger suministros para el resto de su viaje. Con toda la alegría y la bebida, el rey seguía olvidando advertir a Jasón de las terribles criaturas que plagaban su reino.

Los argonautas navegaron a otra parte del Helesponto y dejaron a Heracles a cargo del barco mientras buscaban comida y agua. Mientras Heracles yacía en la arena con el sol en la cara, escuchó un estruendo desde las profundidades de la tierra. A medida que el ruido aumentaba, el suelo comenzó a vibrar con intensidad. Hércules se puso de pie y corrió hacia el barco mientras los enormes Terrígenos irrumpían desde las profundidades de la tierra. Los Terrígenos eran gigantes con seis brazos. Heracles temía enfrentar a estas bestias sin sus hombres.

Iban a intentar atacar la nave para que los argonautas no pudieran escapar. El valiente Heracles logró contenerlos durante una cantidad de tiempo impresionante, mientras gritaba y pedía por refuerzos. Jasón fue el primero en escuchar el grito de su camarada y ordenó a los argonautas que regresaran a la nave, con sus espadas desenvainadas. Bajaron a la playa y se quedaron horrorizados con la visión de los Terrígenos. Después de muchas horas implacables de luchar contra los gigantes, los argonautas salieron victoriosos y subieron de nuevo al *Argo* antes de que llegaran más desgracias. Sin embargo, no sabían que la mayor tragedia del viaje estaba por llegar.

Cuando Jasoó y sus hombres pudieron zarpar, ya había pasado el atardecer, y navegar en los mares por la noche era difícil. Los argonautas tenían la intención de navegar lejos de Propontis, pero en la confusión de la noche, navegaron de regreso a la tierra de los doliones, los habitantes del Helesponto. El buen rey Cícico vio un barco que se acercaba a su costa desde su balcón en la sala del trono, pero no pudo distinguir a los habitantes del barco. Todo lo que vio fue la luz de sus pocas antorchas. Como el rey no esperaba más visitantes, pensó que Jasón y sus hombres eran piratas que habían venido a arrasar sus costas. El rey ordenó a sus hombres que bajaran a los muelles y les dijo que estuvieran armados y preparados para la batalla. Los argonautas no sabían que el rey y su ejército iban a liderar un ataque contra ellos. Todo lo que escucharon fueron los cuernos de guerra de alguien, y pensando que estaban lejos de la tierra de Propontis, no dedujeron que era, de hecho, su amigo y aliado el que enviaba la carga para atacarlos.

En medio de toda la confusión, el rey Cícico fue asesinado por una flecha rebelde, y murió allí mismo en la cubierta de su barco. Cuando la luz rompió el horizonte, tanto los argonautas como los hombres de Cícico se horrorizaron. Se desesperaron por la muerte de uno de los mejores gobernantes que los reinos habían visto. Celebraron un gran funeral para el legendario Cícico, y cada persona en el reino, desde la ciudad hasta el campo, vino a honrar su memoria. La multitud lloraba por una vida que se había perdido tan innecesariamente, pero ninguno más que nuestro héroe Jasón, porque se sentía responsable de la muerte de su amigo y aliado. Aunque todos le aseguraron a Jasón que la muerte de Cícico fue un accidente, provocado por el propio rey, Jasón llevó ese sentimiento de culpa absoluta por el resto de sus días.

Como si la muerte de Cícico no fuera suficiente, los argonautas aún tenían tragedia por delante. Frente a la costa de Misia, el *Argo* casi se estrelló contra un cuerpo de formaciones rocosas. Para desviar el barco a tiempo, Heracles hundió su remo en las olas y logró sacar el barco del peligro. Sin embargo, justo cuando el barco se desviaba de las rocas, el remo de Heracles se partió en dos. Le dijo a Jasón que tenía la intención de ir a tierra con Hylas, su amado escudero, para encontrar otro gran roble, del cual formaría un nuevo remo. Jasón estuvo de acuerdo, y los dos hombres se fueron al bosque.

Mientras Heracles buscaba el roble perfecto, Hylas, su pupilo leal y amoroso, fue a buscar agua fresca para dar a su maestro mientras trabajaba en el remo. Hylas encontró un lago fresco de montaña, de aguas cristalinas y brillantes, que resplandecía y parecía incluso coquetear con el joven. Poco sabía Hylas que las aguas realmente estaban coqueteando con él. Este era el trabajo de una ninfa de agua. Salió a la suave orilla rocosa del lago y atrajo a Hylas al agua con dulces palabras y besos en los pies. Finalmente, Hylas la siguió tan lejos en el agua que su cabeza se hundió bajo las suaves olas. Como estaba encantado por el hechizo de amor de la ninfa inmortal, Hylas no sabía que se estaba ahogando.

Después de un tiempo, Heracles notó que su amigo no regresaba. Hylas nunca había abandonado a su amo durante tanto tiempo. Heracles lo llamó y lo buscó por todas partes, pero su escudero no respondió. Heracles comenzó a ponerse histérico y corrió al *Argo* para solicitar un grupo de búsqueda. La mayoría de los argonautas no veían la necesidad de tal alboroto por un escudero, pero Heracles se negó a irse sin Hylas. Esto comenzó a romper las relaciones en el *Argo*. La mitad de los hombres se negaban a irse sin Heracles y el resto no quería posponer la progresión del viaje. Pronto, Jasón se enfrentó a la amenaza de un motín.

Sin embargo, Hera (recuerde, había apostado mucho por el éxito de Jasón y sus hombres) envió un mensaje al dios del mar Glauco, el dios patrón de los pescadores. Era el ser ideal para pacificar y mediar en la situación, dado el hecho de que Glauco había sido humano; había ganado la inmortalidad al comer una hierba marina muy rara creada por el propio Cronos. Glauco conocía muy bien las tensiones que podrían estar a bordo de un barco y aseguró a los argonautas que era la voluntad de los dioses que Heracles se quedara en tierra para buscar a su amigo.

Antes de zarpar una vez más, Glauco aconsejó a Jasón que dejara a Heracles como segundo al mando, por lo que Jasón ordenó a Polifemo que se quedara atrás con el héroe más grande de Grecia y se asegurara de que no sufriera ningún daño. Si Heracles perecía, sería responsabilidad de Polifemo regresar para informar de la muerte.

Ahora que faltaban dos de sus guerreros más hábiles, los argonautas zarparon con un agujero en el estómago. A pesar de que Glauco les había asegurado que esto estaba destinado, se sentían menos seguros de sobrevivir el resto de su viaje, especialmente porque estaban navegando hacia su próximo destino para reabastecer sus tiendas. En el noroeste de Anatolia se encontraba la tierra del rey Ámico, señor de los bébrices, un grupo de fornidos luchadores que eran temidos en toda la Grecia continental, Asia Menor y Micenas.

Ámico era en realidad un semidiós. Era hijo de Melia, la hija náyade del titán Océano, y Poseidón. Dado su parentesco, Ámico había heredado la naturaleza turbulenta tanto de su madre como de su padre y buscaba luchar contra cualquier extraño que se atreviera a poner un pie en sus tierras. Ver a Jasón y los argonautas rodar por sus costas enfureció e intrigó mucho al rey, ya que ya se había corrido la voz por toda Asia Menor de Jasón y los argonautas y su búsqueda del vellocino de oro.

El rey Ámico se acercó a los argonautas y desafió a Jasón a una pelea. Una de las mejores cualidades de Jasón como hombre y líder era reconocer dónde estaban sus fortalezas, y sabía que no era rival para un semidiós hijo de Poseidón. De la manera más amable, suplicó a Ámico que pudiera seleccionar a uno de sus hombres para luchar en su lugar, porque quién sería responsable del bienestar y el mando de los argonautas si él cayera. Jasón hizo parecer que su tributo elegido no tendría ninguna posibilidad de ganar la lucha contra Ámico, por lo que el rey de los bébrices aceptó la oferta de Jasón. Poco sabía Ámico que en compañía de Jasón estaba el legendario boxeador Pólux, quien también era hijo de Zeus.

La pelea fue bien emparejada, semidiós contra semidiós, y qué pelea fue. Hubo muchos momentos en los que parecía que cualquiera de los luchadores podría ser el vencedor. Los ganchos derechos golpeaban la mandíbula del oponente, y los espectadores presenciaron rápidos esquivamientos y columpios que habrían arrancado la cabeza de la mayoría de los mortales. Sin embargo, al final, Pólux superó a Ámico. Se las arregló para matar al rey con un uppercut derecho a la mandíbula inferior de Ámico. La gran cantidad de fuerza rompió la mandíbula del rey y empujó el hueso de su nariz hacia la parte delantera de su cerebro. La escena fue grotesca, y Ámico tuvo una muerte horrible.

Los bébrices se indignaron por la muerte inhumana de su rey y trataron de vengar su muerte eliminando a Jasón y los argonautas. Sin embargo, no eran rivales para el astuto ingenio e intelecto de Jasón. Jasón ya sabía que Pólux era el luchador superior, y ya se había preparado para las consecuencias de lo que sucedería si Ámico caía. A medida que la pelea entre los dos hombres se acercaba a su fin, Jasón hizo que sus hombres se movieran lentamente a su formación principal de combate para que cuando los bébrices atacaran, estuvieran listos. Los argonautas lograron hacer retroceder el ataque y condujeron a sus enemigos a las colinas.

Después de volver a abordar el *Argo*, los hombres navegaron más allá del Bósforo (un estrecho en el noroeste de Turquía) y finalmente hicieron puerto en la tierra de Tracia. Después de caminar penosamente durante algún tiempo, buscando más suministros, se encontraron con un hombre que estaba sentado disfrutando su comida del mediodía. Jasón se acercó al hombre para preguntarle dónde podrían encontrar comida cuando, de repente, dos criaturas aladas y bestiales aparecieron aparentemente de la nada y comenzaron a atormentar al hombre. Al principio, Jasón ordenó a sus hombres que no atacaran a las criaturas, pero cuando vio que el hombre era ciego y que las bestias estaban profanando su comida, él y los argonautas los atacaron y los ahuyentaron. Ayudaron al hombre a restablecer su campamento, encender su fuego y colocar una olla de comida en el fuego. El hombre estaba tan agradecido con los argonautas que los invitó a comer y se presentó como Fineo, un vidente legendario que había sido dotado con visiones del futuro. Fineo podía predecir todas las variables potenciales para los cambios en el destino de los hombres y todos los resultados potenciales del futuro.

Su mayor don también era su maldición. Fineo perdió la vista debido a sus predicciones sobre los muchos hijos de Zeus. El señor de los cielos no necesitaba que su ya enloquecida y celosa reina supiera el paradero de sus potenciales esposas e hijos. Fineo pudo haber expuesto a Zeus en cualquier momento. Fineo discutía el destino de los hombres muy casualmente, y sabía que la información podría llegar a Hera a través de su red de oraciones y espías. Además, era una diosa y estaba muy sintonizada con el mundo de las mujeres.

Zeus maldijo a Fineo, quien de repente se quedó ciego. Podría haber matado fácilmente al vidente, pero al final, Fineo fue una fuente de información útil y rara, solo secundaria al Oráculo de Delfos. La maldición de Zeus fue una advertencia, y alertó a Fineo de que debía mantener la boca cerrada a partir de ahora. Sin embargo, Zeus era muy mezquino y quería asegurarse de que Fineo no tuviera repentinamente una ola de coraje y volviera a sus viejas costumbres. Zeus enviaba a las arpías a visitar a Fineo de vez en cuando. Atormentaban e intimidaban al anciano, recordándole quién estaba a cargo. Esta tortura era demasiado difícil de soportar, y traumatizaba a Fineo hasta el punto de que ya no intentaba ver el futuro. Tenía demasiado miedo incluso de usar su don.

Los argonautas y Fineo hablaron durante la noche. Los jóvenes marineros, héroes y semidioses estaban cautivados por las historias y el conocimiento del viejo vidente. Esto era lo máximo que Fineo había hablado con otras personas en años, y hablaba libremente. Luego escuchó la historia del viaje de los argonautas, las tierras que habían visitado, sus tragedias y sus triunfos. Fineo estaba tan conmovido y fascinado por su viaje que les ofreció sus servicios; miraría hacia su futuro y predeciría su mejor resultado para la supervivencia. Sin embargo, a cambio de su guía visionaria, solicitó que los argonautas lo ayudaran a deshacerse de sus atormentadores, las viciosas arpías. Jasón y sus hombres ya eran muy aficionados a Fineo, y acordaron ayudar.

Afortunadamente para los argonautas, este no era un gran favor que pedir, ya que estaban bien equipados para lidiar con la situación. Dos de la tripulación de Jasón, Zetes y Calais, eran los hijos de Bóreas, el titán del viento del norte. Eran voladores muy capaces. Las arpías no tenían muchas posibilidades, ya que eran voladores mucho menos ágiles. Si no hubiera sido por su hermana Iris, que intervino en el último segundo, las arpías habrían sido sacrificadas. (Sí, la misma Iris que era la diosa del arco iris y la mensajera de los dioses). Iris hizo a los argonautas la promesa de que las arpías dejarían en paz al anciano. También dijo que Zeus no se daría cuenta de su ausencia mientras Fineo pensara dos veces en el futuro de quién miraba.

Después de que Iris y las arpías partieron, Fineo miró hacia el futuro del viaje de los argonautas y vio a las simplégades o Rocas Cianeas. Eran dos rocas gigantes que una vez habían sido una isla entera. Esta isla fue separada del fondo marino por Poseidón. Las rocas tenían una tendencia a separarse y luego chocar de nuevo, pero durante unos minutos peligrosos, el pasadizo estaría abierto. Este era el camino más rápido. Era la ruta que los argonautas tendrían que recorrer si querían mantener el rumbo y no añadir mucho tiempo adicional a su viaje. El tiempo siempre estaba en la mente de Jasón; la tripulación había perdido tanto tiempo al comienzo de su viaje que no podían permitirse perder más. Fineo les dijo que podían cronometrar su navegación a través de las simplégades enviando primero una paloma blanca. Si hacía el viaje y regresaba, sabrían que era lo suficientemente seguro como para navegar.

Cuando los argonautas se acercaron a las enormes rocas, no se parecían a nada que uno pudiera imaginar. Y el pasaje entre ellas era aún más estrecho de lo que Fineo había descrito originalmente. La peor parte, por supuesto, era la pequeña cantidad de tiempo que las rocas parecían estar separadas entre sí. Parecía ser realmente cuestión de minutos antes de que las dos rocas chocaran de nuevo. Si el barco intentaba navegar entre ellos, era obvio que los hombres y el *Argo* serían eliminados.

Jasón estaba dispuesto a correr el riesgo. Creía que valía la pena, y esto dio valor a sus hombres. Navegaron tan cerca como pudieron sin ser arrastrados por la corriente de las rocas, y luego enviaron a la paloma. Se fue por un tiempo, pero regresó al barco a salvo y aparentemente ilesa. Los argonautas tomaron esto como una bendición y decidieron intentar el pase. Rezaban a los dioses por fuerza y velocidad.

Avanzaron remando, y entraron al pasadizo con miedo en sus corazones, pero fuerza de convicción. Podían escuchar los sonidos de las rocas crujiendo y gimiendo en los mares, los sonidos que provenían de las profundidades más bajas de la tierra, el sonido del agua ansiosa corriendo de un lado a otro contra cada centímetro de la nave. No era fácil navegar allí. Lo peor fue la luz que desaparecía. Jasón comenzó a notar que los rayos del sol se estaban debilitando cada vez más, una señal de que las cimas de las rocas se estrellarían en cualquier momento. Jasón ordenó a sus hombres que remaran por sus vidas mientras conducía el barco por el peligroso camino. La luz se estaba muriendo, el túnel se estaba volviendo cada vez más oscuro a medida que seguían remando, y Jasón temía que no lo lograran después de todo.

En ese momento, era como si las rocas dejaran de moverse una hacia la otra. Milagrosamente acababan de dejar de moverse por completo. Jasón no podía ver a Atenea, pero ella estaba en la cima, sosteniendo las dos rocas por separado, lo que les dio a los argonautas el tiempo suficiente para pasar. Tan pronto como cruzaron, dejó que los dos acantilados se reunieran una vez más.

El resto del viaje de los argonautas a la Cólquida fue relativamente tranquilo, aparte de un ataque sorpresa por parte del resto de las aves estinfalianas, aquellas aves que lograron sobrevivir a Heracles unos años antes. La derrota de los pájaros por parte de Heracles había resonado en toda Grecia, y casi todas las personas tenían un concepto básico de cómo ahuyentar a las bestias con ruidos fuertes. Jasón y sus hombres se pusieron a arrojar objetos a los pájaros y golpear sus espadas y lanzas contra sus escudos, defendiendose de los pájaros. Lograron tener éxito, pero perdieron a uno de sus tripulantes, Oileo, en el frenesí subsiguiente. Este fue golpeado en el pecho por una de las afiladas plumas y murió antes de llegar a la cubierta del *Argo*.

Finalmente, Jasón y sus hombres habían completado su viaje y habían llegado a la isla de Cólquida. Hera había estado en su compañía durante todo el viaje y había planeado desde el principio ayudar a Jasón en su búsqueda final de obtener el vellón dorado de las garras de un dragón. No importaba lo valiente que fuera Jasón, solo era un hombre. No era inmune a las llamas y al fuego, y estaba completamente desprovisto de dones físicamente superiores como los que se le habían otorgado a Heracles. Al llegar a la Cólquida, Jasón deseó más que nunca haber convencido a Heracles de permanecer a bordo del *Argo*.

Sin embargo, desconocía el plan que la diosa Hera había inventado para que sobrevivieran. El rey Eetes tuvo una hija, Medea, la alta sacerdotisa de Hécate y diosa de la magia. Medea era más que experta en las artes mágicas. Ella sería una poderosa aliada para los argonautas, pero su corazón estaba frío y retraído. Hera sabía que solo por un hechizo de amor Medea estaría dispuesta a ayudar a Jasón y a sus hombres. Before the *Argo* ever touched the shores of Cólquida, Hera had called upon Eros to stand by and remain close to the princess. Cuando llegara el momento oportuno, dispararía a Medea con una flecha de amor, y a partir de entonces, ella estaría profundamente enamorada del joven príncipe.

Cuando los argonautas se acercaron a la ciudad de Aia, se les dio una escolta real a la corte del rey Eetes, quien dio la bienvenida a los hombres como sus invitados más honrados, hasta que el rey descubrió la verdadera razón por la que los argonautas habían venido a la Cólquida. Eetes tenía la intención de derribar al joven príncipe en el acto, pero tales actos estaban mal vistos en el mundo democrático de los antiguos griegos. Tales acciones a menudo provocaban disputas de sangre generacionales entre reinos, y el rey Eetes, a pesar de toda su codicia y faltas, todavía se preocupaba por la paz y la prosperidad de sus súbditos.

Eso no significa que el rey estuviera dispuesto a renunciar a su preciada posesión. En cambio, le informó a Jasón que era más que bienvenido a probar suerte derrotando al dragón que custodiaba la cueva, así como a los dos toros que escupían fuego que Eetes había agregado como medidas de seguridad adicionales. Jasón tendría que domesticar a los dos toros. Luego necesitaría usar a los animales para arar un campo gigante en el que plantaría los dientes de un dragón. Esos dientes se convertirían en soldados, gigantes y despiadados, y Jasón también tendría que matarlos para reclamar su premio. Y después de todo eso, tenía que lidiar con el dragón que custodiaba el vellón.

Jasón no podía contradecir al rey. Sabía que si no aceptaba este desafío, sería declarado ladrón, y el rey Eetes estaría en su derecho de derribar al héroe y a los argonautas. Jasón podría perder su propia vida, pero no haría nada para perjudicar a sus hombres.

Mientras Jasón y Eetes discutían los términos, entró Medea. Eros estaba listo con una flecha en su arco, y tan pronto las puertas principales del pasillo se abrieron para que entrara Medea, Eros le disparó en la cadera. Los mortales no sentían el aguijón de las flechas de Eros, por lo que la princesa siguió adelante sin inmutarse. Cuando levantó los ojos, la primera mirada que encontró fue la de nuestro héroe Jasón. Eetes presentó a su hija, que era bastante encantadora, con cabello negro azabache y ojos oscuros brillantes. De hecho, Medea fue aclamada como una de las mujeres más "hechizantes" de Grecia. Su otra característica distintiva era su naturaleza inquebrantable y despiadada, que coincidía por igual con su belleza. En términos psicológicos, la princesa estaba en el límite de la sociopatía. Era hermosa pero loca, e incluso con la flecha de amor de Eros todavía clavada en su cadera, nadie podía decir con certeza si su nuevo amor por Jasón coincidiría con el amor que tenía por sí misma. Eros no iba a dejar nada al azar, y también le disparó a Jasón por si acaso.

Medea fue a reclamar su asiento al lado del trono de su padre, y mantuvo la mirada de Jasón durante casi todo el tiempo. Jasón estaba teniendo muchos problemas para concentrarse en el rey y no en su hija. Una última estipulación era que Jason intentaría adquirir el vellón por su cuenta. No podía contar con la ayuda de sus hombres. Jasón estaba más que feliz de aceptar esos términos. Necesitaría a todos los argonautas vivos y bien para llevar la nave de regreso a Iolkos, caso tuviera éxito con el el vellón.

Esa noche, antes de que Jasón hiciera su intento, Medea lo visitó en sus aposentos. Jasón estaba acostado en su cama cuando la princesa apareció, y parecía evaporarse a través de las paredes. Nunca escuchó la puerta de sus aposentos abrirse o cerrarse. Ella se deslizó a su lado. Los dos amantes no compartieron palabras; simplemente cayeron en los brazos del otro. Mientras yacía en el resplandor de su amor, Medea le informó a Jasón que ella era la única persona que podía asegurar el éxito de su tarea. Jasón se sentó y escuchó atentamente la propuesta de su amante. Medea dijo que prepararía un ungüento que lo protegería de las llamas de los toros. Le permitiría acercarse lo suficiente para domesticar y aprovechar a los animales, luego lo ayudaría a calmar al dragón y le diría cómo derrotar a los soldados que surgirían de sus dientes.

Sin embargo, Medea tenía algunas condiciones. No estaría dispuesta a realizar ninguna de estas tareas ni a divulgar ninguna información si Jasón no la llevara de vuelta a Iolkos y la convirtiera en su reina. Le aseguró a

Jason que sin su ayuda, seguramente moriría, dejando al héroe muy pocas opciones. Aparentemente también amaba a la princesa, un efecto secundario de la flecha de amor de Eros. Sin embargo, no se sabe cuánto creía en ese amor. Sin embargo, aceptó los términos de Medea, y fiel a su palabra, ella le dijo a Jasón todo lo que necesitaba saber para sobrevivir a su peligrosa búsqueda.

Al día siguiente, Jasón se despidió de sus hombres y les ordenó que lo observaran desde los acantilados, todos excepto el legendario y conocido músico Orfeo y Medea. Ella le proporcionó a Jasón el ungüento como había prometido. Se lo untó por todo el cuerpo antes de arreglarse y dirigirse a donde yacían los toros. Jasón pudo acercarse a los toros, a pesar de ser consumido en un furioso túnel de fuego infernal. Se dirigió hacia cada animal, y después de enunciar algunas palabras suaves y dulces, logró acurrucar a los dos toros bajo sus pies como gatos ronroneantes.

Jasón domando los toros de Eetes por Jean-François de Troy, 1679-1752. [58]

La siguiente parte de la misión era sembrar los dientes de dragón. Los dientes ya habían sido recolectados por Eetes. Con los dientes en la mano, Jasón se dedicó a arar el campo con los toros y a plantar los dientes en filas ordenadas. Alrededor de una docena de soldados se abrieron paso fuera de la tierra. La noche anterior, en la habitación de Jasón, Medea le había asegurado a su héroe que lo que tenían en fuerza, les faltaba en inteligencia. Después de todo, no eran humanos normales, sino seres más alineadas con las leyes de la naturaleza. Estos soldados eran provocados muy fácilmente, ya que el ataque era su único modo de interacción. Por lo tanto, Jasón arrojó piedras a los soldados. Sin saber que estas piedras estaban siendo arrojadas desde lejos, los soldados se enfrentaron a quien determinaron que era una amenaza, incluso a los de su propia brigada. En cuestión de minutos, los soldados se habían diezmado completamente entre sí. La única tarea que le quedaba a Jasón era reclamar el vellón.

El dragón era todo lo que quedaba. Y este dragón nunca dormía. Al igual que con la mayoría de los mitos, existen diferentes versiones. Por ejemplo, algunos dicen que Medea le había dado a Jasón un brebaje de hierbas que dormía al dragón. Sin embargo, existe una versión más emocionante. Orfeo, que estaba entre los argonautas, tocó una relajante canción de cuna con su arpa. Medea incluso ayudó, usando su hechicería para asegurarse de que el dragón se durmiera. Pronto, el gran y temible dragón estaba durmiendo como un bebé. La música a veces es realmente la única forma de calmar a una bestia salvaje.

Una vez que la bestia estuvo dormida, los tres se acercaron sigilosamente. Jasón rodeó de puntillas al dragón dormido y encontró el vellón clavado en un árbol alto pero sin hojas bañado por un solo rayo de luz solar, que había atravesado la parte superior de la cueva. Jasón nunca había puesto los ojos en ningún material que fuera como el vellocino de oro. Las mismas fibras parecían atraer y seducir, lo que muestra cómo el rey Eetes perdió su cordura y humanidad para mantener el vellón de las manos de otros hombres. Los tres vencedores no perdieron tiempo en regresar al *Argo*, donde los argonautas estaban esperando, listos y preparados para zarpar.

La noticia de la victoria de Jasón y su apresurada salida había llegado al rey Eetes, quien no esperaba que el joven príncipe tuviera éxito. Inmediatamente sospechó que alguien de su familia había ayudado a Jasón, pero sorprendentemente nunca consideró a Medea como la culpable. Era su niña perfecta, y él no la consideraba capaz de tal traición, aunque era más que plausible para todos los que conocían su verdadera naturaleza.

Eetes llamó a su hijo primogénito Apsirto para que lo ayudara a encontrar a los argonautas. Eetes ya no se preocupaba por la opinión pública o las disputas de sangre; su ira nublaba su juicio. Los dos zarparon con sus batallones personales y estaban a punto de acercarse a su objetivo. Mientras tanto, Medea estaba debajo de la cubierta del *Argo*, realizando magia de sangre para detener a su padre. Medea lanzó un hechizo que causó una hemorragia en el cerebro de su hermano. Apsirto cayó sobre sus manos y rodillas, sentía náuseas y un dolor de cabeza palpitante. Uno de los soldados gritó al rey Eetes que su hijo estaba sufriendo, y el rey inmediatamente se precipitó al lado de su hijo. Pero no había nada que se pudiera hacer.

El hijo del rey colapsó, pero este no fue lo peor. El hechizo de Medea era doble. Mientras su hermano sufría y era incapaz de comprender el tiempo y el espacio, comenzó a desintegrarse y a sufrir síntomas parecidos al de la lepra. Estaba cubierto de furúnculos y cicatrices. Antes de que el rey pudiera reaccionar, su hijo se había desintegrado por completo. Toda la sangre de su cuerpo corría por la cubierta y los trozos de carne caían al océano. La visión grotesca y gráfica detuvo la misión del rey. No se atrevió a seguir persiguiendo a los argonautas, porque temía que este tormento hubiera sido enviado por un dios. Medea era tan poderosa y tan aterradora.

Después de una pelea con las sirenas (las melodiosas criaturas carnívoras que atraían con cantos a los hombres hacia su muerte) los argonautas finalmente encontraron refugio en la isla de Drepane, donde Jasón y Medea finalmente se casaron. Después de un largo descanso en la isla, Jasón y los argonautas regresaron a Iolco, donde el príncipe buscó finalmente reclamar su trono y gobernar como rey. Toda la compañía irrumpió en la sala del trono del rey, y Jasón arrojó el vellón de oro a los pies de su tío Pelias. Sin embargo, Pelias no renunciaría a su trono. Con el vellocino de oro en la mano, podría gobernar durante décadas y adquirir tierras nuevas y muy destacadas. ¿Por qué renunciaría repentinamente al trono a Jasón ahora que tenía riqueza y poder?

Jasón no aceptaría esta traición. Y estaba aún más dispuesto a deshacerse de su tío una vez que supo la verdad por Medea de que Pelias había asesinado a su padre y había hecho que el corazón de su madre se rompiera al punto de morir. Jasón instruyó a Medea para que se vengara de cualquier manera que pudiera pensar, y Medea no lo decepcionó. Una noche en la corte, reunió a las hijas de Pelias a su alrededor y les dijo que ahora que su padre tenía el vellón, se volvería inmortal. Las hijas ahora vivirían bajo su gobierno sádico y cruel por el resto de sus vidas. Era un secreto poco conocido que Pelias no estaba dispuesto a dejar que sus hijas se casaran o renunciaran al control de sus vidas de ninguna manera. Las chicas eran prácticamente rehenes. No podían soportar la idea de que su padre sobreviviera eternamente y controlara sus destinos hasta su fin. Las tres chicas asesinaron a Pelias y le dieron el trono de buena gana a Jasón.

Sin embargo, Jasón tenía un gran problema entre manos. Una vez que tomó el trono e instaló a Medea como su reina, hubo revueltas en todo el reino. Era una hechicera muy conocida en todo el Peloponeso, y era muy temida por aquellos que conocían el alcance de su poder y su naturaleza despiadada. El pueblo de Iolkos no aceptaría a una hechicera extranjera como su reina. Jasón, temiendo por la seguridad de su amada esposa y protectora, la llevó al exilio en la isla de Corinto, donde planeaba vivir el resto de sus días juntos con alegría y felicidad.

Fueron felices por un tiempo. Medea incluso dio a luz a tres hijos de Jasón. Sin embargo, poco después de que nacieran, Jasón cayó en desgracia. Una noche, se acercó a Medea y le pidió permiso para proponerle matrimonio a la princesa de Corinto. A fin de cuentas, no era prudente que Jasón hiciera esta solicitud. Medea era tan posesiva como protectora, y su solicitud de estar con otra mujer era la máxima traición. Jasón la amaba, pero ella a veces era fría e implacable y, aún así, creía que nunca le haría daño. Sabemos que ni el infierno tiene la furia de una mujer despechada, y Medea no tenía interés en compartir a su esposo con otra princesa. Solo hacer esta petición era una gran ofensa, y lo único en lo que podía pensar ella era en la venganza.

Mató a la princesa de Corinto volviéndola loca al punto de arrojarse desde el acantilado más alto de la isla. Como si esto no fuera suficiente, para castigar aún más a Jasón, masacró a sus tres hijos pequeños y los acostó a cada uno en su cama matrimonial para que su esposo los encontrara. Luego de completar su venganza, se dirigió a Atenas para buscar el trono de otro rey.

Jasón regresó a casa más tarde esa noche. Encontró a sus amados hijos asesinados y heridos a tal punto que eran casi irreconocibles. La pérdida de un hijo es la desesperación más profunda. El más grande de todos los héroes mortales, que había viajado por los mares, había superado a las criaturas más temibles del mundo antiguo y había recuperado su corona para acabar renunciando a ella por amor, fue destruido por la misma mujer despiadada que había elegido como novia. Jasón vivió el resto de sus días solo. Incluso había perdido el favor de Hera por romper su promesa a Medea. Murió cuando una de las vigas del *Argo* cayó y lo golpeó en la cabeza. Jasón murió instantáneamente, enterrado en las ruinas de uno de los barcos más grandes que jamás haya navegado por los mares y como uno de los héroes más grandes que jamás haya existido.

Capítulo 11: Teseo, el cazador de minotauros

¿Recuerdas cómo la reina de Creta había sido impregnada por el toro más hermoso de todos los tiempos, el toro de Creta? De su unión bestial surgió el Minotauro, que se convertiría en el terror de Creta. El rey Minos colocó a la terrible criatura en un laberinto gigante debajo de su palacio y comenzó a alimentarla con prisioneros y enemigos. Aunque era un método eficaz para implementar el miedo en su pueblo y deshacerse de los traidores, no dejaba exactamente el mensaje correcto a los reyes restantes de Grecia o a los propios súbditos del rey. La naturaleza caníbal del Minotauro era bastante inquietante, y más inquietante era un rey que saciaba activamente a esa bestia. Minos era el mismo tipo de enemigo detestable al que Heracles se enfrentó en sus doce trabajos.

Estos sacrificios aliviaban la gran vergüenza del rey Minos de haber sido engañado con un toro divino. Muy pronto, el Minotauro obtendría más comida. Sin embargo, la mitología del Minotauro comienza con un rey que anhelaba un hijo y una princesa que logró dormir con un rey y con un dios al mismo tiempo.

Años antes del encuentro sexual entre la reina Pasífae y el toro de Creta, el rey de Atenas, Egeo, estaba a punto de cumplir los treinta años y aún no había logrado tener un hijo. En una misión diplomática al reino de Trecén, le contó al rey sus preocupaciones de engendrar un heredero. El buen rey ofreció a su hija Etra a Egeo, pensando que tal vez de su unión se produciría un hijo. Los dos jóvenes amantes (si podemos llamarlos así) pasaron la noche juntos. Más tarde, durmiendo en el resplandor de un amor decente, la princesa tuvo un sueño extraño. La diosa Atenea se le apareció a Etra y le dijo que el niño que crecería en su vientre a partir de esta noche sería un niño excepcionalmente bendecido, destinado a realizar grandes y heroicas hazañas. Atenea le dijo a la princesa que bajara al mar, se parara cerca del borde del agua y esperara. Etra se levantó de la cama y siguió las instrucciones de la diosa.

Esperó en el borde del mar, las pequeñas olas besaban suavemente los dedos de sus pies. Aunque las fuentes son algo confusas, es posible que la princesa no estuviera del todo consciente durante su visita al agua; era como si estuviera en estado de hipnosis. Justo en el momento oportuno, el dios de los mares, Poseidón, salió del agua oscura y procedió a tener relaciones sexuales con la princesa. Cuando se trata de producir héroes ideales, los dioses y diosas del Olimpo realmente no prestan atención a cosas como el consentimiento, pero la mayor parte de la mitología que rodea este cuento en particular hace evidente que la princesa realmente se divirtió tanto en el palacio con Egeo como en la playa esa misma noche con Poseidón.

A menudo, en la mitología griega, no era raro que un niño tuviera dos padres o dos madres o que fuera concebido en el estómago de una mujer, pero luego se colocara en el muslo de un hombre durante el resto del período de gestación. Las reglas de la ciencia no se aplican cuando hablamos de esperma divino. De esta doble unión nació el héroe Teseo. Su reclamo como hijo de Egeo le dio tierras, un título y poder. Su ascendencia divina también le dio habilidades que no eran comunes al mundo de los hombres mortales. Dado que su nacimiento también fue bendecido y orquestado en cierto sentido por la diosa Atenea, Teseo también tendría una mente lógica capaz de calcular racionalmente el mejor camino para el éxito. Todas estas cualidades le servirían para cuando llegara a la edad adulta.

A la mañana siguiente, después de que Egeo pasara la noche con la hija del rey (no estaba al tanto de su pequeña visita nocturna a la playa), hizo los preparativos para regresar a Atenas. Sin embargo, antes de partir, dejó algo para su futuro hijo. Cerca del mismo lugar donde Etra había yacido con Poseidón, Egeo colocó su espada y sandalias debajo de una gran piedra lisa. Cuando su hijo alcanzó la mayoría de edad, Egeo esperaba encontrar los objetos y regresar a Atenas con estas herramientas para ocupar el lugar que le correspondía como príncipe.

Teseo creció en Trecén con su madre, y cuando cumplió diecisiete años, ella lo llevó a la orilla del agua y le contó la historia de su concepción. Cuando la princesa terminó de hablar, llevó a su hijo a la piedra donde las posesiones de su padre habían estado almacenadas durante casi dos décadas. Teseo, un joven sumamente fuerte, hizo rodar la piedra con gran facilidad. Su búsqueda para llegar a Atenas y reclamar su derecho de nacimiento había comenzado, al igual que la leyenda de Teseo y el Minotauro.

Antes de que Teseo emprendiera su viaje, su madre Etra le rogó que viajara por mar y no por tierra. En el mundo antiguo, viajar por carreteras abiertas era muy peligroso. Había ladrones que no pensaban dos veces antes de cortar la garganta de cualquier y llevarse sus posesiones. O peor aún, podía aparecer algún tipo de criatura de otro mundo para arrancarle los ojos o desollarlo vivo. Por supuesto, también había amenazas en las aguas abiertas, pero Teseo, decidido a demostrar que era digno de su filiación, decidió tomar la carretera. Armado con la espada del rey, Teseo partió, y en el camino, se encontró con una buena cantidad de pruebas y victorias. Mató a todos los enemigos que encontró en el camino. Estos no eran viajeros inocentes, sino hombres malvados y monstruos, profanadores de la vida humana. Todos temían a estas criaturas y nadie osaba enfrentarlos, excepto el joven príncipe.

El primer malhechor que encontró fue un hombre que se llamaba Perífetes. Este bruto era conocido por golpear los cráneos de los viajeros con su garrote de hierro. Lo peor es que no robaba nada de sus víctimas; los asesinatos eran puramente por deporte. Teseo logró matar a Perífetes, y se llevó su arma como trofeo. Además, no todos los días uno se encontraba con un arma tan fina. El siguiente hombre al que se enfrentó Teseo era un individuo mucho más enfermo y retorcido que Perífetes; era conocido como Procusto. Este individuo perturbado ataba a sus víctimas a una cama de hierro y estiraba sus extremidades para que llegaran a los bordes de la cama. A las desafortunadas almas que eran demasiado altas para el tamaño de la cama, les cortaba las extremidades una por una. Teseo se acercó a la camilla y la partió por la mitad con su espada.

En este punto de su viaje, había comenzado a llegar a ciertas ciudades de Grecia la noticia de los logros heroicos de Teseo. Cuando llegó a Atenas para finalmente comparecer ante su padre, el héroe se encontró con más peligro. Unos años después de su noche con la princesa de Trecén, el rey Egeo se había vuelto a casar, tomando como esposa a la hechicera y ex esposa de Jasón, Medea. Era una mujer a la que le gustaba tener el control de su destino y de los que la rodeaban en todo momento. Sabía que su esposo esperaba el regreso de su hijo, y temía que su pretensión de gobernar e influir en Egeo disminuyera.

Cuando Teseo llegó a la sala del trono del rey, Medea, siendo astuta y más que dispuesta a matar por su posición, convenció a Egeo de que no se podía confiar en su nuevo visitante. Le susurró al oído para darle al joven una taza de veneno. Mejor prevenir que curar. Egeo ofreció la bebida a su hijo, desconociendo su identidad hasta el momento en que Teseo dio un paso adelante para aceptar la bebida. Mientras daba un paso hacia el rey, este logró ver su espada. El rey Egeo reconoció el arma de inmediato. Este era su hijo y el tan esperado heredero. Medea no pudo salir de esa sala del trono lo suficientemente rápido y huyó a un lugar desconocido.

La reunión entre el rey y su hijo fue desbordante de alegría. Sin embargo, poco después, su alegría se vio sofocada por la desafortunada situación política entre Atenas y Creta. Antes de que Teseo llegara, Egeo había organizado una serie de juegos con todas las *polis* griegas vecinas. En uno de los eventos, el hijo del rey Minos, Androgeo, fue aplastado por un carro. El rey Minos estaba tan indignado por la muerte inesperada de su joven hijo que exigió tributo de Atenas. Para evitar una guerra con el rey irracional de Creta, Egeo consintió en la idea de enviar tributos. Cada año, la ciudad de Atenas enviaba a catorce de los hombres y mujeres jóvenes más bellos y virtuosos para ser entregados en sacrificio al gran terror de Creta, el Minotauro. El barco que transportaba los tributos a la isla siempre navegaba bajo una bandera negra para que los barcos que pasaban supieran que había sacrificios a bordo.

Cuando Teseo descubrió que su padre había sido esencialmente obligado políticamente a tal barbarie, decidió poner fin al Minotauro. Su plan era ofrecerse a sí mismo como tributo e ir al laberinto y matar a la bestia. Cuando informó a su padre de su plan, el rey no quiso saber nada con el plan. Su único hijo estaría navegando hacia su posible muerte. Egeo acababa de dar la bienvenida a su tan esperado heredero a su vida. Sin embargo, después de mucho debatir y convencer, el rey finalmente aceptó la misión de su hijo, pero le hizo jurar que cuando navegara de regreso a Atenas, levantaría velas blancas en su barco, reemplazando las velas negras de la muerte. De esta manera, el rey sabría que su hijo había sobrevivido y regresaba a casa.

Entonces, llegó el día del tributo, y fiel a su palabra, Teseo se ofreció. Este fue un tributo muy especial, ya que el príncipe perdido hace mucho tiempo era la preciada joya de Atenas. Era el joven más encantador, más fuerte y más inteligente que Egeo podía ofrecer. Minos estaba muy contento cuando recibió la noticia de que uno de los reyes más poderosos de Grecia estaba consintiendo en dejar que su único hijo fuera devorado por un monstruo impío. Cuando Teseo bajó del barco en Creta, él y los otros tributos fueron llevados al palacio del rey para ser inspeccionados.

El rey Minos saludó a su huésped real, estrechándole la mano. Luego lo presentó a su joven hija Ariadna, que quedó inmediatamente impresionada por la belleza y el encanto de Teseo. El joven príncipe también notó la sorprendente belleza de Ariadna. Más tarde esa noche, la princesa visitó a Teseo en los aposentos del tributo, y los dos compartieron una noche apasionada. Teseo confió en la princesa y le contó su plan para matar al Minotauro. Aunque parecía confiado en sus habilidades, Ariadna sabía que si lograba matar a la bestia, sin duda se perdería en el laberinto. Muchos tributos habían muerto no por un ataque directo del Minotauro, sino por sucumbir al hambre o la deshidratación. Sus cadáveres yacían dentro del laberinto y servían como bocadillos para para más tarde.

Temprano a la mañana siguiente, Ariadna se despertó antes que nadie en el palacio. Bajó a los muelles, donde recogió un carrete de hilo de uno de los vendedores y regresó a la cama de Teseo. Despertó a su amor y le ordenó que llevara el carrete con él al laberinto. Antes de entrar, tenía que atar el extremo del hilo a una de las columnas fuera de la entrada. Los guardias que atendían el laberinto no acompañaban a los tributos hasta el interior. Estaban aterrorizados por el Minotauro y tenían una buena razón. La bestia no distinguía entre amigo o enemigo, presa o amo. Si el rey Minos entraba en el laberinto, no sería tratado de manera diferente a los otros tributos. Este carrete actuaría como las migas de pan de Teseo, que lo llevarían de vuelta al exterior una vez que hubiera matado al Minotauro. Ariadna también logró obtener una espada para su amor y la escondió cerca de la entrada. Por todo lo que Ariadna había hecho para ayudar, Teseo prometió llevarla de regreso con él a Atenas.

Y así, Teseo y los otros tributos atenienses fueron llevados a los oscuros pasadizos del laberinto. El hedor era peor de lo que Teseo podría haber imaginado. Los cadáveres en descomposición y los huesos de las comidas anteriores del Minotauro estaban esparcidos, trozos de piel rasgada se aferraban a las paredes, que estaban salpicadas de color marrón con la sangre seca de cientos de víctimas. Los giros y vueltas de los pasillos eran esporádicos, y las paredes parecían moverse y cambiar de dirección a voluntad. La oscuridad en el laberinto lo consumía todo. El simple ojo humano no podía ver más allá de dos o tres pies, pero afortunadamente, no todos los tributos en el laberinto eran humanos. Como semidiós, Teseo poseía sentidos intensificados, reflejos naturales e intuiciones que le permitían estar a la par con el Minotauro en términos de fuerza y velocidad.

No podía ver en la oscuridad, pero el aire en el laberinto era espeso y frío. Teseo podía sentir los cambios de tensión y avanzaba lentamente hacia la oscuridad, con la cuerda de Ariadna atada a la cadera. No era el cazado; era el cazador. Durante casi dos horas, Teseo escuchó atento y caminó por el laberinto intentando distinguir los sonidos más sutiles y los cambios en el entorno. El resto de los tributos se habían quedado cerca de las primeras partes del laberinto, con la esperanza de no encontrarse con la bestia.

Un mosaico de Teseo y el Minotauro.[55]

Teseo finalmente dejó de buscar y decidió hacer que el Minotauro se acercara a él. Comenzó a golpear su espada contra la pared de vez en cuando para que la bestia pudiera tener una idea de dónde estaba, pero no precisar su ubicación exacta. Entonces Teseo lo oyó: el distintivo clip-clop de una pezuña bovina. El hedor se intensificó. El aliento del

Minotauro también parecía cambiar la temperatura del aire alrededor de Teseo. Teseo se mantuvo firme, con la mano firme en la empuñadura de su espada, listo para el momento en que la bestia lo atacara con sus grandes cuernos.

El Minotauro golpeó su pie en el suelo una vez, dos veces. Corrió directamente hacia el joven príncipe, quien desenvainó su arma en el último minuto. Con un gracioso golpe, enterró su espada en el cuello del Minotauro. La bestia, todavía en estado de shock por el ataque mortal, intentaba correr hacia adelante, y se empalaba aún más en la espada de Teseo. Finalmente, la punta de la espada atravesó la parte posterior de su cráneo. El gran terror del rey Minos y la isla de Creta había sido derrotado. Teseo cortó la cabeza del Minotauro por si acaso, tomándola como un trofeo para su padre, y procedió a seguir el hilo que marcaba el camino hasta el final del laberinto donde estaban los otros tributos atenienses, vivos y en buen estado.

Ariadna no pudo controlar su felicidad cuando vio que el hombre de sus sueños estaba vivo. Aunque Teseo era el actor principal en esta historia, era Ariadna la que había asegurado su supervivencia. Sin su brillante idea, Teseo habría estado caminando hacia su muerte, y lo sabía. Él, Ariadna y los tributos se fueron en el barco con velas negras y partieron hacia Atenas. Sin embargo, no todo era perfecto. El barco se detuvo en la isla de Naxos para reabastecerse, y a la mañana siguiente, cuando Ariadna se despertó, se encontró durmiendo sola en la playa. Sorprendida por su situación, recorrió la playa en busca de su amor, luego miró hacia el interior para ver si podía ver a los atenienses en lo alto del terreno. "¿Tal vez están buscando más comida o agua?" se dijo a sí misma, pero sabía que era una mentira. La joven princesa se volvió lentamente hacia el mar y vio las velas negras en el horizonte. Teseo estaba a bordo del barco, navegando lejos de la isla.

¿Por qué abandonaría a la princesa? Los mitos son un poco confusos. Se cree que la celosa Hera se le había aparecido al príncipe ateniense en un sueño y lo convenció de dejar atrás a la joven. Algunos dicen que Dioniso quería a Ariadna para sí mismo en ese momento y convenció a Teseo de que la dejara. Sin embargo, también es posible que Teseo se diera cuenta de que no se preocupaba por Ariadna tanto como pensaba. Tal vez solo la estaba usando, o tal vez no quería pasar el resto de su vida con ella como su reina. A pesar de ser venerados como héroes, muchos semidioses tomaron una gran cantidad de decisiones morales cuestionables. Esto generalmente mostraba su lado humano y su tendencia a la imperfección. Semidiós o no, Teseo seguía siendo un hombre. La pobre Ariadna no sufrió tanto después del abandono, pues fue seducida por Dionisio, quien se la llevó para convertirse en su esposa y fue madre de dos de sus hijos.

En su camino de regreso a Atenas, Teseo comenzó a arrepentirse de haber abandonado a la princesa. Se dio cuenta de que tal vez amaba a Ariadna. Estaba tan angustiado por perder a la mujer que olvidó cambiar las velas de su barco de negro a blanco. El rey Egeo había colocado vigías en los acantilados día y noche durante la última quincena para que se le notificara en el momento en que se viera la nave de Teseo. Uno de los vigías notó una mancha negra que venía hacia los acantilados, pero no podía distinguir si era el príncipe o una nave enemiga. Finalmente, pudo identificar las velas negras. El vigía corrió hasta el palacio y atravesó las puertas de la sala del trono. Se arrojó ante los pies del rey y lloró porque se habían visto velas negras en el agua.

El rey, incrédulo, corrió hacia los acantilados y, de hecho, vio que el hombre decía la verdad. Nada se compara con la muerte de un hijo. Egeo había perdido a su hijo y, por tanto, su corazón y su voluntad de vivir. El rey no soportó el dolor. Sin dudarlo, saltó del acantilado en caída libre. Teseo vio a su padre morir y su corazón se partió nuevamente. Ahora era el rey de Atenas, pero era un trono que ocuparía lleno de dolor y tristeza. Como semidiós, Teseo era fuerte y valiente, pero perdió a su amor y a su padre en un solo día debido a su debilidad como hombre.

Capítulo 12: Perseo y Medusa

La historia del semidiós Perseo comienza con la historia de amor de sus padres. Aunque Zeus tenía muchas esposas e incluso muchas más amantes, era una criatura muy emocional. Era una persona que se enamoraba de todo y de todos. Se ha dicho que de todas esas mujeres, la que más amaba era Dánae. Era hija del rey Acrisio y la reina Eurídice, y era amada por su pueblo, pero temida por su padre. El rey y la reina no habían tenido hijos para heredar el trono. Cuando su hija finalmente nació, su alegría no tenía paralelo, pero un pensamiento oscuro e inquietante irrumpió en la mente del rey durante años.

Antes de que Dánae fuera concebida, Acrisio había buscado el consejo y la adivinación del oráculo de Pitia para determinar si alguna vez tendría un hijo. Pensó si tal vez había enojado u ofendido a los dioses de alguna manera sin darse cuenta. El oráculo informó al rey desesperado que su línea de hecho produciría un heredero varón, pero que no sería suyo. El niño un día crecería y se desharía de Acrisio y arruinaría todo lo que amaba y apreciaba. Poco después de que naciera Dánae, Acrisio se dio cuenta de que sería su vientre el que produciría su caída. Cuando Dánae sangró por primera vez, su padre no perdió tiempo en encerrarla en una habitación subterránea hecha completamente de piedra y tierra. Había poca o ninguna luz, a excepción de un tragaluz con barras de metal sobre el techo.

Dánae se quedó allí durante dos inviernos. Otra persona habría renunciado a toda esperanza de vida; tal vez, sucumbirían a la soledad y a la desesperación que sentían. Pero no Dánae. De alguna manera, ella nunca perdió la esperanza dentro de esa celda oscura y aislada. Zeus había estado escuchando las oraciones de la niña. Era fuerte y estoica, y

Zeus se enamoró de su espíritu gentil e implacable. Una noche, la visitó en esa prisión, bajando a través de los espacios entre las barras de metal como una lluvia dorada. De esta forma, le hizo el amor a Dánae.

La experiencia para Zeus también fue algo diferente, y cuando su esposa Hera preguntó sobre la razón detrás de su infidelidad, Zeus le respondió: "Nunca antes el amor hacia ninguna diosa o mujer se había derretido tanto sobre el corazón dentro de mí, quebrándolo al punto de sumisión, como ahora, como cuando amé a la dulce hija de Akrisio, Dánae".[i] Esto debe haber sido hiriente para Hera, pero Zeus estaba diciendo la verdad. Zeus tenía algunas tendencias despreciables, pero esto suena a honestidad brutal.

Esa noche engendraron a Perseo. Dánae dio a luz sola en su celda. Después de su trabajo de parto, su padre no perdió tiempo en deshacerse de ella y de su hijo recién nacido. Después de que el médico del rey certificara al hijo de Dánae, Acrisio encargó a sus albañiles que construyeran un sarcófago. Colocó a su joven hija y a su nieto en ella y los arrojó al mar.

Zeus había estado vigilando a Dánae desde que quedó embarazada, y tan pronto como fue arrojada a las olas, Poseidón estuvo atento. Puso a salvo el sarcófago con un pescador llamado Dictis. La llevó a salvo a la isla de Serifos, un reino pequeño y aislado. Aun así, el mundo es pequeño. Durante los primeros días después de su llegada, Dictis cuidó a la joven madre para que recuperara la salud. La mayor parte del tiempo dormía, se despertaba solo para amamantar a su hijo; Dictis se encargaba de todo lo demás. El pescador había perdido a su propia esposa e hijo años antes, por lo que ver a Dánae en esta condición le rompió el corazón. No quería que la mujer y su pequeño hijo quedaran sin apoyo. Este niño necesitaba un padre o al menos alguna guía directa, y su madre, siendo madre soltera y mujer vulnerable, necesitaba la protección de alguien en el poder, alguien como su hermano, el rey Polidectes.

Aunque Dictis tenía buenas intenciones, su hermano no poseía el mismo espíritu amable y generoso. Anhelaba a Dánae, y después de que el rey hiciera varios avances, los cuales ella rechazó, decidió que la solución era secuestrarla y encerrarla para poder cortejarla. Dánae estaba destinada a sufrir. En cuanto a su joven hijo, Polidectes fue misericordioso, hasta cierto punto, y envió a Perseo a ser criado en el templo de Atenea.

---

[i] Homer, *Iliad* 14. 319 ff, trans. Lattimore. [Greek epic, c. 8th BCE].

En realidad, esta era una de las cosas más generosas que podría haber hecho por el joven héroe, ya que fue el comienzo del patrocinio y el favor de Perseo con la diosa Atenea. Más tarde se convertiría en una parte indispensable de su historia. Años más tarde, cuando Perseo había alcanzado la edad adulta, regresó a la casa de su antiguo padre adoptivo, Dictis, y se lamentó por el cautiverio de su madre. Dictis informó al joven héroe que fuera ante el rey y exigiera la liberación de su madre. Dictis sabía que el rey no la dejaría ir voluntariamente y pondría ante Perseo una tarea imposible a cambio de la liberación de su madre. Sin embargo, Dictis no desconocía por completo el linaje de Perseo. Dánae había confiado en Dictis como un padre. Ella le había informado de esa noche en su celda cuando quedó embarazada de Perseo. Cualquiera que sea el desafío de Polidectes para el semidiós, Perseo seguramente tendrá éxito.

Cuando Perseo entró en la sala del trono del rey, vio a su madre sentada a los pies de Polidectes, encadenada al suelo. Había cambiado, ya que el cansancio y la confusión de sus circunstancias habían embotado su espíritu, pero seguía siendo hermosa. Perseo se contuvo para no abrazarla. Le enojaba y le dolía ver a su bella y valiente madre de esa manera. Cualquiera que fuera el obstáculo, Perseo completaría su tarea de una manera u otra o encontraría la manera de matar al rey.

Exigió la liberación de su madre, y Polidectes accedió a cumplir si y solo si Perseo iba en busca de la cabeza de la legendaria y temible gorgona Medusa. ¿Se acuerda de Medusa? Había sido violada por Poseidón y luego maldecida por Atenea, la diosa de la sabiduría y la racionalidad. Medusa tuvo que vivir el resto de sus días con serpientes en lugar de pelo y una mirada que convertía en piedra a cualquier ser vivo. Perseo consintió en matar a la gorgona o morir en el intento, y luego salió de la sala del trono. Miró hacia atrás solo una vez para captar la mirada de los ojos de su madre, llenos de lágrimas pero bellos y más azules que el mar Egeo.

Zeus, que había estado siguiendo las aventuras de su hijo y examante desde el día en que Perseo fue concebido, suplicó a los dioses y diosas del Olimpo que ayudaran a Perseo en su misión y le otorgaran regalos que lo ayudasen a matar a la gorgona. Hades desinteresadamente le dio a Perseo su propio casco de invisibilidad. El poderoso Hefesto forjó una espada de acero con un mango de oro para el joven héroe. Atenea le obsequió un escudo de bronce reflectante, y Hermes le regaló un par de sandalias aladas. Todos estos dones serían necesarios para que Perseo superara a su oponente, que estaba bien equipada con el mejor mecanismo de defensa de cualquier hombre o animal. Además de esto, también era una arquera talentosa. Sin mencionar que tuvo años de agresión reprimida y rabia hacia el mundo de los hombres y los dioses por su situación actual.

Después de recoger sus regalos de los dioses y despedirse de Dictis, Perseo emprendió su misión. Para empezar, llegar a la vivienda de Medusa sería difícil. Su cueva se encontraba en las profundidades del monte Olimpo, en cavernas que eran tan antiguas como los titanes originales. Medusa no era la única criatura asquerosa que acechaba en esos oscuros pasillos y salones de piedra. Finalmente, Perseo se dirigió a la entrada de su cueva. Haciendo uso de todo su coraje, entró en la oscuridad. Los silbidos de serpientes fueron su guía para encontrar a Medusa, y por suerte, cuando la encontró, estaba profundamente dormida. El héroe que encontraba a su enemigo profundamente dormido era algo común dentro de la mitología griega. Ciertas versiones de Teseo y el Minotauro cuentan cómo Teseo encontró a la bestia dormida y pudo matarla con gran facilidad. Sin embargo, incluso dormida y con los ojos cerrados, Medusa era peligrosa. Perseo no quería arriesgar nada, ya que una mirada no directa podría causar el mismo daño.

Dio la espalda para enfrentarse al monstruo y levantó su escudo para usarlo como espejo con el fin de localizar a Medusa. Con cuidado, dando un paso hacia atrás, levantó su espada en el aire y la hundió en la base del cuello de Medusa. El monstruo decapitado se movió y se sintió miserable mientras su cabeza rodaba por el piso. De su cuello cortado brotaron sus gemelos, Pegaso y Crisaor. El primero se convertiría en la montura personal de Perseo, y sería crucial para el resto de su misión.

Perseo no movió un músculo y no abrió los ojos hasta que escuchó completo silencio. Una vez que el cuerpo de Medusa dejó de convulsionar, Perseo usó su escudo nuevamente para encontrar la cabeza cortada y colocó su capa sobre ella por si acaso. Luego la envolvió, la arrojó en su bolso, subió al corcel alado Pegaso y comenzó a volar de regreso a la isla de Serifos para liberar a su madre de su captor.

Perseo con la cabeza de Medusa *por Benvenuto Cellini, 1554.*"

En el camino de regreso, nuestro héroe se encontró con otra damisela en apuros, Andrómeda, la hija del rey Cefeo y la reina Casiopea, que eran señores de Jope en el Levante. Algunos dicen que el rey y la reina eran los gobernantes de Etiopía, pero sus orígenes no eran de la Grecia continental ni de las islas griegas circundantes. En una fiesta una noche, la reina se había jactado arrogantemente de que su hija era la criatura más bella del mundo. Su arrogancia cruzó una línea que no debía haber cruzado. Exclamó que su amada hija era aún más encantadora que las Nereidas, las ninfas hijas de Poseidón. Hay varias versiones sobre esta ofensa, pero la conclusión es que ofendió enormemente a los inmortales.

Como castigo, el dios Poseidón amenazó con destruir la ciudad de Jope desatando al monstruoso Cetus, una criatura marina y el condenado engendro del propio Poseidón. Poseidón, que tal vez era el menos misericordioso de los dioses, proporcionó al rey y a la reina un método para salvar a su amado reino y a todas las almas inocentes bajo su dominio. Les ordenó que sacrificaran a su único hija a Cetus encadenándola a una roca en el mar Mediterráneo. Solo su sangre saciaría a Cetus y salvaría la ciudad.

Estas elecciones políticas no se toman a la ligera y siempre presentan algunos pros y contras, que inclinarán la balanza hacia una determinada decisión. La decisión a la que llegaron el rey Cefeo y la reina Casiopea fue que la vida de su ciudad valía más que la de su hija. Eran jóvenes, y el vientre de la reina todavía funcionaba, pero reemplazar una ciudad y su gente sería casi imposible después de que un monstruo marino divino y muy agresivo prácticamente los borrara de la faz de la tierra. Andrómeda también se preocupaba por la vida y la seguridad de su gente, por lo que voluntariamente permitió que la llevaran a la orilla y la ataran a la roca para esperar su destino como mártir de Jope.

Perseo pasó volando en ese momento y vio a la bella doncella sobre la roca. Al principio, no prestó mucha atención a su situación, pero a medida que se acercaba, vio la belleza de la doncella y luego las olas ondulantes que parecían crecer cada vez más a medida que se acercaban a la princesa. Finalmente, la cabeza de Cetus salió de la superficie como una serpiente gigantesca. Su forma viscosa se arrastró hacia la orilla, lista para devorar a la tierna princesa. Perseo reconoció inmediatamente el peligro, y sabía lo que debía hacer para detener al monstruo y salvar a la princesa. Ninguna criatura de carne y hueso era rival para la mirada fría de una gorgona, sobre todo, la cabeza de la gorgona más mortal de todo el mundo antiguo.

Perseo se sumergió en el aire con su corcel alado y, mientras descendía, sacó la aterradora cabeza, preparándose para mostrarla a Cetus. Cuando el dragón marino hizo contacto visual con la cabeza de Medusa, inmediatamente comenzó a retroceder y retraerse, incapaz de comprender la sensación helada que se filtraba en sus venas y tejidos musculares. El miedo se apoderó de la serpiente y brilló desde el amarillo de sus ojos, que fueron las últimas partes del cuerpo en quedar inmóviles y muertas para siempre. La leyenda dice que Cetus todavía se puede encontrar en su forma de piedra en el antiguo Levante en algún lugar cerca del mar Rojo, mientras que otros dicen que está en el borde del Mediterráneo.

Perseo liberó a Andrómeda de su roca, la cargó en Pegaso y voló al castillo para exigir su mano en matrimonio a sus padres. El rey y la reina habrían obedecido de inmediato, dado el hecho de que el rescatador fue la respuesta a sus oraciones por haber salvado no solo a su amada hija, sino también a su bella ciudad. Sin embargo, la mano de su hija ya estaba prometida a otra persona. Esto no pareció perturbar a Perseo, y le pidió al rey y a la reina que trajeran al intrascendente príncipe. Perseo vio que el príncipe era un hombre débil y cruel que resentía a Perseo por haber sido el que rescató a su prometida.

Perseo no perdió tiempo y sacó la cabeza de Medusa de su mochila ensangrentada. El príncipe ni siquiera tuvo tiempo de gritar antes de que él también se convirtiera en piedra. El rey y la reina estaban perplejos, quizás un poco aterrorizados, de su futuro yerno. Perseo y Andrómeda regresaron a Serifos para finalmente rescatar a la madre de Perseo de su propio matrimonio no consentido.

Perseo tenía que ser astuto. Sabía que su madre estaría sentada en su lugar de encarcelamiento designado, a los pies del rey Polidectes. Primero fue a ver a su padre adoptivo, Dictis, para saludarlo y para ayudarlo a idear un plan para liberar a su madre. Al ver que Perseo no solo estaba vivo y bien, sino que también había salido victorioso en su búsqueda y estaba casado con la encantadora Andrómeda, Dictis lloró de felicidad. Dictis dijo que le pediría a Dánae que lo visitara en su casa para ayudar a reparar algunas redes de pesca viejas. Dánae solía venir sola cuando visitaba a Dictis, por lo que sabía que su hermano estaría solo en la sala del trono.

El día de la visita de Dánae, sin que ella lo supiera, Perseo entró en la sala del trono para presentar la cabeza de Medusa al rey como él lo solicitó. Polidectes estaba impactado. No esperaba que Perseo sobreviviera a su búsqueda, y estaba agradecido de que su madre no estuviera allí para ver que su hijo había tenido éxito. Polidectes ya estaba pensando en formas de matar a Perseo antes de que su madre pudiera descubrir que había regresado. Antes de que pudiera enviar un saludo a su hijastro, Perseo reveló la cabeza cortada de la gorgona y convirtió al rey en piedra allí mismo en su trono. En buena medida, Perseo se acercó detrás del rey de piedra y lo empujó fuera del trono, haciendo que la estatua se rompiera en un millón de pedazos. Este fue el final del maligno Polidectes. Pocos llorarían al malvado rey.

Cuando Dánae regresó a la sala del trono, vio a su propio hijo sentado en el trono con su nueva reina a su lado. Pocas madres en la historia del mundo antiguo sintieron tanta alegría y alivio al ver a su hijo. Dánae debe haber jadeado de felicidad, ya que su hijo no solo estaba vivo, sino que también había heredado las llaves del reino. Es típico de los cuentos antiguos, ya sean considerados mitológicos, bíblicos o de otro tipo, terminar con la muerte de un hijo muy querido o con la muerte de un padre. La historia de Perseo y Medusa es una de las raras excepciones en las que el héroe y uno de los padres se reúnen en un final feliz.

Capítulo 13: La guerra de Troya

La *Ilíada* y la *Eneida*, que cuentan la historia de la guerra de Troya, son algunas de las historias más difundidas en el mundo moderno. Miles de años después de su inicio, la historia de la guerra de Troya sigue cautivando a los lectores con sus lecciones de defectos humanos, fortalezas, deseos y esperanzas. Los nombres de los personajes han perdurado en las páginas de la historia y la mitología por su sentido único de contar hechos comunes al ser humano. Por ejemplo, ¿quién de nosotros no ha sentido el aguijón del amor no correspondido? Además, algunas personas son realmente desafortunadas. En las páginas de la *Ilíada* y la *Eneida* se pueden encontrar emociones de triunfo y vergüenza, comunes a todos los seres humanos.

Como expresamos anteriormente en este libro, el tema principal de un mito griego nunca comienza con la historia en sí, sino con algunos otros detalles. El contexto y los antecedentes eran muy importantes para los griegos. Quién era uno dependía de dónde venía, y sus circunstancias eventualmente derivaban en un solo destino. El resto de la historia era dictada por las elecciones de uno.

La historia de la guerra de Troya comienza con la boda de Peleo y Tetis, los padres del héroe y legendario luchador Aquiles (sabes que has sido una gran influencia en el mundo cuando una parte entera del tobillo lleva tu nombre y tu historia, pero hablaremos más sobre eso más adelante). Tetis era hija del titán Nereo de segunda generación y su esposa, la diosa ninfa Doris. Juntos tuvieron cincuenta hijas, la mayor de las cuales era Tetis. Ella cuidaba a sus hermanas y, al igual que sus padres, podía transformarse en cualquier criatura marina. La familia habitaba una serie de cuevas marinas enterradas en las profundidades del Egeo, y allí permanecieron, pacíficas y relativamente tranquilas.

Eso fue hasta el día en que Peleo hizo un trato con Zeus por la mano de Tetis, la más bella y adorada de sus hermanas. El Oráculo de Delfos había profetizado que el hijo de Tetis sería dos veces más grande que su padre. Zeus no podía permitirse sucumbir a los encantos de Tetis, ni podía permitir que ninguno de los otros inmortales tuviera la oportunidad de tenerla como esposa o amante. El niño que saldría de su vientre podría ser lo suficientemente poderoso como para matarlos a todos y perturbar el orden mundial. Por lo tanto, Zeus conspiró para que se comprometiera con un hombre mortal. Fue entonces cuando Peleo, el rey de Ftia, entró en escena. Era lo suficientemente poderoso como para ser respetable, pero no produciría un hijo mayor que los dioses.

Su hijo, sin embargo, todavía sería considerado un semidiós, dado el impresionante linaje divino de su madre, y se haría un nombre como uno de los mejores luchadores que el mundo había visto. Aunque los semidioses generalmente no son seres inmortales y de ninguna manera son 100 por ciento invencibles, pueden sucumbir a la muerte y las lesiones dadas las circunstancias adecuadas. Para asegurarse de que su hijo conservara parte de su invencibilidad como inmortal, Tetis lo llevó al río Estigia cuando era un niño pequeño. Sostuvo a su bebé por uno de sus talones y sumergió todo su cuerpo en las aguas de los muertos. Sin embargo, el lugar donde había sostenido a Aquiles no entró en el agua. Su talón era su único punto débil. La forma en que Aquiles pudo sobrevivir al ser sumergido en el río se debate en gran medida. Por lo general, aquellos con alguna herencia mortal que caían al río no sobrevivían, de ahí la necesidad de un barquero para transportar las almas de los muertos al inframundo.

La boda de Peleo y Tetis fue un asunto muy alegre, y todos los inmortales fueron invitados a la boda, excepto Eris, la diosa de la discordia. A pesar de no recibir una invitación por razones obvias, la diosa se lo tomó muy en serio. A fin de cuentas, no era prudente que la feliz pareja le faltara el respeto de esa manera y no esperar algún tipo de represalia a cambio. Eris ideó un plan para arruinar la boda. Envió una manzana de oro a la fiesta como regalo de bodas, dirigida a "la más hermosa de todas las diosas".

Naturalmente, Hera, Atenea y Afrodita pensaban que tenían derecho a la manzana. Zeus envió la manzana, junto con las tres diosas, a la ciudad de Troya, donde las diosas serían juzgadas por el joven príncipe Paris.

"Que las manos de los hombres se ensucien con esta decisión impopular", pensó Zeus. Paris estaba condenado si no juzgaba y condenado si lo hacía. No tenía forma de saber cuánto afectaría su decisión al resto de su reino y cambiaría la faz del mundo griego para siempre.

Las diosas se acercaron a Paris cuando salió una mañana a cazar con sus guardias. Llegó a un gran claro con un olivo alto en el medio. La zona estaba completamente silenciosa, y Paris bajó de su caballo para recoger algunas de las hermosas aceitunas. De repente, escuchó llegar a alguien más al claro. Empuñando su espada, listo para cualquier amigo o enemigo, se dio la vuelta rápidamente y se sorprendió al ver a tres diosas de pie frente a él. Paris cayó de rodillas. Cada diosa le ofrecía un regalo diferente para ser declarada la más hermosa. Todas las diosas ofrecieron generosos regalos, pero Paris fue persuadido por la tentadora oferta de Afrodita. Al final del día, ella era la mejor en cuanto a lo que el corazón del príncipe realmente deseaba. Le ofreció la mano de la mujer más hermosa del mundo: Helena, la reina de Esparta. Esto obviamente era un problema, pero el hecho de que Helen perteneciera a otro hombre no disuadió al joven príncipe de reclamar su premio.

Paris hizo el viaje a Esparta bajo el falso pretexto de una misión política para discutir los términos de las importaciones y exportaciones con el rey espartano, Menelao, un gran guerrero que venía de una prominente familia real. Su hermano, Agamenón, era el rey de Micenas y estaba en una misión política para unirse y gobernar sobre todas las *polis* de Grecia. Aunque cada ciudad-estado griega tenía su propio gobernante o rey en particular, fue Agamenón quien declaró que todos estos hombres le responderían y estarían a su disposición para cualquier tipo de necesidad. Era una posición que requería mucha fuerza y estrategia. Paris estaba jugando con fuego al tratar de secuestrar a la bella esposa del hermano favorito de Agamenón.

Cuando Paris entró en la sala del trono, Menelao saludó al joven príncipe con los brazos abiertos y orquestó todo un banquete en su honor, sin saber que acababa de invitar a una serpiente a cenar. Helena se enamoró inmediatamente de los hermosos rasgos y los buenos modales del joven príncipe. (Algunos relatos dicen que a ella no le importaba Paris de la misma manera o que Afrodita intervino para asegurarse de que se amaran; elegimos la versión romántica). Su esposo actual, Menelao, era un guerrero frío y brutal. Aunque Menelao amaba a Helena y viceversa, faltaba una cierta chispa de pasión. Según algunos relatos, Helena era solo un premio para Menelao, una hermosa joya para hacer que otros hombres envidiaran más su estatus y posición. Solo fueron necesarios unos pocos encuentros para que Helena y Paris estuvieran absolutamente cautivados. Después de aproximadamente un mes de su aventura, llegó el momento de que Paris regresara a Troya.

Poco sabía Menelao que debajo de la cubierta del barco troyano estaba su preciada novia. Cuando descubrió que Helena había desaparecido de sus aposentos, se puso furioso. No tenía idea de dónde podría haber ido hasta que un pescador llegó a la corte del rey y reveló que la había visto abordar el barco y compartir un beso con el joven príncipe la noche antes de que los troyanos zarparan.

A su llegada a Troya, el rey Príamo, padre de Paris, y el príncipe Héctor, hermano mayor de Paris, se indignaron por lo que había hecho el joven príncipe. Sin embargo, era demasiado tarde para arrepentirse. Incluso si Helen hubiera regresado, no estaba en la naturaleza de Menelao perdonar, y Paris sufriría una muerte desagradable de igual manera. ¿Quién sabe qué habrían hecho a Helena? Príamo era un rey de corazón suave que gobernaba y exigía respeto y poder a través de su sabiduría y amabilidad. Amaba mucho a sus hijos y nunca desearía que sufrieran ningún daño a pesar de sus errores o fallas.

Mientras Helena era recibida por la totalidad de la corte troyana y los nobles, Menelao navegaba hacia Micenas para solicitar la ayuda de su hermano en una campaña contra Troya. Navegarían a la ciudad, reclamarían a la esposa de Menelao y arrasarían toda la ciudad. Agamenón aceptó de buena gana. Los hombres con todo el poder del mundo generalmente solo se preocupan por una cosa: ganar más poder. Agamenón se preocupaba muy poco por la linda esposa de su hermano, pero se preocupaba mucho por el estatus y el poder que ganaría al diezmar la ciudad más grande de Anatolia, que ahora es la actual Turquía. Esta ya se perfilaba como una de las guerras más legendarias de la historia griega, y Agamenón buscó la lealtad de algunos de los mejores reyes y guerreros de todos los tiempos. Su lista incluía a Odiseo, rey de Ítaca; Ájax el Grande, descendiente de Zeus y primo de Aquiles; y, como era de esperarse, el mismísimo y temible Aquiles.

Más de mil barcos zarparon hacia la costa de Turquía. Aquiles comandaba su propio barco y una fuerza de soldados especializados, los mirmidones, que eran ampliamente reconocidos como los hombres más temibles de Grecia. Estos soldados harían cualquier cosa que su general les pidiera. También navegaba con Aquiles su mejor amigo y asesor de mayor confianza, Patroclo.

Durante los primeros años de la guerra, todas las batallas estaban niveladas, con muchas bajas en ambos bandos. Héctor, el príncipe mayor de Troya, siempre llevaba a su ejército al campo de batalla. También era uno de los guerreros más hábiles que Troya había visto en su vida, e incluso dio batalla a Áyax el Grande. Héctor fue custodiado por Apolo durante esta batalla, y Atenea eligió a Áyax como su campeón. Los dioses también tomaban partido en la guerra. Apolo era el dios patrón de Troya. Siempre cuidaba a los miembros de la familia real, ya que la ciudad de Troya había mantenido su patrocinio durante cientos de años, y se habían ganado su favor con regalos y sacrificios de inmenso valor. Ambos hombres se respetaban mucho. Héctor le dio su espada a Áyax para honrar la gran habilidad y velocidad del héroe; Áyax más tarde usaría esta espada para suicidarse.

Una batalla terminó en una gran tragedia para Aquiles. En un momento durante la guerra, Aquiles estaba molesto con Agamenón. El gran rey había tomado a su esclava, Briseida, para sí mismo, a pesar de que Aquiles fue quien la esclavizó. Como resultado, se negó a luchar, lo que fue devastador para los griegos, ya que era uno de sus luchadores más fuertes. Pero a menos que le devolvieran su premio, no iría al campo de batalla.

Aunque los griegos le suplicaron que luchara, prometiendo riqueza y el regreso de su esclava, Aquiles se negó. Iba a regresar a casa y les dijo a los otros griegos que siguieran su ejemplo. Patroclo descubrió que esta reacción no era positiva. No podía soportar la idea de que sus compañeros griegos fueran asesinados mientras los mirmidones se retiraban.

Los troyanos habían avanzado en su ataque en ese momento, ya que deseaban empujar al resto del ejército griego al mar. Poco sabían que Zeus ya había profetizado que el ejército griego sería el vencedor en la guerra.

Patroclo fue hasta Aquiles y le pidió que lo deje luchar. Además, también pidió el honor de usar la armadura de Aquiles en batalla. Aquiles no pudo negar la petición de su amigo más querido, pero le dijo a Patroclo que solo luchara el tiempo suficiente para expulsar a los troyanos de las naves.

Patroclo, lleno de coraje, corrió a la batalla, completamente equipado con la armadura distintiva de Aquiles. Logró reunir a las fuerzas griegas y hacer retroceder a los troyanos. Incluso acabó con la vida de uno de los hijos mortales favoritos de Zeus, Sarpedón. Héctor tuvo que llevar a sus hombres a la seguridad de la ciudad.

Sin embargo, Patroclo se emborrachó con sed de sangre. Sabía que una victoria potencial estaba en el horizonte. Algunas variaciones dicen que Apolo le robó los sentidos, lo que llevó a Patroclo a seguir a los troyanos hasta las puertas de la ciudad. Esto era exactamente lo que Aquiles le había dicho que no hiciera. A medida que Patroclo avanzaba, tomó tantas vidas troyanas como pudo.

Finalmente, se encontró cara a cara con Héctor y fue asesinado. Con un golpe de su lanza, Héctor perforó a Patroclo. La noticia de la muerte de Patroclo llegó a Aquiles tras el fin de la batalla, cuando los cuerpos estaban siendo retirados del campo para ser cremados. Todos los soldados de Grecia sabían quién era el hombre, y un soldado corrió a decírselo a Aquiles. No podía creerlo, pero cuando vio el cuerpo, se arrodilló y comenzó a llorar sin consuelo. Aquiles no sintió más que rabia e ira hacia Héctor.

Sin autorizar su siguiente movimiento con Agamenón, Aquiles inmediatamente montó un carro y lo condujo hasta las puertas de la ciudad de Troya. Los arqueros estaban listos para deshacerse del guerrero, pero Héctor les ordenó que se retiraran. Estaba seguro de que sus habilidades en el campo de batalla eran similares, si no mejores, que las de Aquiles. Héctor era un hombre de honor y no le haría daño a Aquiles parada solo en la puerta de su reino. Pero también habría deshonrado el nombre y el honor de su familia si no hubiera aceptado el desafío.

La lucha que siguió entre los dos guerreros fue una danza de la muerte, ya que los dos hombres eran ágiles y astutos. Héctor finalmente comenzó a cansarse, pero la ira de Aquiles alimentó su fuerza. Con un solo golpe de lanza, todo había terminado. Héctor yacía en el polvo mientras Aquiles se acercaba y se paraba firme junto a él. Cargó a Héctor en la parte posterior de su carro y cabalgó hasta el campamento. La vista era demasiado para el rey Príamo, y este se desmayó al ver que su primogénito y heredero había sido insultado de esa manera. Esto también enfureció mucho a los dioses, ya que mostraba una grave falta de honor y autocontrol, especialmente porque Héctor había pedido que su cuerpo fuera tratado con respeto. Héctor no había seleccionado a Patroclo para matarlo; de hecho, había pensado que estaba luchando contra Aquiles, ya que Patroclo llevaba su armadura. Lo que Aquiles le hizo al cuerpo de

Héctor no era necesario a los ojos de muchos, y el guerrero pagaría por su ofensa.

Aquiles arrastrando el cadáver de Héctor.⁶⁵

Aquiles fue derribado por Paris, que cargaba un arco y mandó a los arqueros a lo alto de las murallas de Troya. Durante otra campaña para apoderarse de la ciudad, Paris vio a Aquiles debajo en el enjambre de sangre y cuerpos. Apuntó y soltó su flecha, apuntando directamente a la pierna expuesta de Aquiles. Las piernas eran una de las únicas regiones del cuerpo que no estaba cubierta por ningún tipo de armadura. La herida, pensó, le daría a otro soldado la oportunidad de luchar para matar a Aquiles. Poco sabía que los dioses estaban de su lado. En el último momento, Apolo empujó a Aquiles un poco más lejos y la flecha atravesó el tendón de su talón (de ahí el nombre de esta parte del cuerpo que es el talón de Aquiles). Este era su único punto débil, y causó que el resto de sus órganos se apagaran. El guerrero más grande de toda Grecia había sido derrotado y yacía en el polvo frente a los demás.

Después de la muerte de Aquiles, la moral del ejército griego estaba en su punto más bajo. La guerra de Troya duró diez largos años, y parecía que la lucha nunca cesaría. La ciudad de Troya había construido sus muros fuertes y altos, y era casi imposible que todos los ejércitos de Grecia alcanzaran la ciudad sin sufrir graves bajas. Y ahora habían perdido a uno de sus mejores guerreros. Los mirmidones se negaron a ir al campo de batalla con otro maestro que no fuera Aquiles, ni siquiera cuando Agamenón los amenazó con ejecutarlos. Los reyes de Grecia intentaban desesperadamente persuadir a Agamenón para que abandonara la campaña y navegara a casa. Sin embargo, temía lo que le sucedería a su reino si perdía esta guerra. Si los troyanos podían vencerlo tan fácilmente, podría dar mala impresión frente a otros imperios.

Entonces tuvieron una idea, una idea ingeniosa y engañosa de Odiseo. Él era el más astuto de todos los reyes griegos. Sabía que los troyanos eran súbditos muy devotos de los dioses y que nunca rechazarían una ofrenda de sacrificio.

Odiseo le dijo a Agamenón que hiciera que sus hombres derribaran una de las naves. Usarían los tablones y los clavos para construir una ofrenda que el rey Príamo no podría rechazar. Esta ofrenda era el caballo de Troya. En el interior, el caballo estaba lleno de soldados griegos. Luego de curzar las murallas de la ciudad, los hombres abrieron la puerta para el resto del ejército griego. Odiseo le dijo a Agamenón que mandara a todos los demás barcos hasta el otro lado de la costa y que dejara un vigía para que pudieran confirmar que el regalo había sido recibido.

Representación del caballo de Troya en una olla corintia, alrededor del 560 a. C.[56]

El vigía en la torre de Troya gritó que no había más barcos griegos en la costa. Enviaron un emisario a las costas que informó que los griegos se habían marchado, pero que habían dejado un regalo al salir. Pensaron que tal vez era una ofrenda al dios Poseidón para un viaje seguro a casa. Algunas fuentes dicen que era una ofrenda a Atenea y que al llevar al caballo a las puertas de la ciudad, Troya sería inexpugnable.

Cassandra, la hija mayor de Príamo, advirtió a su padre que se deshiciera de la ofrenda y la quemara en ese mismo momento en la playa. Príamo era un hombre devoto de los dioses y no quemaría una ofrenda de ese tipo, especialmente a uno de los dioses más temperamentales. El buen rey decidió que el caballo sería llevado a la ciudad y colocado dentro del templo de Poseidón (o Atenea, dependiendo de la versión que lea). Serviría como un recordatorio y honor de la victoria ganada contra todos los ejércitos de Grecia.

Sin embargo, Cassandra había sido maldecida por el dios Apolo y veía el futuro. Esto parece algo super bueno, excepto que nadie la creía. Y la decisión de Príamo resultó ser un error fatal. Cuando cayó la noche, y toda la ciudad yacía en sus camas profundamente dormida y ajena al peligro inminente, los soldados griegos salieron de dentro del caballo y abrieron las puertas de la ciudad. En cuestión de horas, la totalidad de Troya quedó envuelta en llamas. Nos ahorraremos los detalles sangrientos de lo que sucede cuando una ciudad es tomada, pero puede usar su imaginación.

Al igual que Aquiles, algunos griegos terminarían pagando por su falta de honor. A pesar de que habían ganado la guerra, lo hicieron con engaño y traición, que era muy diferente de vencer a tus enemigos en el campo de batalla abierto. Muchos de los griegos que navegaron hacia casa no sobrevivieron al viaje, o su viaje se retrasó por pruebas y dificultades. De hecho, cuando algunos llegaron a casa, encontraron a sus esposas casadas con otras personas, pues creían que después de tantos años, sus esposos no volverían. Uno de los afortunados en llegar a casa fue Odiseo.

Sin embargo, antes de reunirse con su reina Penélope, pasaría varios años navegando por el mundo antiguo, siendo probado con algunas pruebas legendarias. Su historia se convertiría en uno de los mitos más famosos de todos los tiempos y uno de los primeros en ser escrito. Nos referimos a la *Odisea*.

Capítulo 14: La *odisea* y el regreso de los héroes

Muchos años antes de que Ulises fuera llamado a luchar en Troya, se casó con su esposa Penélope, y los dos tuvieron un hijo llamado Telémaco. Fue un día alegre cuando nació el príncipe. Todo el reino se regocijó, pero ninguno más que Anticlea, la madre de Odiseo. Vio que la felicidad de su hijo ahora era completa, y si su hijo era feliz, el reino también lo sería. Odiseo era amado por todo el reino, y su hijo y heredero creció entre la gente, aprendiendo cómo gobernaba un rey.

Sin embargo, Odiseo nunca llegó a ver crecer a su hijo, ya que estuvo ausente durante diez largos años en la campaña de Troya. Y pasó diez años después de la guerra intentando regresar a casa a la cama de su esposa, Penélope. Sin embargo, la ira que los dioses sentían hacia los griegos era doble para Odiseo. El caballo de Troya había sido su creación, y después de que su plan tuviera éxito, olvidó rendir homenaje al dios Poseidón, señor de todos los caballos y dueño de los mares (el mismo mar en el que Ulises iba a zarpar). La irreflexión de Odiseo creó a su peor enemigo. Poseidón era uno de los dioses menos indulgentes y, como tal, juró que Odiseo nunca volvería a ver las costas de su amada Ítaca. En cambio, sufriría años en alta mar y sería arrastrado hacia cualquier peligro potencial.

Durante los años en que Odiseo intentó llegar a casa, una brigada de pretendientes se dirigió al palacio. Fueron liderados por el más vil de su compañía, Antinoo. Estos pretendientes hicieron un desastre en el gran salón del rey, pero ni Penélope ni Telémaco (ahora un hombre joven) tenían la autoridad o la fuerza para hacer que los pretendientes se fueran. Todos creían que el verdadero rey estaba muerto y que sus acciones no tendrían consecuencias. Mientras tanto, Odiseo ya había zarpado de Troya y prometió regresar a casa como vencedor, a pesar de Poseidón.

Para su primera interferencia, Poseidón estableció una espesa niebla sobre el Egeo, separando a Odiseo del resto de la flota griega. El barco navegó sin rumbo, ya que el vigía no veía más que niebla. Parecía que el mar no tenía fin y no había tierra a la vista. En ese momento, la tierra apareció de la nada. Los hombres tenían la esperanza de que la isla estuviera habitada, ya que podían buscar refugio, descansar y tal vez encontrar un nuevo camino hacia Ítaca.

En el instante en que Odiseo puso un pie en la isla, supo que no era lugar de hombres. Todo lo que podía distinguir en la distancia era el débil sonido de ovejas y cabras. Los rebaños no estarían sueltos sin un pastor, pero quién sería este pastor. Odiseo envió a dos de sus exploradores para ver qué había en la isla. Los hombres no encontraron signos de civilización o estructuras artificiales de ningún tipo. Lo único que encontraron en toda la isla fue una vasta cueva que parecía desaparecer en las profundidades de la tierra. En esta cueva no había nada más que una gran cantidad de queso de cabra. Pero, ¿quién hacía el queso y dónde estaba el amo de los rebaños?

Los hombres estaban encantados de encontrar esta cueva de abundancia, pero Odiseo todavía dudaba y el nudo en su estómago no desaparecería. El rey era famoso por su mente e instintos, que podían oler el peligro a una milla de distancia. Le pareció sospechoso que la cueva no contuviera herramientas o armas de ningún tipo. ¿Cómo se valieron estos hombres por sí mismos, esquilaron sus ovejas o crearon la pesada puerta de piedra de la cueva?

Fuera de la cueva, los hombres de Odiseo estaban ocupados recolectando leña para preparar su cena, y encontraron una gran huella, diez veces más grande que cualquier huella hecha por un humano o animal. Se desconoce por qué los hombres no informaron a su líder. Deben haber pensado que el ser que dejó la huella estaba muerto hace mucho tiempo; cosas como los gigantes eran rarezas en el mundo de los griegos. ¿Y cuáles eran las posibilidades de que hubieran tropezado con uno? Entonces, los hombres de Odiseo acamparon dentro de la cueva y procedieron a emborracharse. El barco se había quedado sin agua dulce hacía un tiempo, y los griegos mezclaban su vino con agua; de lo contrario, era demasiado fuerte. Los hombres ebrios continuaron riendo y bromeando, haciendo una cantidad excesiva de ruido. Esto no era lo más brillante, teniendo en cuenta que estos hombres no tenían idea de dónde estaban o de quien irían a encontrar.

En ese momento, sintieron que la tierra temblaba. Podían escuchar el balido de las ovejas no muy lejos, así como la respiración profunda de algo muy grande que regresaba a la cueva. Después de todo, no era un pastor, sino un cíclope llamado Polifemo, hijo de Poseidón. Polifemo se sorprendió al encontrar a Odiseo y a sus hombres en la cueva. Rápidamente cerró la gran puerta de piedra de su cueva y preguntó quiénes eran estos hombres para ser tan audaces de comer su comida.

Odiseo intentó razonar con el cíclope, explicando que habían comido de sus tiendas porque tenían mucha hambre. De hecho, querían intercambiar bienes por las cosas que habían comido. Polifemo no estaba interesado en lo que los hombres habían traído, y declaró que no comía la comida de los hombres, solamente carne. Luego se apoderó de uno de los soldados de Odiseo, lo partió en dos y se comió la mitad superior de su cuerpo. Los soldados restantes se pusieron de pie de un salto, listos para defender sus vidas, pero Odiseo sabía lo peligroso que sería tratar de luchar contra un cíclope. Le dijo a sus hombres que mantuvieran la calma.

El rey era muy inteligente; le dijo al cíclope que sería su próxima comida, de buena gana y libremente. Sin embargo, si el cíclope se lo comiera, nunca poseería la magia dentro de Odiseo. No era raro que el mundo de los hombres y la magia chocaran, y bastantes mortales tenían dones mágicos similares a los de Fineo el vidente o Medea la hechicera. Esto llamó la atención de Polifemo, y preguntó por el nombre de Odiseo. Odiseo le dijo que su nombre era Nadie (sí, literalmente) y luego le ofreció algo de vino para beber. Polifemo nunca había probado vino, y el astuto rey de Ítaca le dijo que era la bebida de los dioses. Los cíclopes eran despreciados por la mayoría de los inmortales; ocupaban un estatus menor, a pesar de su inmensa habilidad y fuerza. Polifemo bebió rápidamente el "vino de los dioses" mientras uno de los soldados de Odiseo le tocaba una suave canción de cuna. Polifemo entonces cayó en un sueño profundo. Sin embargo, los hombres todavía tenían un problema bastante grande en sus manos. La puerta de piedra era inamovible. Solo el cíclope gigante podía mover la piedra y liberar a los hombres. Sin embargo, el inteligente Odiseo tenía un plan.

Hizo que sus soldados recogieran todas las pieles de oveja que Polifemo usaba para su cama. Luego se dispuso a fabricar una lanza gigante. Usaron esto para cegar al cíclope, quien corrió hacia la puerta de piedra, la abrió y llamó a sus hermanos diciendo que Nadie lo había cegado. Fue un movimiento muy inteligente. Los soldados pudieron escabullirse del ciego Polifemo vistiendo las pieles de sus ovejas. Odiseo sufrió la pérdida de algunos de sus hombres contra el cíclope, pero en general, la compañía tenía una tasa de supervivencia bastante impresionante, a pesar de la horrible forma de muerte que enfrentaban sus camaradas.

Cerámica laconiana que muestra el cegamiento de Polifemo, alrededor del 565-560 a. C.[87]

El resto de la compañía regresó al barco y se alejó lo más rápido que pudo. Desde la cubierta de su nave, Odiseo gritó a Polifemo que su destino de ser cegado había sido sellado por su propio padre, Poseidón. Si el dios no hubiera hecho que el barco se desviara de su curso y llegara a la isla de Polifemo, el cíclope todavía podría ver. Si bien Odiseo fue uno de los reyes más inteligentes de la historia de la mitología griega, era conocido por su inmenso orgullo y su naturaleza algo jactanciosa. El hombre que piensa que es el más inteligente de la habitación es a menudo el más difícil de tolerar. Estos hombres rara vez aprenden de sus errores. Por lo tanto, no es de extrañar que Odiseo provocara a Poseidón una vez más.

Los hombres navegaron durante meses, y su sed extrema casi los mata a todos hasta que finalmente vieron tierra. Era otra isla extraña con más sorpresas potenciales. Odiseo se fue solo a buscar agua para sus hombres. Cuando finalmente encontró una fuente de agua dulce, el arroyo de alguna manera evadió su jarra. Cada vez que bajaban para obtener un poco de agua, el agua se apartaba de su camino. Odiseo estaba seguro de que se trataba de una especie de locura o ilusión provocada por la sed o el hambre extrema, pero en realidad era Poseidón quien le negaba al héroe y a sus hombres el derecho a beber agua.

Odiseo entonces escuchó la voz de alguien. Era el rey de la isla saludándolo. "Soy Eolo, el guardián de los vientos, y esta es mi isla". Eolo le dijo a Odiseo que no quería hacerle daño ni a él ni a sus hombres y que en realidad quería ayudar al héroe en su misión de regresar a casa. Eolo pensó que Poseidón estaba siendo injusto. En algunas versiones, en realidad desprecia a Poseidón, considerándolo arrogante y egoísta, ya que Poseidón nunca le dio al viento el debido crédito por su influencia en alta mar.

Odiseo y sus hombres se llevaban bien con Eolo, y Eolo apreciaba mucho a Odiseo por su mente inteligente y su naturaleza inquisitiva. A pesar de su arrogancia, Odiseo sabía que había algo que aprender de sus fracasos. Eolo regaló una bolsa de vientos (menos el viento del este) a Odiseo, diciéndole que la usara en su momento más desesperado para empujar su barco hacia casa. Poco después, Odiseo y sus hombres regresaron al barco y zarparon. Todo lo que Odiseo podía pensar era en regresar con su amada esposa, y por primera vez en meses, estaba absolutamente seguro de que volvería con ella y su hijo pronto.

Sin embargo, los hombres de Odiseo tenían demasiada curiosidad por la nueva adquisición del rey. ¿Qué tipo de tesoro escondía Odiseo? La mayoría creía que era oro, y después de un viaje tan traicionero, esperaban su parte. En ese momento, el vigía llamó desde la parte superior del nido del cuervo. ¡Las costas de Ítaca estaban a la vista! Pero los hombres no permitirían que el barco atracara hasta que hubieran abierto el saco y recuperado una parte del oro. Nunca podrían haber sabido que los vientos estaban almacenados en su interior.

Liberaron los vientos y esto causó una gran tormenta. El barco fue empujado lejos de Ítaca al otro lado del mundo. Los suministros de la nave también se habían ido por la borda. Justo cuando su hogar estaba al alcance de la mano, todo desapareció. Los hombres se desesperaron, y Odiseo perdió la confianza en su tripulación.

Sin embargo, no había tiempo para rencores duros cuando la supervivencia estaba en juego. Odiseo envió a sus hombres a cazar comida. Luego, de la nada, un cerdo corrió hacia la playa donde descansaban el resto de los hombres. Inmediatamente se pusieron a tratar de atrapar y matar al cerdo para cocinarlo y preparar su cena. Uno de los soldados de Odiseo que fue enviado a la caza salió de entre los arbustos; parecía haber estado persiguiendo al cerdo también. Corrió hacia Odiseo y le rogó que impidiera que los hombres mataran al cerdo, porque era Polites, uno de los propios soldados de Odiseo.

Todos los hombres se rieron en su cara hasta que les contó la historia de Polites. Era una bruja, Circe, una gran y poderosa hechicera. Habían llegado a su isla, y ella había convertido a todos los hombres en animales, todos excepto el único soldado que escapó. Odiseo creyó el cuento del soldado. Le dijo a sus hombres que se quedaran en el barco. Si no regresaba al atardecer, deberían navegar lejos de la isla y nunca mirar atrás. Odiseo continuó solo. No se arriesgaría a poner en peligro a ninguno de sus hombres.

Tal como había dicho el soldado, Odiseo siguió el mismo camino hacia las colinas, pero se encontró con un oso negro gigante. Para evitar a la bestia, comenzó a escalar la ladera de la montaña. Cuando estaba a punto de llegar a la cima, Hermes se le apareció a Odiseo. Había sido enviado por Atenea; ella había estado cuidando al héroe desde que salió de su casa hace casi quince años. Ella también despreciaba a Poseidón y deseaba que el rey de Ítaca tuviera éxito en su misión. Hermes ofreció a Odiseo una hierba del acantilado. Le dijo que comiera esta planta porque lo protegería de la maldición de la bruja. Hermes le dijo a Odiseo que cuando la bruja viera que su maldición no afectaba al rey, trataría de conquistarlo de otra manera: en el dormitorio.

Odiseo se encontró con el gigantesco palacio de piedra, que estaba rodeado de animales de todo tipo: leones, tigres, osos y algunos monos. Entonces vio a la bruja de pie en la puerta rodeada de todos sus animales; reconoció a algunos de sus hombres entre las criaturas. Cada uno parecía estar pidiendo ayuda a gritos. Ella le ofreció vino con miel a Odiseo, una bebida que el rey sabía que estaba destinada a transformarlo en un animal.

Circe se sentó de nuevo en su trono y esperó a que su poción funcionara. Odiseo bebió y bebió, pero siguió siendo un hombre.

Esto confundió y enojó a la bruja. Odiseo sacó su espada, con la intención de acabar con su vida, pero Circe le recordó convenientemente el hecho de que sus hombres seguirían siendo animales si ella no los convertía nuevamente en hombres. Entonces ella le hizo una oferta. Liberaría a los hombres de Odiseo si él la llevaba a la cama. Mientras mantenía relaciones sexuales con Circe, uno por uno, sus hombres recuperaron sus formas humanas. Le dijo a Odiseo que llevara al resto de sus hombres a su palacio, y que comerían y beberían hasta que estuvieran descansados y listos para continuar su viaje.

Circe ofreciendo la copa a Ulises por John William Waterhouse, 1891. [58]

Mientras Odiseo estaba acostado en la cama de Circe, todavía soñaba con su esposa, con volver a encontrarse con ella, sentir su abrazo y disfrutar de su sonrisa. Circe notó esto de su héroe y preguntó cómo podía acostarse en su cama todas las noches, pero seguir pensando en su esposa. Pregunta justa. Odiseo no era de ninguna manera un rehén de Circe. Podría haberse ido con sus hombres después de unos días de descanso, pero aún así regresaba a su cama por su propia voluntad. Los hombres de Odiseo incluso habían preguntado cuándo se irían, pero el gran héroe no tuvo respuesta. Estaba feliz por primera vez en años, y era difícil para él dejar todo eso atrás. Tuvo hijos con Circe, y se amaron profundamente. Quería quedarse en la cama de Circe, susurrarse cosas dulces el uno al otro y disfrutar de esa intimidad. Los héroes en la mitología griega a veces se definen más por sus faltas que por sus hechos, y una de las mayores faltas de Odiseo era su afinidad por las bellas diosas.

Finalmente, los hombres de Odiseo pudieron convencerlo de que era hora de continuar el viaje. Circe ofreció a Odiseo consejos para encontrar el camino de regreso a Ítaca. Ella dijo que solo un hombre podría apuntar a Odiseo en la dirección correcta. Este era Tiresias, el profeta, que había muerto hacía mucho tiempo y actualmente vivía en el inframundo. Circe le dijo a su amante que debía cruzar el río Estigia y sacrificar un cordero, luego entrar en las llamas para encontrar al profeta.

Todo el tiempo que Ulises navegó hacia el inframundo, pensó en su hijo, que ahora había estado muchos años sin padre, y en su esposa, que seguramente sufriría más que nadie. Mientras tanto, los pretendientes de Penélope se habían vuelto más audaces y continuaban permaneciendo en el palacio del rey, exigiendo una respuesta con respecto a quién iba a ser su nuevo marido. Era costumbre que los invitados no pudieran ser rechazados, y los hombres estaban abusando de esta costumbre al extremo. Sin embargo, Penélope era tan inteligente como su esposo y logró evitar sus preguntas molestas manteniéndolos en un estado de embriaguez o de sueño. Les dijo que elegiría un pretendiente una vez que hubiera completado un sudario para su marido. Era increíblemente grande, y ella desarmaba el sudario poco a poco al final del día para ganar más tiempo. Sus pretendientes estaban tan ebrios que ni siquiera se daban cuenta.

Mientras tanto, Odiseo y su compañía habían llegado a la entrada de la tierra de los muertos. Había un río de fuego por delante que Odiseo tuvo que cruzar, y tuvo que cruzarlo solo. Odiseo se despidió de sus hombres entre lágrimas, ya que estaban seguros de que su amo perecería en las llamas. Odiseo tomó su cordero y salió en busca de Tiresias. Encontró al profeta ciego en las profundidades del inframundo, sentado a la orilla del río de fuego, con los pies colgando en las aguas como si estuviera de vacaciones en el infierno. Odiseo hizo su petición y arrojó el cordero a las aguas llameantes. Tiresias le dijo entonces que para encontrar el camino a casa, necesitaba usar la constelación de Orión y navegar hacia su estrella más brillante hasta llegar al estrecho de Escila, un insaciable monstruo de las profundidades. A un lado del estrecho estaría Escila, mientras que al otro estaría Caribdis, la vorágine de la muerte.

Antes de que Odiseo regresara con sus hombres, su madre Anticlea apareció ante él. Odiseo sintió una gran ola de dolor, pues sabía que su madre había perecido en su ausencia. Poco sabía que ella se quitó la vida por su dolor, ya que había estado esperando al hijo que nunca regresó. Anticlea le dijo a su hijo que se apresurara y regresara a Ítaca lo antes posible, ya que los nobles de su reino buscaban hacer suya a su esposa, y Penélope se estaba quedando sin fuerzas y razones para evitar casarse con uno de los pretendientes. Después de todo, era costumbre que una reina se volviera a casar si su esposo había sido declarado muerto. Lo bueno para ella era que la muerte de Odiseo seguía siendo una especulación, pero eso no podía durar para siempre. Lo que más pesaba en el corazón de la reina era la desesperación de su hijo por la muerte de su padre en Troya o en los mares. Por supuesto, existía la duda persistente de que había decidido simplemente no regresar con su esposa e hijo.

Antes de que Odiseo y sus hombres se acercaran al estrecho de Escila, tendrían que pasar junto a las sirenas. Las sirenas cantaban una hermosa canción que hacía que los mortales condujeran sus barcos contra las rocas. No sabemos con certeza si las sirenas se deleitaban con los marineros o simplemente los atrapaban allí, matándolos de hambre. Odiseo había recibido una advertencia de Circe sobre las sirenas antes de partir de su isla. Le dijo al rey que no escuchara las palabras de las sirenas y que él y sus hombres debían taparse los oídos con cera de abejas.

Odiseo era un hombre increíblemente curioso; le gustaba saber cosas que otros hombres no sabían. Una de las cosas que deseaba conocer era el canto de las sirenas. Ordenó a sus hombres que lo ataran al mástil del barco y que les taparan los oídos con cera de abejas. No importaba cuánto suplicara y llorara, no debían soltarlo de sus ataduras. Si lograba escabullirse, no debían bajo ninguna circunstancia dejarlo entrar al agua. Sus hombres hicieron lo que les dijo, y no importaba cómo su rey suplicara y luchara, los hombres seguían navegando mientras Odiseo escuchaba el encantador canto de las sirenas.

Odiseo y sus hombres finalmente se acercaron al estrecho de Escila. Aunque Odiseo y sus hombres habían desafiado los horrores del mundo antiguo, nunca podrían haber imaginado lo que les esperaba en el oscuro porvenir. A medida que avanzaban lentamente hacia el estrecho, toda la luz desapareció. Era más negro que cualquier oscuridad de la noche. El aire era espeso y caliente, pero la peor parte de toda la experiencia era el silencio. No se escuchaba absolutamente nada; incluso las olas dejaron de hacer ruido contra el barco. Luego, desde la oscuridad, un conjunto gigante de mandíbulas se abalanzó hacia adelante y arrebató a uno de los hombres de Odiseo de la cubierta.

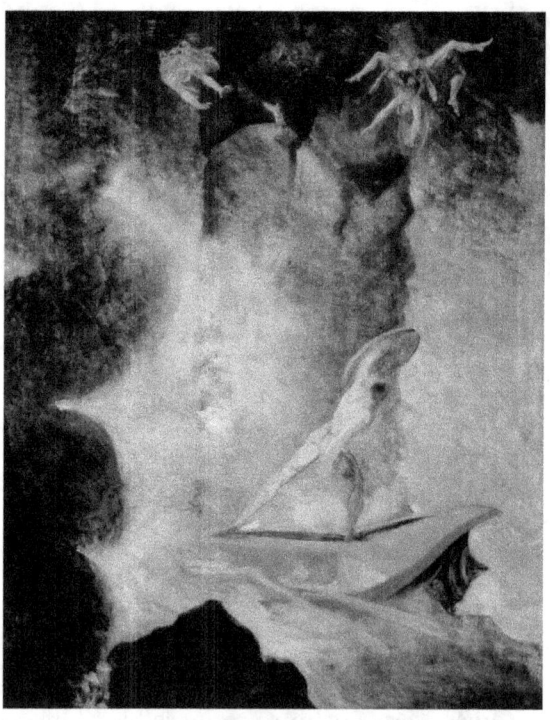

Odiseo frente a Escila y Caribdis *por Henry Fuseli, 1794-1796.*[89]

Era una visión horrible. Los dientes de Escila eran afilados, y la fuerza de sus mandíbulas desgarró al soldado en dos partes. La parte superior de su cuerpo aparentemente desapareció en sus mandíbulas, y sus piernas permanecieron erguidas en la cubierta del barco. Los hombres se horrorizaron cuando las piernas del pobre soldado comenzaron a temblar, sus terminaciones nerviosas sin darse cuenta de que habían sido cortadas del cerebro. Escila entonces emergió de su oscuro escondite. Era una grotesca máquina de matar, tenía seis largos cuellos, y seis cabezas con afilados dientes. Sus garras la mantenían agarrada de las cavernas oscuras. Los hombres de Odiseo avanzaron petrificado. Sabían que no podían superar a esta bestia con fuerza; su única esperanza era seguir remando hacia adelante y mantenerse lo más lejos posible de las cavernas.

Podían ver la luz al final del túnel y remaban furiosamente hacia lo que creían que era su salvación, pero no era lo que pensaban. Muy pronto, Odiseo se dio cuenta de que al final del estrecho había una gota, una que conducía directamente a las fauces de Caribdis, una criatura aún más aterradora que Escila. Sus mandíbulas no estaban llenas de dientes, sino más bien de agua; era un remolino masivo. Y el barco se dirigía directamente hacia la caída, y no había nada que ninguno de los hombres pudiera hacer para detenerlo. Odiseo dijo a sus hombres que saltaran y trataran de tomarse de las enredaderas que colgaban del techo de la abertura. Algunos de los hombres dieron el salto, pero la mayoría cayó en la aterradora vorágine. Odiseo ordenó al resto de sus hombres que soltaran las vides, y todos cayeron al mar. Cuando Odiseo apareció, llamó a sus hombres, pero ninguno respondió. Estaba completamente solo, flotando en un mar interminable. Tal vez Odiseo finalmente había sido superado por Poseidón.

En ese momento apareció de la nada una isla de piedra caliza blanca. Odiseo usó lo último de sus fuerzas para nadar hacia la isla y tiró de su cuerpo hacia la suave arena. Nunca había estado tan feliz de ver tierra. Desde los altos acantilados, pudo distinguir varias figuras y escuchó la suave melodía de las voces de las mujeres en el viento. Era Ogigia, la isla de la ninfa Calipso, hija del titán Atlas. Solo ella y sus doncellas ocupaban la isla, y Odiseo era el primer hombre que habían visto en mucho tiempo. La belleza de la diosa era legendaria; podía compararse con Helena de Troya o incluso con la propia diosa Afrodita.

Calipso trajo agua y comida a Odiseo hasta que cayó en un sueño profundo. Odiseo se agitó y sacudió con pesadillas de su viaje, las cosas malas que había visto, la sangre que había visto derramar y la terrible pérdida de sus hombres que habían desafiado los peligros del mundo por su rey. Todos estaban muertos. Calipso se acercó a su lado para despertarlo. Cuando se despertó, se echó a llorar sin control y cayó en sus brazos. Los encantos y la magia de la diosa no tardaron en filtrarse en la sangre de Odiseo, haciendo que su corazón se acelerara. Los dos cayeron en el abrazo del otro, y por segunda vez en su viaje, Odiseo le fue infiel a su esposa. Solo que esta vez, no había ningún incentivo ulterior para salvar la vida de sus hombres. Este error nació de la tristeza y la soledad más profundas que un hombre podía sentir.

Los dos se convirtieron en amantes intensos y él le contó a Calipso sobre el terror de los últimos trece años. Solicitó un barco a Calipso para poder regresar a Ítaca. Sin embargo, la diosa le informó a su nuevo amor que no había nada que buscar en la isla. Nadie venía a su isla y a nadie se le permitía salir. Odiseo trató de escapar una o dos veces tratando de alertar a los barcos que veía en el horizonte, pero todos estaban demasiado lejos, y la isla era casi invisible para todos, la piedra caliza blanca la ocultaba bajo el resplandor del sol. Calipso le dijo a Odiseo que nunca se iría, ya que ella nunca lo dejaría ir.

Mientras tanto, en Ítaca, Telémaco estaba preparando un barco para zarpar en busca de Odiseo. Iba a irse sin decirle una palabra a su madre. Mientras aún reflexionaba sobre las implicaciones de su decisión de irse, la Atenea de ojos grises se le apareció al príncipe en la playa. Ella le dijo que navegara a Pilos y Esparta a la corte de Menelao por razones desconocidas para Telémaco.

Durante siete años, Calipso mantuvo a Odiseo en su isla, y sus recuerdos de Penélope se desvanecían más y más con cada día que pasaba. Estaba envuelto en los brazos de la diosa todas las noches. (Sin embargo, algunos dicen que no fue consensuado por parte de Odiseo. En esa versión, estaba más que listo para volver a casa). Odiseo sintió que los dioses casi lo habían abandonado para ser el rehén de una mujer muy trastornada y pegajosa. Sin embargo, Atenea no le había dado la espalda al héroe. Con el tiempo, hizo que el rey de los dioses se diera cuenta de Odiseo, de su fuerza, ingenio y mente astuta. Estos dos dioses no verían a Odiseo terminar sus días como cautivo. Zeus envió a Hermes hasta Calipso, exigiéndole que liberara al héroe. Calipso maldijo a los dioses, acusándolos de estar celosa de que finalmente estuviera feliz con un compañero. Hermes le aconsejó que no negara la orden de Zeus.

Según algunos relatos, Calipso había sido bendecida con dos hijos de Odiseo. Estaba feliz de mantener a Odiseo bajo su encantamiento y criar a sus hijos. Pero, ¿qué podría hacer una ninfa contra la voluntad de los dioses? Le dijo a Odiseo que tenía que irse, que debía abandonar su isla. Había maderas en una isla cercana, que Odiseo usaría para construir su barco. Calipso hizo todo lo posible para que Odiseo se quedara; usó palabras dulces, besos, lágrimas e incluso la promesa de la inmortalidad, pero no hizo ninguna diferencia. Odiseo agradeció a la diosa por salvarle la vida y los suministros que le dio y luego empujó su sucia barca al mar.

En Ítaca, las cosas habían empezado a empeorar para Penélope. Después de seducir a una de sus sirvientas, Antínoo supo por qué el sudario de Penélope aún no estaba completo después de semanas de trabajo. (Algunas fuentes dicen que incluso se acostó con Penélope, mientras que otras dicen que un esclavo se enteró y reveló la información). Se enfrentó a Penélope y entregó el sudario a los otros pretendientes para que lo destruyeran, profanaran y quemaran. Penélope estaba ahora sola. Había sido descubierta, no tenía esperanza y su hijo estaba muy lejos en Esparta. Telémaco había hecho el viaje a la casa de Menelao y le había propuesto al rey que lo ayudara en la búsqueda de Odiseo. Menelao informó al príncipe que su padre todavía estaba vivo. Obtuvo este conocimiento de Proteo, el profeta y dios del mar. El rey le dijo a Telémaco que se mantuviera fuerte; Odiseo haría lo que fuera necesario para regresar a Ítaca.

En alta mar, Poseidón buscó otra oportunidad para vengarse de Odiseo por haber cegado a su hijo Polifemo. Golpeó a Odiseo con viento, olas y lluvia. Odiseo probablemente pensó que este sería el final de sus días. ¿Cómo sobreviviría vagando por alta mar si su barco fuera destruido? Finalmente, Odiseo llegó a las orillas de Scheria, que era el hogar de los feacios. La princesa Nausicaa lo encontró en un estado debilitado y lo llevó al palacio del rey. Allí, recibió una cálida bienvenida del rey y la reina, que sabían muy bien quién era Odiseo y qué significaba su nombre entre los guerreros de Grecia. Le rogaron a Odiseo que compartiera su historia y cómo había llegado a sobrevivir a la ira de los dioses. A cambio, el rey proporcionaría a Odiseo un barco y los mejores marineros de toda su tierra para tripularlo.

Odiseo relató todas sus traicioneras desgracias al rey y a toda su corte desde el momento en que abandonó Troya hasta su partida de Ogigia. Nadie había escuchado una historia de tanta valentía y terror. El rey cumplió su palabra y, por la mañana, Ulises zarpó, finalmente hacia su país de origen. Todas las noches dormía a bordo del barco y soñaba con Penélope. No podía esperar para compartir su cama juntos una vez más y finalmente conocer a su hijo, que había nacido justo antes de irse a la guerra de Troya.

Cuando Odiseo llegó a las costas de Ítaca, lloró de alegría. Conocía el aroma del dulce aire del mar mezclado con el pino, y abrazó la sensación del sol entre las ramas del bosque mientras se dirigía hacia la cabaña de su fiel pastor de cerdos, Eumeo. Cuando los dos hombres se miraron a los ojos, Eumeo se arrodilló, enterró su rostro entre sus manos y se unió a Odiseo en llanto. En el puerto de abajo, Eumeo pudo distinguir el barco de Telémaco que regresaba a casa desde Esparta. Eumeo corrió a los muelles, apartó al príncipe y le dijo que lo siguiera hasta su cabaña; no le dijo al príncipe por qué, pero cuando se acercaron, Odiseo se reveló. Telémaco sospechaba de este hombre, pero teniendo conocimiento previo del paradero de su padre, rápidamente llegó a creer que este era su padre, Odiseo. Los últimos veinte años de sufrimiento de Odiseo parecieron desaparecer en el momento en que abrazó a su hijo por segunda vez en su vida. Padre e hijo se sentaron a idear un plan para masacrar a los pretendientes y restaurar a Odiseo a su trono. Le dijo a Telémaco que se uniera a los pretendientes en su fiesta habitual de barbarie más tarde esa noche y que no le dijera a nadie que Odiseo había regresado a Ítaca.

En el palacio, Penélope había desarrollado un plan propio para deshacerse de los pretendientes de una vez por todas. Les dijo que se casaría con el hombre que pudiera tensar el arco de Odiseo y disparar a través de doce ojos de hachas (es el extremo de la empuñadura donde normalmente hay un círculo de metal). Esta era una tarea extraordinaria que solo había sido completada por el propio rey.

Con la ayuda de Atenea, Odiseo se disfrazó de mendigo (muchas versiones dicen que se disfrazó cuando Telémaco vino a verlo). Entró al palacio y vio el concurso por la mano de Penélope. Vio el desorden y la suciedad incalculables de los huéspedes que habían estado plagando su casa durante todos esos años. Su rabia era grande, pero se contuvo pues sabía que en cualquier momento, su oportunidad de venganza llegaría. Y en ese momento, Atenea estaría con él. Esa noche, la enfermera de la infancia de Odiseo, Euriclea, vino a atender a lo que ella pensaba que era un viejo mendigo. Sin embargo, con una mirada profunda de sus ojos, supo la verdadera identidad del hombre. Era Odiseo, su Odiseo, el niño que ella misma había sacado del vientre de Anticlea. Ella derramó lágrimas de alegría. Euriclea quería correr y decirle a su amante Penélope, pero Odiseo le hizo jurar que no diría ni una palabra de su regreso, o se perdería toda esperanza.

Ninguno de los pretendientes pudo cumplir la tarea imposible que Penélope les había asignado. Ninguno de ellos podía ni siquiera tensar el arco. Cuando parecía que nadie podría terminarlo, los pretendientes comenzaron a quejarse. Tenía que elegir a alguien. Un mendigo se adelantó y pidió una chance. Los otros hombres se burlaron, creyendo que no había absolutamente ninguna posibilidad de que un hombre de tan baja estatura pudiera blandir un arco tan fino como este. Pero finalmente le permitieron intentar.

Odiseo se acercó y tomó el arco. Todos en el pasillo observaban con asombro cómo el decrépito anciano tensó el arco con asombrosa facilidad. Colocó una de las flechas en la cuerda y la disparó a través de los ojos de las doce hachas. Al completar la hazaña, el hechizo de Atenea se rompió y Odiseo fue revelado. Durante el concurso, los leales sirvientes de Odiseo, Eumeo y Euriclea, habían estado recolectando todas las armas y armaduras de los pretendientes. Luego cerraron las puertas del gran salón. Y una vez que terminó el concurso, Odiseo y Telémaco, junto con algunos de los leales sirvientes de Odiseo, comenzaron a masacrar a los pretendientes sin piedad, uno por uno.

Odiseo y Telémaco masacran a los pretendientes de Penélope por Thomas Degeorge, 1812. [60]

Más tarde esa noche, Odiseo estaba esperando a Penélope en sus aposentos. Aún no existen palabras para describir el amor que estos dos compartieron. Durante veinte años, Odiseo se había esforzado por regresar a su casa, a su esposa, a su hijo, y por fin, ese sueño ya era una realidad. Se había enfrentado a monstruos, dioses, diosas impiadosas y muchos otros enemigos. Ningún hombre mortal se había ganado tal favor de los dioses. Su mente y su voluntad de hierro eran sus mayores fortalezas, pero todos los hombres necesitan algo que los motive.

Mientras él y su esposa se abrazaban por primera vez en dos décadas, le susurró a Penélope que nunca volvería a estar sin él; ella era su mundo. La historia de Odiseo no acaba aquí. Continúa y hoy inspira a las personas con sus muchas lecciones de amor, pérdida, valentía, orgullo y amistad. Sobre todo, la historia nos enseña que no importa cuán pequeños seamos en el gran esquema de las cosas, todavía podemos hacer toda la diferencia si nos guiamos por nuestras mentes y nuestros corazones.

Conclusión

La mitología griega sigue siendo relevante en nuestros días. Todavía nos enamoramos, nos ponemos celosos, actuamos precipitadamente, nos involucramos en asuntos buenos y malos, y nos esforzamos por encontrar un lugar de significado y comprensión dentro del mundo.

El mundo comenzó con absolutamente nada, el fin de la nada, de hecho. Y de la oscuridad surgió una sola chispa de esperanza. Los cuentos griegos sobre el principio cósmico del mundo no eran tan diferentes de la forma en que otras culturas antiguas veían el principio de los tiempos, ya que tienen elementos tanto de feminidad como de masculinidad. Gaia era una necesidad, al igual que su esposo, Urano. De hecho, el horrible trato de Gaia a manos de su esposo y su progenie puede ser una lección para los males que la humanidad inflige hoy en la tierra.

Sin embargo, la feminidad y la masculinidad formaban un mundo perfecto y completo, y luego se subdividía en dioses y diosas, las diversas representaciones de lo que es la masculinidad y lo que es la feminidad. Esta dicotomía se puede ver en toda la mitología griega. El Minotauro era un hombre, mientras que el monstruo Escila era una mujer. No es casualidad que la rabia, la furia y la destrucción fueran encarnadas por Poseidón, el dios masculino de los mares, al igual que no era casualidad que la verdadera sabiduría residiera en el dominio de las mujeres, que fue encarnado por la diosa Atenea. Tanto las deidades masculinas como las femeninas eran necesarias para que los antiguos griegos pudieran navegar por su mundo y comprender sus bloques de construcción, que se podían encontrar en todo lo que podían ver y tocar. Los seres humanos aprendieron a ser seres humanos del mundo que los rodeaba.

Como hemos aprendido al revisar los mitos de los héroes, la humanidad no siempre siguió las lecciones de los dioses y el mundo natural. Incluso los mejores mortales o semidioses cometieron errores, y a veces aprendían de ello, aunque otras veces no. A pesar de toda su sabiduría e ingenio, Odiseo casi pereció varias veces debido a su naturaleza orgullosa. Heracles, a pesar de todas sus fuerzas, no podía traer a sus seres queridos de entre los muertos y, por lo tanto, tuvo que superar esa tristeza con los doce trabajos, confrontando y lidiando con sus pecados. Por todo lo que había logrado, Jasón sintió la mayor pérdida de cualquier héroe al final de sus días, lo que demuestra que el éxito no trae felicidad a una persona. De Teseo, podemos aprender a estar agradecidos por las cosas que tenemos y la ayuda que otros están dispuestos a darnos, para que el karma no llegue a una venganza terrible.

El mero hecho de que los dioses y diosas de la mitología griega estuvieran sujetos a y fueran los creadores de ciertas emociones y acciones que también sentía y expresaba la humanidad habla de la divinidad de la vida humana cotidiana. La lección final que podemos extraer de la mitología griega es que ser humano no significa ser "otro". No estamos separados de todos y de todo lo demás en el mundo. Ser humano es ser parte y estar sujeto a un orden mundial divino.

Vea más libros escritos por Enthralling History

Bibliografía

Primera Parte: Historia de Grecia

Arriano. *Alejandro Magno: La Anábasis y la Indica*. Traducido por Martin Hammond. Oxford: Oxford University Press, 2013.

Austin, M. M. "Greek Tyrants and the Persians, 546-479 B. C.". *The Classical Quarterly* 40, no. 2 (1990): 289-306. http://www.jstor.org/stable/639090

Barron, John P. "The Sixth-Century Tyranny at Samos". *The Classical Quarterly* 14, no. 2 (1964): 210-29. http://www.jstor.org/stable/637725.

Beck, Julien, Despina Koutsoumbab, Dimitris Sakellariouc, Morgane Surdez, Flavio Anselmettie, Nikos Papadopoulos, Ionnis Morfis, et al. "Searching for Neolithic Sites in the Bay of Kiladha, Greece". *Quaternary International* 584 (20 de mayo de 2021):129-40. https://www.sciencedirect.com/science/article/pii/S1040618220308466#

Bennett, Bob, y Mike Roberts. *The Wars of Alexander's Successors, 323-281 BC. Volume I: Commanders and Campaigns*. South Yorkshire: Pen & Sword Military, 2019.

Bennett, Bob, y Mike Roberts. *The Wars of Alexander's Successors 323 - 281 BC. Volume 2: Battles and Tactics*. South Yorkshire: Pen & Sword Military, 2019.

Bicknell, P.J. "Anaximenes' Astronomy". *Acta Classica* 12 (1969): 53-85. http://www.jstor.org/stable/24591168.

Cartledge, Paul. *The Spartans: The World of the Warrior-Heroes of Ancient Greece*. New York: The Overlook Press, 2003.

Castleden, Rodney. *The Knossos Labyrinth: A New View of the 'Palace of Minos' at Knossos*. London: Routledge, 2012.

Chioti, Lamprini. "The Herulian Invasion in Athens (267 CE). The Archaeological Evidence". *Destructions, Survival, and Recovery in Ancient Greece*. American School of Classical Studies at Athens: 16 de mayo de 2019. https://www.academia.edu/39196609/The_Herulian_invasion_in_Athens_267_CE_The_Archaeological_Evidence

Clogg, Richard. *A Concise History of Greece*. Cambridge: Cambridge University Press, 2021.

Clogg, Richard. *A Short History of Modern Greece*. Cambridge: Cambridge University Press, 1979.

Coleman, John E. "The Chronology and Interconnections of the Cycladic Islands in the Neolithic Period and the Early Bronze Age". *American Journal of Archaeology* 78, no. 4 (1974): 333-44. https://doi.org/10.2307/502747.

Daskalov, Roumen, and Tchavdar Marinov. *Entangled Histories of the Balkans - Volume One: National Ideologies and Language Policies*. Leiden: Brill, 2013.

Davies, Siriol, and Jack L. Davis. "Greeks, Venice, and the Ottoman Empire". *Hesperia Supplements* 40 (2007): 25-31. http://www.jstor.org/stable/20066763.

Dillon, John and Lloyd P. Gerson. *Neoplatonic Philosophy: Introductory Readings*. Cambridge, MA: Hackett Publishing Company, 2004.

"Downfall of King Constantine". *Current History* (1916-1940) 6, no. 1 (1917): 83-85. http://www.jstor.org/stable/45328408.

Figueira, Thomas J. "Population Patterns in Late Archaic and Classical Sparta". *Transactions of the American Philological Association* 116 (1986): 165-213. https://doi.org/10.2307/283916.

Gellius, A. Cornelius. *Noctes Atticae (Noches áticas)*. Tomo I, Libro III. Loeb Classical Library. http://penelope.uchicago.edu/Thayer/E/Roman/Texts/Gellius/3*.html#8

Guthrie, W. K. C. *A History of Greek Philosophy*. Cambridge: Cambridge University Press, 1979.

Guthrie, W. K. C. *The Sophists*. Cambridge: Cambridge University Press, 1977.

Hack, Harold M. "Thebes and the Spartan Hegemony, 386-382 B.C.". *The American Journal of Philology* 99, no. 2 (1978): 210-27. https://doi.org/10.2307/293647.

Heidel, William Arthur. "Anaximander's Book, the Earliest Known Geographical Treatise". *Proceedings of the American Academy of Arts and Sciences* 56, no. 7 (1921): 239-88. doi:10.2307/20025852.

Henderson, W.J. "The Nature and Function of Solon's Poetry: Fr. Diehl, 4 West". *Acta Classica* 25 (1982): 21-33. http://www.jstor.org/stable/24591787.

Heródoto, *Las Historias*. Traducido por George Rawlinson. New York: Dutton & Co, 1862. http://classics.mit.edu/Herodotus/history.html

Hofmanová, Zuzana, Susanne Kreutzer, Garrett Hellenthal, Christian Sell, Yoan Diekmann, David Díez-del-Molino, Lucy van Dorp, et al. "Early Farmers from across Europe Directly Descended from Neolithic Aegeans". *PNAS*. 113 (25) (June 6, 2016): 6886-6891. doi:10.1073/pnas.1523951113. ISSN 0027-8424. PMC 4922144. PMID 27274049.

Homero. *La Ilíada*. Traducido por Samuel Butler. Internet Classics Archive. http://classics.mit.edu/Homer/iliad.html

Homero. *La Odisea*. Traducido por Samuel Butler. Internet Classics Archive. http://classics.mit.edu/Homer/odyssey.html

Hooten, E.R. *Prelude to the First World War: The Balkan Wars 1912-1913*. Gloucestershire: Fonthill Media, 2014.

Isócrates. *Cartas*. Perseus Digital Library. Tufts University. http://www.perseus.tufts.edu/hopper/text?doc=Perseus:text:1999.01.0246:letter=3

Jenkins, Romilly J. H. "The Hellenistic Origins of Byzantine Literature". Dumbarton Oaks Papers 17 (1963): 37-52. https://doi.org/10.2307/1291189.

Jones, Adam. *Genocide: A Comprehensive Introduction*. London: Routledge, 2006.

Jones, A. H. M. "The Greeks under the Roman Empire". *Dumbarton Oaks Papers* 17 (1963): 1-19. https://doi.org/10.2307/1291187.

Josephus, Flavius. *Antiquities of the Jews*. Traducido por William Whiston. Project Gutenberg. https://www.gutenberg.org/files/2848/2848-h/2848-h.htm

Kaldellis, Anthony. *Hellenism in Byzantium: The Transformations of Greek Identity and the Reception of the Classical Tradition*. Cambridge: Cambridge University Press, 2007.

Kelder, Jorrit M. (2010). *The Kingdom of Mycenae: A Great Kingdom in the Late Bronze Age Aegean*. Bethesda: CDL Press, 2010

King, RJ, S. S. Ozcan, T. Carter, E. Kalfoğlu, S. Atasoy, C. Triantaphyllidis, A. Couva's, et al. "Differential Y-chromosome Anatolian Influences on the Greek and Cretan Neolithic". *Annals of Human Genetics*. 72 (Marzo 2008): 205-14. do: 10.1111/j.1469-1809.2007.00414.x. PMID: 18269686.

Krausmüller, Dirk. "Emperors, Patriarchs, Metropolitans, Deacons and Monks: Individuals and Groups in the Byzantine Church (6th-11th Centuries)". *Scrinium* 17, 1 (2021): 199-238, doi: https://doi.org/10.1163/18177565-bja10048

Lazaridis, I, A. Mittnik, N. Patterson, S. Mallick, N. Rohland, S. Pfrengle, A. Furtwängler, et al. "Genetic Origins of the Minoans and Mycenaeans". *Nature* 548 (10 de agosto de 2017): 214-18. doi: 10.1038/nature23310. Epub 2017 Aug 2. PMID: 28783727; PMCID: PMC5565772.

Lupack, Susan. "Mycenaean Religion". In *The Oxford Handbook of the Bronze Age Aegean*, edited by Eric H. Cline, 2012. 10.1093/oxfordhb/9780199873609.013.0020.

Mansfield, D. F. "Plimpton 322: A Study of Rectangles". *Foundations of Science* 26 (2021): 977-1005. https://doi.org/10.1007/s10699-021-09806-0

Martin, Thomas R. *Ancient Greece: From Prehistoric to Hellenistic Times.* New Haven: Yale University Press, 1996.

Matyszak, Philip. *Greece Against Rome: The Fall of the Hellenistic Kingdoms 250-31 BC.* South Yorkshire: Pen & Sword Military, 2020.

Matyszak, Philip. *The Rise of the Hellenistic Kingdoms, 336-250 BC.* South Yorkshire: Pen & Sword Military, 2019.

Mazower, Mark. *The Greek Revolution: 1821 and the Making of Modern Europe.* New York: Penguin Press, 2021.

Mittal, Rakesh. *Hellenism and the Shaping of the Byzantine Empire.* Marquette University, 2010. https://epublications.marquette.edu/cgi/viewcontent.cgi?article=1001&context=jablonowski_award

"Not War Against Islam - Statement by Greek Prime Minister". *The Scotsman.* 29 de junio de 1920.

Ostrogorsky, George. "Byzantine Cities in the Early Middle Ages". *Dumbarton Oaks Papers* 13 (1959): 45-66. https://doi.org/10.2307/1291128.

Oost, Stewart Irvin. "Cypselus the Bacchiad". *Classical Philology* 67, no. 1 (1972): 10-30. http://www.jstor.org/stable/269012.

Peoples, R. Scott. *Crusade of Kings.* Rockville, MD: Wildside Press LLC, 2013, 13. ISBN 978-0-8095-7221-2

Platón. *La República.* Traducido por Benjamin Jowett. Internet Classics Archive. http://classics.mit.edu/Plato/republic.9.viii.html

Plutarco. *Cimón.* Traducido por John Dryden. Internet Classics Archive. http://classics.mit.edu/Plutarch/cimon.html

Polybius. *Histories. Book 16.* http://www.perseus.tufts.edu/hopper/text?doc=Perseus%3Atext%3A1999.01.0234%3Abook%3D16%3Achapter%3D34

Pomeroy, Sarah B., Stanley M. Burstein, Walter Donlan, Jennifer Tolbert Roberts, David W. Tandy, y Georgia Tsouvala. *Ancient Greece: Politics, Society, and Culture.* New York: Oxford University Press, 2020.

Rhodes, P. J. *Athenian Democracy* (Edinburgh Readings on the Ancient World). Oxford: Oxford University Press, 2004.

Runciman, Steven. *The Byzantine Theocracy: The Weil Lectures, Cincinnati* (Cambridge: Cambridge University Press, 2004), ISBN 978-0-521-54591-4.

Runnels, Curtis. "Review of Aegean Prehistory IV: The Stone Age of Greece from the Paleolithic to the Advent of the Neolithic". *American Journal of Archaeology* 99, no. 4 (1995): 699-728. https://doi.org/10.2307/506190.

Svolopoulos, Constantinos. "The Ecumenical Patriarchate in the Ottoman Empire (1453-1923): Adaptation and Change". *Journal of Modern Hellenism.* 17-18 (2000-2001); 107-123.

Syme, Ronald. "The Greeks under Roman Rule". *Proceedings of the Massachusetts Historical Society* 72 (1957): 3-20. http://www.jstor.org/stable/25080512.

Teofrasto. *Personajes.* Traducido por R.C. Jebb. https://www.eudaemonist.com/biblion/characters/

The William Davidson Talmud (Koren - Steinsaltz). https://www.sefaria.org/Yoma.69a.14?lang=bi&with=all&lang2=en

Tucídides. *Historia de la Guerra del Peloponeso.* Traducido por Rex Warner. New York: Penguin Classics, 1972.

Treadgold, Warren. "The Persistence of Byzantium". *The Wilson Quarterly* (1976-) 22, no. 4 (1998): 66-91. http://www.jstor.org/stable/40260386.

Warren, Peter. "Knossos: New Excavations and Discoveries", *Archaeology* 37, no. 4 (1984): 48-55. http://www.jstor.org/stable/41731580.

Worthington, Ian. *By the Spear: Philip II, Alexander the Great, and the Rise and Fall of the Macedonian Empire* (Ancient Warfare and Civilization). Oxford: Oxford University Press, 2016.

Xenophon. *The Landmark Xenophon's Hellenika.* Translated by John Marincola. New York: Anchor, 2010.

Young, David C. *The Modern Olympics: A Struggle for Revival.* Baltimore: Johns Hopkins University Press, 1996.

Segunda Parte: Mitología griega

https://www.greekmythology.com/Myths/The_Myths/The_Creation/the_creation.html

https://www.theoi.com/articles/what-is-the-greek-creation-myth

https://classicalwisdom.com/mythology/gods/in-the-beginning-part-1

https://www.theoi.com/Titan/TitanKoios.html

Hesiod, *Theogony* 133 & 207 (trans. Evelyn-White) (epopeya griega C8 o C7 a. C.)

Beall, E. F. "Hesiod's Prometheus and Development in Myth". Journal of the History of Ideas 52, no. 3 (1991): 355-71.

https://doi.org/10.2307/2710042

https://grbs.library.duke.edu/article/viewFile/6661/5061

https://www.thoughtco.com/the-five-ages-of-man-111776

https://www.britannica.com/topic/Deucalion

https://www.thoughtco.com/people-around-hercules-Herakles-herakles-118960

https://www.history.com/topics/ancient-greece/hercules
http://www.perseus.tufts.edu/Herakles/amazon.html
https://classicalwisdom.com/mythology/spotlight-on-mythology-theseus-and-theminotaur
https://www.theoi.com/articles/the-myth-of-perseus-and-medusa-explained
https://www.britannica.com/topic/Andromeda-Greek-mythology
https://www.theoi.com/articles/jason-and-the-argonauts-myth
https://www.britannica.com/topic/Jason-Greek-mythology
https://www.theoi.com/Georgikos/KentaurosKheiron.html
https://www.greeka.com/thessaly/pelion/myths/jason-argonauts
http://www.argonauts-book.com/hypsipyle.html
https://www.theoi.com/Pontios/Glaukos.html
https://www.theoi.com/Nymphe/NympheMelia4.html
https://www.theoi.com/Pontios/NereisThetis.html
https://www.theoi.com/Pontios/Nereus.html
https://www.theoi.com/Olympios/JudgementParis.html
https://www.theoi.com/articles/short-trojan-war-summary
https://www.theoi.com/articles/was-achilles-a-warrior
https://www.sparknotes.com/lit/odyssey/summary
https://www.theoi.com/Pontios/Skylla.html
https://www.theoi.com/Nymphe/NympheKalypso.html

Fuentes de imágenes

1 Nadina, CC BY-SA 3.0 <https://creativecommons.org/licenses/by-sa/3.0>, vía Wikimedia Commons; https://commons.wikimedia.org/wiki/File:Petralona_skull_covered_by_stalagmiteCROP_ROTATE_CONTRAST.jpg

2 cavorite https://www.flickr.com/photos/cavorite/, CC BY-SA 2.0 <https://creativecommons.org/licenses/by-sa/2.0>, vía Wikimedia Commons; https://commons.wikimedia.org/wiki/File:Palace_of_Knossos.jpg

3 George Groutas, CC BY 2.0 <https://creativecommons.org/licenses/by/2.0>, vía Wikimedia Commons; https://commons.wikimedia.org/wiki/File:Bull_leaping,_fresco_from_the_Great_Palace_at_Knossos,_Crete,_Heraklion_Archaeological_Museum.jpg

4 Crédito: Eric Gaba (Sting - fr:Sting), CC BY-SA 3.0 <https://creativecommons.org/licenses/by-sa/3.0>, vía Wikimedia Commons; https://commons.wikimedia.org/wiki/File:Cyclades_map-fr.svg

5 Ampliada. Crédito: Zde, CC BY-SA 3.0 <https://creativecommons.org/licenses/by-sa/3.0>, vía Wikimedia Commons; https://commons.wikimedia.org/wiki/File:Cycladic_figurine_female,_3200%E2%80%932800_BC,_AshmoleanM,_AN_1946.118,_142402.jpg

6 © Marie-Lan Nguyen, CC BY 2.5 DEED <https://creativecommons.org/licenses/by/2.5/deed.en> Wikimedia Commons;https://commons.wikimedia.org/wiki/File:Frying_pan_Syros_Louvre_CA2991.jpg

7 William Neuheisel de D. C., EE. UU., CC BY 2.0 <https://creativecommons.org/licenses/by/2.0>, vía Wikimedia Commons; https://commons.wikimedia.org/wiki/File:Lions_Gate_at_Mycenae_(5228010382).jpg

8   Leporello78, CC BY-SA 4.0 <https://creativecommons.org/licenses/by-sa/4.0>, vía Wikimedia Commons; https://commons.wikimedia.org/wiki/File:Lyre_Player_and_Bird_Fresco_from_Pylos_Throne_Room.jpg

9   Museo Arqueológico Nacional de Atenas, CC BY 2.0 <https://creativecommons.org/licenses/by/2.0>, vía Wikimedia Commons; https://commons.wikimedia.org/wiki/File:MaskOfAgamemnon.jpg

10 RickyBennison, CC0, vía Wikimedia Commons; https://commons.wikimedia.org/wiki/File:Panathenaic_Amphora_Sprinters.jpg

11 Jona Lendering, CC0, vía Wikimedia Commons; https://commons.wikimedia.org/wiki/File:Hoplite_5th_century.jpg

12 Carole Raddato de FRANKFURT, Alemania, CC BY-SA 2.0 <https://creativecommons.org/licenses/by-sa/2.0>, vía Wikimedia Commons; https://commons.wikimedia.org/wiki/File:Temple_of_Apollo,_built_ca._540_BC,_Corinth,_Greece_(14109129322).jpg

13 Steve Swayne, CC BY 2.0 <https://creativecommons.org/licenses/by/2.0>, vía Wikimedia Commons; https://commons.wikimedia.org/wiki/File:The_Parthenon_in_Athens.jpg

14 Paolo Villa, CC BY-SA 4.0 <https://creativecommons.org/licenses/by-sa/4.0>, vía Wikimedia Commons; https://commons.wikimedia.org/wiki/File:02_2020_Grecia_photo_Paolo_Villa_FO190025_(Museo_archeologico_di_Olimpia_-_Statua_Ermes_con_Dioniso_Bambino_scolpita_da_Prassitele,_Arte_pre_Ellenistica,_dettaglio_superiore).jpg

15 https://commons.wikimedia.org/wiki/File:David_-_The_Death_of_Socrates.jpg

16 Fotografía modificada: etiquetas añadidas. Crédito: original:Map_greek_sanctuaries-en.svg by Marsyasderivative work: MinisterForBadTimes, CC BY-SA 2.5 <https://creativecommons.org/licenses/by-sa/2.5>, vía Wikimedia Commons; https://commons.wikimedia.org/wiki/File:Ancient_Greek_southern_regions.png

17 Foto modificada: ampliada y etiquetada. Crédito: ArnoldPlaton, CC BY-SA 3.0 <https://creativecommons.org/licenses/by-sa/3.0>, vía Wikimedia Commons https://commons.wikimedia.org/wiki/File:Balkan_Peninsula.svg

18 АНО "Международный нумизматический клуб", CC BY-SA 4.0 <https://creativecommons.org/licenses/by-sa/4.0>, vía Wikimedia Commons; https://commons.wikimedia.org/wiki/File:Stater_of_Philip_II_of_Macedon.jpg

19 https://en.wikipedia.org/wiki/File:Alexander_the_Great_mosaic.jpg

20 https://commons.wikimedia.org/wiki/File:Meister_der_Alexanderschlacht_003.jpg

21 Allan Gluck, CC BY 4.0 <https://creativecommons.org/licenses/by/4.0>, vía Wikimedia Commons; https://commons.wikimedia.org/wiki/File:Seleukos_I_Nikator_Bronze_Roman_100BCE-100CE_Museo_Archeologico_Nazionale_Naples_AN_5590_1.jpg

22 https://commons.wikimedia.org/wiki/File:Laocoon_Vatican_detail.jpg

23 https://commons.wikimedia.org/wiki/File:Pyrrhus.JPG

24 Bernard Picart, Dominio público; https://commons.wikimedia.org/wiki/File:Eleazars_exploit.jpg

25 George E. Koronaios, CC BY-SA 4.0 <https://creativecommons.org/licenses/by-sa/4.0>, vía Wikimedia Commons; https://commons.wikimedia.org/wiki/File:Depiction_of_Saint_Paul_in_Athens_on_June_7,_2022.jpg

26 BeBo86, CC BY-SA 3.0 <https://creativecommons.org/licenses/by-sa/3.0>, vía Wikimedia Commons; https://commons.wikimedia.org/wiki/File:Dying_Gaul.jpg

27 Fotografía modificada: se han añadido etiquetas. Crédito: Darylprasad, CC BY-SA 4.0 <https://creativecommons.org/licenses/by-sa/4.0>, vía Wikimedia Commons; https://commons.wikimedia.org/wiki/File:Byzantium476.png

28 Edal Anton Lefterov, CC BY-SA 3.0 <https://creativecommons.org/licenses/by-sa/3.0>, vía Wikimedia Commons; https://commons.wikimedia.org/wiki/File:Jesus-Christ-from-Hagia-Sophia.jpg

29 https://commons.wikimedia.org/wiki/File:John-of-Damascus_01.jpg

30 Jniemenmaa, CC BY-SA 3.0 <http://creativecommons.org/licenses/by-sa/3.0/>, vía Wikimedia Commons; https://commons.wikimedia.org/wiki/File:Constantinople.png

31 https://commons.wikimedia.org/wiki/File:Mosaic_of_empress_Theodora,_Ravenna,_San_Vitale,_547.jpg

32 Foto ampliada. Crédito: Dennis Jarvis de Halifax, Canadá, CC BY-SA 2.0 <https://creativecommons.org/licenses/by-sa/2.0>, vía Wikimedia Commons https://commons.wikimedia.org/wiki/File:Turkey-3019_-_Hagia_Sophia_(2216460729).jpg

33 https://commons.wikimedia.org/wiki/File:Theodora_Porphyrogenita_in_the_Monomachus_Crown_(2).jpg

34 https://commons.wikimedia.org/wiki/File:Krizaci.jpg

35 es:User:Bigdaddy1204, CC BY-SA 3.0 <http://creativecommons.org/licenses/by-sa/3.0/>, vía Wikimedia Commons; https://commons.wikimedia.org/wiki/File:Walls_of_Constantinople.JPG

36 https://commons.wikimedia.org/wiki/File:Gennadios_II_and_Mehmed_II.jpg

37 https://commons.wikimedia.org/wiki/File:Makris_Dimitrios_Greek_Fighter.JPG

38 https://commons.wikimedia.org/wiki/File:Anagnostaras_by_Hess.jpg

39 https://commons.wikimedia.org/wiki/File:Otto_of_Greece_litograph.jpg

40 https://commons.wikimedia.org/wiki/File:Joseph_Karl_Stieler_-_Duchess_Marie_Frederike_Amalie_of_Oldenburg,_Queen_of_Greece.jpg

41 https://commons.wikimedia.org/wiki/File:Vera_with_her_sister_Olga_and_brother-in-law_George.jpg

42 https://commons.wikimedia.org/wiki/File:158_14_Constantin_Venizelos.jpg

43 https://commons.wikimedia.org/wiki/File:Smyrna-burn-1922.jpg

44 https://commons.wikimedia.org/wiki/File:IPPIKO-ELAS-1.jpg

45 https://commons.wikimedia.org/wiki/File:The_Mutilation_of_Uranus_by_Saturn.jpg

46 Kimberly Vardeman from Lubbock, TX, USA, CC BY 2.0 <https://creativecommons.org/licenses/by/2.0>, via Wikimedia Commons https://commons.wikimedia.org/wiki/File:Psyche_revived_by_cupid%27s_kiss,_Paris_2_October_2011_002.jpg

47 https://commons.wikimedia.org/wiki/File:Exaleiptron_birth_Athena_Louvre_CA616_n2.jpg

48 Gian Lorenzo Bernini, CC BY-SA 4.0 <https://creativecommons.org/licenses/by-sa/4.0>, via Wikimedia Commons https://commons.wikimedia.org/wiki/File:Rape_of_Prosepina_September_2015-3a.jpg

49 Sailko, CC BY 3.0 <https://creativecommons.org/licenses/by/3.0>, via Wikimedia Commons https://commons.wikimedia.org/wiki/File:Aristophanes,_kylix_attica_con_gigantomachia,_410_ac_ca._02.JPG

50 https://commons.wikimedia.org/wiki/File:Zeus_Typhon_Staatliche_Antikensammlungen_596.jpg

51 https://commons.wikimedia.org/wiki/File:Twelve_Labours_Altemps_Inv8642.jpg

52 https://commons.wikimedia.org/wiki/File:Jean-Fran%C3%A7ois_de_Troy_-_Jason_Taming_the_Bulls_of_Ae%C3%ABtes,_1742.jpg

53 https://commons.wikimedia.org/wiki/File:Theseus_Minotaur_Mosaic.jpg

54 Xosema, CC BY-SA 4.0 <https://creativecommons.org/licenses/by-sa/4.0>, via Wikimedia Commons https://commons.wikimedia.org/wiki/File:Florencia_-_Firenze_-_Perseo_con_la_cabeza_de_Medusa_-_Benvenuto_Cellini_-_01.jpg

55 https://commons.wikimedia.org/wiki/File:Triumph_of_Achilles_in_Corfu_Achilleion.jpg

56 https://commons.wikimedia.org/wiki/File:Trojan_horse_on_corintian_aryballos.JPG

57 https://commons.wikimedia.org/wiki/File:Odysseus_Polyphemos_Cdm_Paris_190.jpg

58 https://commons.wikimedia.org/wiki/File:Circe_Offering_the_Cup_to_Odysseus.jpg

59 https://commons.wikimedia.org/wiki/File:Johann_Heinrich_F%C3%BCssli_054.jpg

60 VladoubidoOo, CC BY-SA 3.0 <https://creativecommons.org/licenses/by-sa/3.0>, via Wikimedia Commons https://commons.wikimedia.org/wiki/File:Thomas_Degeorge_Ulysse.jpg

www.ingramcontent.com/pod-product-compliance
Lightning Source LLC
Chambersburg PA
CBHW071148060526
44107CB00133B/431